"十二五"国家重点图书出版规划项目

史家名著书系

德国史稿

1555 — 1618

［德］利奥波德·冯·兰克　著
王顺君　译

Zur Deutschen Geschichte

Leopold von Ranke

吉林出版集团有限责任公司

目 录

第一章　斐迪南一世和马克西米利安二世的时代……………… 001
　　宗教和平的影响 …………………………………… 003
　　和平的条件 ………………………………………… 005
　　德国内政概况 ……………………………………… 008
　　德国贵族的私人关系 ……………………………… 013
　　斐迪南一世 ………………………………………… 018
　　民间的情况 ………………………………………… 023
　　维持德国局势稳定的要素 ………………………… 036
　　马克西米利安二世的希冀 ………………………… 045
　　神学上的分裂 ……………………………………… 050
　　马克西米利安的对策 ……………………………… 062
　　马克西米利安立场的改变 ………………………… 068
　　德国新教会和天主教反宗教改革 ………………… 073
　　1575年及1576年的谈判 …………………………… 081
　　结语 ………………………………………………… 088

第二章　帝国史（从鲁道夫二世当选直至斐迪南二世当选）……093

第一部分　皇帝鲁道夫二世执政期间召开的帝国会议史……098

回顾马克西米利安二世在位时最后的帝国会议……098

1582年奥格斯堡帝国会议……101

1594年的帝国会议……115

1597年的帝国会议……124

1603年的帝国会议……132

1608年的帝国会议……140

新教联盟和天主教同盟……156

第二部分　皇权由德国的哈布斯堡家族老系转向新系……161

皇帝鲁道夫二世……161

马蒂亚斯当选皇帝以及1612年的选举协议……189

帝国政府倾向于调解功能及帝国宰相克勒塞尔……197

1613年的雷根斯堡帝国会议……206

妥协和继承……219

1619年的皇帝选举……229

人名、地名索引……243

译后记……250

Zur Deutschen Geschichte

Vom Religionsfrieden bis zum dreißigjährigen Krieg

Leopold von Ranke

Leipzig
Duncker und Humblot
1869

第一章
斐迪南一世和马克西米利安二世的时代
德国历史观察之琐碎

说相同的语言、有着类似的风俗还不能称其为一个民族。上帝在一个民族中植入心灵之契合,内化成为高级的觉悟,引导着这个民族寻找共同且普遍的生活方式。

我们知道,曾经的统一构成了欧洲境内力量和面积占据优势的强大帝国。然而我们也知道并且一致同意,这个自主、坚决排除异己、坚定自我价值的统一体正在消退。

我们不禁要问,到底我们是如何从前者退化成为后者的,对于这个问题的答案似乎众口一词:这分裂应首先归咎于宗教改革。

诚然，这场承载民族骄傲的改进教会之巨大工程，其必要性清晰且充满光荣；然而对于大多数人而言，伴随其而来的是所有层面的分裂、三十年战争中生灵涂炭、日耳曼语系诸族中因教派不同造成发展各异、帝国的衰落和瓦解——所有这些分裂之缘起确实是宗教改革。

然而正如两大阵营一致承认得那样，宗教改革不可避免，那难道其后果就可以避免吗？这解放我们且给我们自由的，就定会导致我们的不和与分裂吗？又或者是由于一系列偶然之事态和可以避免的错误导致这一结局呢？

我认为人们必须正视这一难题。

必须进行研究的是，宗教改革是否从一开始就可能以另一种方式，并导致另外的发展，以及是否可能达成信仰的统一。这一研究之展开不仅限于德国国家层面和政治层面，还需要对普遍性及神学进行考察。

让我们进一步假设，查理五世治下所发生之一切皆为必然。所有的一切是为了祖国统一而发生的吗？又或者在当时宗教改革已完成但尚未遍及整个德国，那德国又是在多大程度上可被视为统一呢？而统一尚未遍及德国所有地区的主要原因又是什么呢？

这些问题在某些层面上甚至让人想起我们民族今天的状态和需要①。

斐迪南一世和马克西米利安二世的时代对后来历史之走向起了决定作用。若是那时有可能将民族的整体利益放在首位，那么他们确实做到了；即使未能有所成就，民族利益那时也是重要的考量。

---

① 让人不禁想到坎宁的话：在此前的历史中尚未有比宗教改革更像今日的状态者。1832年4月30日，在麦克唐纳先生任命典礼上的讲话。

请允许我在此阐明我的观点：并未有什么其他意图，不过是爱国赤子的想法与思索。除参考德语资料外，还有居住在佛罗伦萨的一位德国人的记叙、几位威尼斯使者的记录，以及一些圣座大使的报道。这些材料是我在维也纳、罗马、佛罗伦萨和威尼斯找到的①。

宗教和平的影响

在法国人占领德国北部之前，我家乡的人们最喜欢讲述的就是七年战争的事实和变故。年长有经验的人们看着那些壕沟堡垒会想到，同样的遭遇也发生在三十年战争期间。他们中间喜欢古代传说的人会接着说，在那很久之前还有一场百年战争发生在德国，那时相邻的城堡互相交战，无数城堡变为废墟又被重新修建，我们今天看到的城堡废墟便是由此而来。

我只是想用此事举例，家乡人那些黑暗的记忆保存着兵荒马乱年代中的种种痕迹，至少他们并未夸大其词。在皇权衰败之后，德国的确又用了一百多年才终于恢复平静。

和平多少次缔结之后又被多少次打破：似乎没有任何迹象表明哪一个贵族家族因爱好和平而愿意将充满如此争斗之地纳入其治下，宗教改革就这样一步步地蚕食着人们的精神。查理五世那些统治岁月是怎样的动荡！从莱茵河直到图林根，农民愤怒地揭竿而起；紧接着是

---

① 此论文乃是我在意大利旅行中所收集整理资料而写成的第一部作品，早于1832年发表在《历史政治》期刊（第一卷）上，写在教皇国历史和宗教改革史之前。此书的内容本来可以通过扩充前面提到的和许多其他资料变得详尽许多；但我决定让它保留原来之风貌——一个良好的记录。本书也是那些岁月的纪念。

汉萨同盟与北方各国的最后战役。贵族各自结成了联盟和敌对联盟相互对峙威胁；之后新教徒们拿着武器将符腾堡公爵逼回老家，并将不伦瑞克公爵赶走；最终整个德国达到冲突的顶峰，在因戈尔施塔特和米尔赫贝格附近，相互对峙。查理五世是如此强大灵活，他的胜利也毫无悬念，然而这些却并未缔造和平。

反对他的人们再次拿起永不倦怠的武器；勉强逃离困境的他，最终丧失了勇气，身心疲惫地离德国而去。在才智和权力上，他的兄弟斐迪南都不如他。咄咄怪事的是——宗教和平①并非自发，而是由皇帝下令生效，武器被放下，长久的和平时代到来了。

当时驻德国的外国使者们首先感受到了这一巨大变化。"在查理五世皇帝的最后岁月里"，一位圣座特使在给卡拉法枢机主教描述德国情况时写道②，"没有任何一个贵族、一座城市或者某个邦国不因为宗教或者世俗的原因与邻居为敌而陷入争斗的。其中藩侯阿尔布雷希特与不伦瑞克家族、普法尔茨的选侯*奥托亨利与奥格斯堡的枢机主教奥托均是公开的敌人；其余各方完全没有彼此信任，因此经常拔剑相向；宗教、强占财产、执法权还有其他政治让他们产生嫌隙。"在瑙姆堡萨克森、勃兰登堡和黑森贵族们重新缔结世代友好的会议，被这位特使看作伪帝国会议——而在缔结宗教和平之后，这位特使再

---

① 同时也是国家安宁。其意思是宗教之后国家结构上的和平。
② Informatione del Rev^{mo} Vescovo Delfino a MS^r ILL^{mo} R^{mo} Caraffa;MS. 从 Bibliotheca Barberina 在罗马 nr. 3007.Ed in somma chi per la religione,chi per beni usurpati chi per causa della giurisdittione chi per altri gravami ogn' uno viveva con sospetto e conveniva per consequente stare in armi,il che^{mo} re sta nella dieta,li principi della casa di Sassonia Brandeburg et Hassia che sono in se potentissimi e capi degli heretici si ridussero a Naumburg e di la quasi da una antidieta scrissero a S.M 对于这一瑙姆堡的会面，门策尔在不久之前还提到。

* 选侯（Kurfürst），亦可译为"选帝侯"，因选出的是"罗马人的国王"，此处按德文原意翻译成选侯。——译者注

访德国时感受到了翻天覆地的变化。他对这种和平并不赞同，称之为背弃上帝；然而他承认，这种和平非常有效，自从其实施以来未有无论大小的任何战事；长久以来从未有过的统一和谐出现在德国的贵族中①，可以确定的是——和平的状态持续了三十年。格伦巴赫事件*出现了，尽管很快结束，但一方有着危险的意图，另一方则面临严厉的惩罚；这一事件同一场战争无异。皇帝所一直遭受的以下犯上消失了；贵族们又来参加帝国会议，并且最终达成一致；地方管理机关确能发挥功能；不同寻常的秩序产生了；安全与公共自由在一段时间内和谐统一。

那么到底是什么在长久战乱带来的分崩离析之后造成了这样的局面呢？

和平的条件

这一和平究竟是否为幸福的结局？它能否承担争执各方矛盾的诉求？而这一和平是否经过深思熟虑，并为人们所一致接受？

在此我不想逐条详述决议的内容：其大部分并非新创；单单是考

---

① Delfino:Ed è stato,per dire il vero di tanta defficacia questa quantumque empia pace,che dall'hora nonè stato piccolo nègrande movimento d'armi in parte alcuna dell'imperio e di qua credo che nasce la risposta gagliarda che fece a me il sermo re,quando la seconda volta audai a S.M.e mi dolsi con lei da parte di S.Beatne di questo recesso come a pieno scrissi da Vienna alli 27 di Marzo 1550（这封信我没有看到）。

* 格伦巴赫事件（Grumbachsche Handel）是发生在韦廷家族的一起内讧奇案,造成萨克森—科堡—埃申纳赫公爵"中间者"约翰·腓特烈二世被终身囚禁。选侯约翰·腓特烈二世手下的一位名叫格伦巴赫的威廉的骑士抢劫维尔茨堡大主教,皇帝马克西米利安二世以"破坏帝国"和平为由要求他移交格伦巴赫并将选侯的头衔让出,而"中间者"约翰·腓特烈二世抗命不从,于是双罪并罚由其弟约翰·威廉和韦廷家族另一支阿尔伯特系出兵围攻"中间者"约翰·腓特烈二世,迫使后者投降。1567年肇事者格伦巴赫被处以车裂,而"中间者"约翰·腓特烈二世则关押在奥地利被囚禁至死,其领土和权力转至其弟约翰·威廉名下,而选侯头衔归阿尔伯特一支所有。——译者注察最重要的几点，会发现它们并非是借着特殊的幸运而产生。

毫无疑问的，当时帝国的整个宪法取决于神职人员的安排，那时关于重大事件的决定需要由贵族参议会决定，而参议会中的大多数成员来自教士阶层。

这里的关键问题是，这些宗教贵族是否有权接受奥格斯堡信条。他们选择这一信条，并非是要将所有教会的财产世俗化。新教徒一再宣称，他们改革绝不是为了此事①。他们希望继续保有神职人员的法统，但是他们应该有权选择信仰。

这不可避免地导致争执，几乎让此次会议接近崩溃。让人怀疑的是：宗教选侯们在大会开始时面对新教徒们提出的要求保持沉默，或许作为神职人员他们也同意新教徒的观点，但是由于惧怕而不敢公开表达②。可惜的是我们德意志的历史记载，在历史人物争辩时经常保持沉默——然而这种争辩是大会的最重要组成部分；因此我们无法理清，最终得胜的一方因何占了上风；但是最终尘埃落定，甚至连斐迪南本人也被这一派说服；新教徒也不愿再让步（他们宣布因着良知无法继续如此）但也不愿放弃达成的和平，宗教贵族们最终选择了中间路线。他们允许国王为和平制定法令，但是必须写明：这样的法律并不是他们所愿意的③。于是斐迪南下令：若是帝国神职人员放弃天主教信仰，将失去圣职和所有财产。这就是教区保留权。

---

① 奥格斯堡信条最终的声明："选侯和众贵族在此声明，且特别强调，绝不破坏教产的完整性或侵吞教产，而且要求所有帝国阶层尤其是选侯进行监督，若是有人企图染指教产必须即止。"

② 至少对于帕绍主教而言是如此，参见1556年符腾堡使节对帝国会议的记录，《符腾堡历史》第四卷，第96页。人们可以发现其观点的倾向，参见第五卷。补充注解：这一点在《宗教改革史》第五卷中有详细讨论，但是在这里提出的观点还是适用的。

③ 对这一法律既支持又反对的态度值得注意。证据来自如下说明（出处同上）："因为尊敬的国王陛下坚持这个决定，终结所有暴力行为，也因为众位贵族的支持以及他们的权力，而众位尊敬的贵族以及皇帝陛下则按照臣民的请求制定了现在的形式，但是众神职贵族凭着良心声明，这样的法令并不是他们的意愿。"

这里又出现了另一个问题。各地区的神职人员该遵守怎样的规定呢？若是教众们选择了新教信仰，这些具有统治权的神职人员该怎样面对？因此，这一法令除了第一条有关帝国的规定外，还有第二条有关各地区的规定。新教徒们顽固地坚持自己的权利，但是各地区的神职人员也同样顽固地要求自己的权力不受限制。在这里斐迪南是偏向新教徒的。斐迪南从人数众多的参议会中选择了愿意谅解的代表，组成了一个小型议会；他对这个议会提出自己的见解：一半的和平没有意义，若追求和平则必须追求全部的和平。他三次出现在代表会议现场，苦口婆心地向众人解释，若是不能达成一致，他决不放弃。最终他个人的努力有了成果——此时天色已晚，此前一直坚持己见的天主教徒最终宣布："为了能保有和平之全部，且抚慰辛劳的国王"，同意其心愿：放弃强迫新教徒臣民必须选择天主教，正如新教徒在其他谈判中所做的让步一样。他们允许国王给那些愿意选择奥格斯堡信条的臣民赐予和平①。

多么古怪的和平！以上两点是最重要的关键点。教区保留权和保护新教徒并存。前者保持了天主教会的贵族，后者则保证了臣民能够无惧怕地参加改革后的宗教。德国的整个未来建立在此之上。为了达成协议双方进行了艰苦漫长的谈判；最终达成协议，他们深知无法用统一的规定达成和平。尽管宗教保留权最终写入了帝国的法律中，但是还附加了一条注解：要将两种信仰合一未能实现；根据查理皇帝赐予他的全权代表权，斐迪南国王规定了这一点。尽管新教徒得到了保证，绝对不会有教会的贵族强迫他的臣下退出奥格斯堡信条，但是斐

---

① 9月20日及21日国王陛下和选侯以及臣民代表谈判纪要，莱曼，第二十三章。

迪南还再次重申：两种信仰不可平等而视——他根据皇帝赐予他的全权代表权做出的决定①。

但是皇帝公开的声明是否具有法律效力呢？那时的声明有着自己的特性。一项决议，往往经历了艰苦卓绝的谈判并且参考了无数的意见，但是这一决议往往并不具有皇帝的绝对权力。必须承认，这样的决议替代了双方无法达成的绝对认同，事实上是一种妥协，而且包含着双方的抗议。

该如何看待这一和平呢？必须承认它再次确认了《帕绍和约》的条款。但单就双方争论的焦点，却并未能找到面向未来的满意方案。人们缔结和平，并不是因为找到了未来，而是因为若没有和平则没有未来。

德国不受内战困扰的深层原因，并非这一和平协议的作用。和平到来还有其他的要素，而且这些要素还驱使人们保障和平。我们要做的就是找出这些要素。

德国内政概况

若是按照那些忠实的史料再写一遍查理五世的生平，人们会为这位君主最后岁月所经历的跌宕起伏感到奇异、惊讶和同情。

---

① ——adeo, ut utriusque religionis ordines in hoc puncto concordari non potuerint. Quapropter nos, de S.C.Majestatis, fratris ac domini notri, data potestatis pelntudine et arbitrationis declaravimus, constituimus et decrevimus, declaramus etc. 这一声明可以在1575年申肯贝格（Senkenberg）的选侯会议记录中明确找到：《未刊印及罕见材料汇编，第三部》中可以"看到只字不差的拉丁文原文"。此外这一规定如同此次和平协议中的其他规定一样摇摆不定。请看这一段：qui a longo tempore Augustanae confessionis religioni addicti —— et ad hunc usque diem (eam) observant。谁来定义时间的长短呢？

施马尔卡尔登（Schmalkalden）战争后*，德国对查理五世的召唤如此强烈，在世间他的地位如此伟大，而臂膀又如此有力。他的睿智保证了他的权力。英格兰与法兰西陷入战争时，他有时间平定德国，对于他而言非常重要的意大利也牢牢地掌握在手中。

值得注意的是查理五世陷入的两难境况：尽管教皇在德国的权威无法恢复，但是他致力于恢复其代表的宗教信仰；而在意大利，教皇保罗三世是他的敌人；在保罗三世去世后，法尔内塞家族（Farnese）及党羽也是强劲的对手。

我们看到，查理五世在意大利的追随者——堂·费尔南多·贡萨加、迭戈·门多萨和佛罗伦萨公爵——一直努力劝说他当机立断参加战争，但是查理五世天性中有反对暴力至上的倾向，于是他对此有天然的排斥①。成功就是无所作为而诸事皆定。更大的成功则是通过模棱两可而非清晰的界限让敌手坐立不安。

彼时德国处在沉重而不寻常的氛围中困难喘息。到处都充斥着西班牙和意大利的雇佣兵，如此多的贵族被人民追讨——很多已经被捉住囚禁；而信仰上出现了大变故：古老的赦罪信仰不再是唯一；德国内政事务的决定权掌握在那些外国人手中：格兰维拉（Granvella）、阿尔巴公爵（Alba），他们并不了解德国，缺乏对忠诚贵族的恭敬而

---

* 施马尔卡尔登战争（1546—1547年），皇帝查理五世和新教诸侯结成的施马尔卡尔登同盟之间的战争，1546年查理五世率西班牙士兵从意大利进入德意志，利用施马尔卡尔登同盟内部的不和，尤其是萨克森公爵莫里茨的倒戈，逐个击败了同盟各成员；先打败了南德的新教诸侯和城市，后降服了符腾堡，最后制伏了黑森。——译者注

① 关于这一段岁月，一些佛罗伦萨的加急信件（佛罗伦萨美第奇档案馆）以及蒙多扎撰写的通报（罗马科尔悉尼图书馆）可以提供大量细节。

让人诟病①。

在如此重要的时刻，一位拥有西班牙、美洲、意大利和尼德兰的皇帝统治德国，对德国而言未必是幸运；在险象环生的境遇下不是德国的利益而是全局的利益决定了皇帝的步伐——而从未有如此众多的外国顾问决定着我们的事务。尽管抱怨不止，人们还是承担着：因为人们看到了希望。奥地利的斐迪南是一位德意志贵族，他已经担任了罗马人的国王。但当查理五世想让在西班牙长大并被西班牙人围绕的儿子腓力来到德国，并意图让他得到德国的候补继承权时，这一消息引起了怎样的恐慌！人们本来以为很快到尽头的组合，却可能因为此项决定而变为永恒。西班牙人或许能在德国本土化吧，正如在米兰或布鲁塞尔。若是按照脱利腾大公会议的决议，由腓力二世统治我们的祖国，历史会是怎样的结局！

这样的危险大于被囚禁的贵族带来的忧虑，正是这样的危险在德国造成了沉闷的氛围，推动德国朝着充满期待的方向前进。萨克森的莫里茨将自己的军队集结在马格德堡附近，而德国的贵族们也暗中赞同他，正如他自己所说得那样，直到看准风向再撤离。

很快，时局开始对他们有利。法国与英格兰缔结和平，与德国及意大利的反对派结为联盟。于是风暴开始了，查理五世，这位曾经的胜利者，已经俯首受制。

---

① Relatione del clmo Sr Federico Badoero:ritornato Amb^{re} da Carlo V 1556.Ms. 这在维也纳和意大利的许多图书馆都可以找到。Tutti Tedeschi si lamentano che S.M^{ta} non a avuto amore verso il governo loro, di non aver avuto conoscimento di quel loro vero modo di vivere. 本来他有义务只使用德国人担任大臣，但他并未遵守。施文迪 (Lazarus von Schwendi) 谈论罗马帝国政府："查理皇帝的政府出现了世间政权的另外一个灾难，即允许外国人插手帝国政府事务。因此引来了德国人对自己皇帝的抱怨与厌恶，尽管查理皇帝是一位真正的德国英雄，他全心全意全力地为德国着想，但是这些外国人在很多事务上欺瞒查理皇帝。"

查理五世试图让不适合统治德国的儿子继承王位，建立这样反自然的联系是不明智的；况且这样做对于其兄弟的家族也颇为不公平。他为此付出了沉重的代价。没有人会相信他能不为自己的错误受惩罚：事务的紧迫被他温和的行事方式所中和。

我们应当注意的是德国的局势因此发生的巨大变化。

来自勃兰登堡的总理大臣兰佩特·迪斯特尔迈耶曾经对贵族们说，皇帝的意图对德国贵族有利，因为这会让国王斐迪南背弃皇帝①。这样的事的确发生了。

皇帝家族内部事务总是要进行漫长的会谈，有时看上去斐迪南做出了让步：事实上他从未这样做；他的宫廷顾问在这些会谈中并未取得什么成果，真正不愿让步的是斐迪南的儿子马克西米利安，因为他看到了继承帝国的希望，当然决不放弃。从1548年开始他们就秘密在德国贵族中寻找支持；反对外国人统治及西班牙的利益，将他们联合起来。

萨克森选侯不顾皇帝反对进军多瑙河后所取得的成功也就不足为奇了。他的事务几乎可以说是所有贵族的事务，而斐迪南则在某种程度上是他的盟友。

这也是历史的转折点。

不仅仅是莫里茨背叛了查理五世，所有曾经在因戈尔施塔特和米尔赫贝格站在皇帝一边的贵族，也联合在一起反对皇帝。

查理五世清楚地看到了这一点。当年他曾经征服的那群人现在反

---

① 贡德林，《勃兰登堡史》有关兰佩特·迪斯特尔迈耶（Lampert Distelmeyer）的记载，第124页；以及马立拉克写自巴黎的书信，第26页。

要去求他们的帮助!

那些他曾经抢劫过的选侯现在成了他最信任的人。下萨克森的诸城本来是选侯的坚定盟友,而现在皇帝则努力争取他们的支持。奥地利在帝国境内最有力的竞争对手当属符腾堡。查理还是寄希望于赢得年轻的公爵克里斯托弗对腓力的支持:"帝国除了皇帝之子又有谁配得上呢?"①1552—1555年在德国境内发生的事情,包括与藩侯阿尔布雷希特的不睦得到和解,都是出于这个目的②。

直到1555年皇帝才又任由贵族们行事。或许是因为教皇保罗四世对皇帝的敌意促成了这种境况,这种敌意首先导致了法国境内再次爆发战争,查理五世只得把有关儿子腓力继承帝国的计划暂时搁置。教皇也绝不会同意如此早提前举行皇帝和国王的选举,哪怕是这样的选举在德国进行。斐迪南请求查理五世与法国重新达成和平;为了能解决德国的争执,考虑到斐迪南的请求,皇帝最终决定:因自己身体健康不佳、也因法国之事能平息,他不能再为德意志服务了,将德意志完全交给自己的兄弟斐迪南③。查理五世交给斐迪南执行和决定权,正如在诏书中所表述的——"不再过问"。某种意义上这等同于退位。

---

① 出自普菲斯特《符腾堡公爵克里斯托弗》第213页。如此重要之处没有提供原文献甚为遗憾。
② 这一复杂事件的细节可以在朗格《拜罗伊特新史》第二卷中找到,但并不完整,索利阿诺以下的记述让我恍然大悟:L'anno passato, quando il marchese era in arme e si temeva ch'assaltasse la bohemia, non si potè indurre mai l'imperatore a sententiarlo al bando imperial come autore delli tumulti di Germania finchè non fu rotto tre o quarto volte e benchè fosse bandito per la camera imperial di Spira pero si trovorono lettere dell'imperatore scritte a quel marchese con tutti i titoli che si solevano dargli prima, che fusse dichiarato ribelle. 尽管施密特也知晓索利阿诺,但是却忽略这些细节。
③ Delfino Informatione 中这样写道:"Responde S.M., che alle cose di Germania non puo attendere per la malattia e negozj della Guerra della Francia e rimittendo il tutto al ser^{mo} re cominciò allora come mi fu dopo affermato a parlare di volersi ritirare in Ispagna et lasciare L'imperio." 在另一处记录中:"L'Imperatore scrisse l'anno del 55 al ser^{mo} Ferdinando ch'egli non voleva saper piu cosa nè di diete nè di altri negoci di Germania e che intendeva rinunziare quell carico" 国王请求他不要去做这件事,因为他认为"che all imperio era gran freno solo il nome di Carlo V",然而"L'Imperatore scrisse assolutamente di voler cosi, tanto piu, che pensava di lasciar ogni cura mondana"。按照这里的说法,1555年谈判已经完成,只不过缺少正式文书。

从此时开始德国的事务不再由外国人决定——尤其受众人诟病的格兰维拉,据说他感到不满甚至还私自扣留了许多德国的文书;很久之前众人在帕绍就要求皇帝的宫廷顾问们应该由本地人担任,也应该受一位本地人的领导,现在终于实现了。

与法国的关系不再是重点,尽管人们感受到了所谓的大救星的私心杂念。莱茵行宫伯爵曾这样说过:"德意志又一次掌握在德国人手中。"

值得注意的是,由此那些开始反对皇帝、后来或公开或私下里或多或少地支持皇帝的贵族,第二次甘拜下风。而那些开始就站在皇帝一边,支持或者不反对皇帝、并在参与了反抗运动的贵族成了胜利者——他们在帝国境内占据上风。

这些贵族——在皇帝的影响停止后,加上教皇的代理人撤离后——将帝国会议进行到底,并且维系着达成的和平①。

和平条款的措辞和条款并非是决定因素;重要的是众人的利益一致,及达成协议之人至少在重大问题上互相赞同。

这些正是那时当政的德国贵族做到的。他们是那时德国最温和的力量。

德国贵族的私人关系

那时德国贵族中最强大富有的是萨克森选侯奥古斯特。尽管功劳

---

① 维登多索,就如德尔菲诺所说:il sermo re senza ministro alcuno della sede apostolica。

第一章

应该大多数归于其兄长莫里茨,但是奥古斯特是这种成功的享受者,而且还是其扩大者。此前的一些年中众多萨克森家族的派系发生了很大变化。约翰·腓特烈因为与波希米亚关系紧密,让他成了斐迪南国王的敌人。也正因为同样的原因,莫里茨与斐迪南形成了天然的联盟,而在国王宫廷长大成人的奥古斯特则接受并延续了这个政策。在萨克森境内,奥古斯特强硬且毫不手软的政策为他带来了可观的收入①,在帝国事务中他也一贯如此。他自己曾说:"我想到之事必然会做到。"令人赞叹的是,尽管已经到了不惑的年龄他还是自学拉丁文,为的是成为一位能用拉丁文撰写文书的合格选侯。而在帝国会议时他展现了超人的才能,这一才能在那个靠口头谈判决定重大事务的年代起了至关重要的作用。

奥古斯特颇有口才且受人敬重。在所有的德国帝国贵族中,外国的使节必然首先找他商量事宜——无论是托斯卡纳还是威尼斯,法国还是英格兰,波兰还是丹麦。

勃兰登堡的约阿希姆二世的性格则截然不同:富于同情心、崇尚辉煌且慷慨;他是一位宽容的贵族*。他的政策是绝不狂热、靠循序渐进地改变、且不与皇帝和帝国发生争斗,在这些前提下将宗教改革进

---

① 尽管有些不可思议,但他一年的收入按照萨克森地区统计大约为 7 百万塔勒(Thaler)。而在一些威尼斯方面提供的史料中则认为他成为萨克森选侯之后收入提高到了 50 万塔勒。到他去世时人们说他的收入在 200 万左右。按雅克颇·索兰佐(lettera delle cose di Sassonia,Di Praga,1586 年 10 月 14 日,MS.,罗马巴贝利纳图书馆)的说法则为 150 万塔勒。这依然是非常不寻常的收入。这收入主要靠采矿业——这点我们还将提到;还有是靠严格的税收管理,饮酒税带来大约 40 万塔勒的收入。我认为这项税收没有必要也并非特别有效。这位选侯积累了难以置信的巨额财富。"Resta L'erario," 索兰佐说,"tenuto in una gran sala,dove fui introdotto e lo viddi in bote casse e sacchi; affermano coloro per la somma di 30 milioni di taleri ma mi riporto alla verita ,che mi par molto a persuadermi,che possino ascendere a 20 milioni; ma arrivando anco(只) a questa somma mi par assai perchè non vi deve esser in Christianità principe,che vi si possa metter al paragone."

* 此处的宽容为 "leben und leben lassen",典故出自席勒的戏剧《华伦斯坦》(wallenstein)三部曲中的第一部《华伦斯坦营地》。——译者注

行到底。在血雨腥风中，德国的各个邦国无数次起义又惨败，而他的勃兰登堡则保持了和平，这种和平是何等珍贵；这一地区从未有过这样的机会去积累财富促进其贸易，同时吸引了无数优秀的学者，工商业也变得丰富多彩。约阿希姆并未像奥古斯特那样聚集了大笔财富；他去世时还背了不少债务。若是其弟藩侯科斯特林的汉斯管理的话，以其善于经营的手腕或许还能为未来留下什么。约阿希姆虽然作为选侯却没能具有这样的才能。人们还要承认：若是节俭无法扩大地盘，节俭也不会带给他的儿子马格德堡，或者带来普鲁士继承权；若是他真的要一心积攒财富，他也绝无可能在帝国中获得巨大的影响力[1]。他一直亲近萨克森韦廷家族中的阿尔伯特支系*，而疏远恩斯特支系**。约阿希姆在马克西米利安一世的宫廷中长大，他和其他后代——包括斐迪南在内——都互相熟悉且信任。马克西米利安一世的儿子们称他为亚父，而他也堪当此称谓。

  萨克森和勃兰登堡，在这些贵族及他们的后代掌管下联合起来，在帝国之内有着最高的威望，尤其是在帝国北部地区。在黑森的菲利普及其儿子时他们又加强了这种世代的兄弟情谊。波美拉尼亚的公爵在勃兰登堡使节在场的情况下走马上任。不伦瑞克的尤里乌斯年轻之时曾在柏林避难，并在约阿希姆的建议下统治那里。

  德国南部的情况则要复杂了许多。至少皇帝——正如我们前面看

---

  [1] 有关约阿希姆的生平和记录收录在 Nic. Leutingeri de Marchia jusque statu Joachimo I et Joachimo II principibus electoribus commentarii. 比如，第 XVIII 卷，第 632 页。他对接壤贵族的评论也相当有见地。值得一提的是关于约阿希姆的资料还有穆森收集整理的《勃兰登堡边区史》。

  * 阿尔伯特支系（Albertiner）是萨克森选侯腓特烈二世（1412—1464 年）和奥地利的玛格丽特最小的儿子萨克森公爵"勇敢的"阿尔伯特三世（1443—1500 年）的后裔，这一支从 1485 年至 1918 年一直作为萨克森的公爵、选侯和国王。——译者注

  ** 恩斯特支系（Ernestiner）是萨克森选侯腓特烈二世（1412—1464 年）和奥地利的玛格丽特的次子萨克森选侯、图林根和迈森藩侯恩斯特（1441—1486 年）的后裔，其中最著名的是 19 世纪英国的维多利亚女王的丈夫萨克森—科堡和哥达的阿尔伯特王子。——译者注

到的——利用了符腾堡与斐迪南国王之间的不睦，对斐迪南造成不利，但是最终皇帝没有成功。海德堡联盟的首领正是符腾堡公爵克里斯托弗，而斐迪南在海尔布隆也加入其中。我认为，当时此联盟暗中更倾向于反对皇帝是真实的①。不过后来该联盟解散之后并没有重新组建。但是还有另外一层关系代替了这个联盟。我指的是克里斯托弗和马克西米利安之间良好的私人关系，变得越来越自由和高贵。这种关系并不像人们想象的有什么浪漫的成分；但是这种关系具有那种男性之间特有的互相理解和真诚。他们的友谊并不是满足于品尝自己领地的红酒或者是一起参加秋日狩猎、分享战利品。他们在国家以及教会的重要事务中达成一致。克里斯托弗向国王提醒，一定要保有纯正的信仰，传播上帝的福音；马克西米利安则向公爵建议，要考虑到路德宗教徒的团结一致，不要相信那些对国王不利的谣言。

他们的政策正如他们对不同事务的看法那样契合。他们之间不止一次地向对方承诺：马克西米利安保证，无论朋友出身高低他都一视同仁，克里斯托弗则保证，他将全心全意地为国王服务；因此他们两个人能够不受各方争执的影响，至死保持着忠诚的友谊，哪怕二人深陷是非之中②。马克西米利安称赞这位公爵通情达理、充满理性、爱好

---

① 关于海尔布隆联盟我只知道萨特勒的《符腾堡公爵史》的第四卷第58页有提及。另外详细一些但不精确的是1554年索利安诺所撰写的报告：L'altra(lega) chef u conclusa in Hailprun terra di Franconia,nella quale il ser^{mo} re de Romani,li conti Palatini,duchi di Baviera,de Vertimberg e di Cleves,l' archivescovo di Salispurg et alcuni altri principi sono obligati con un certo numero di forze alla difesa e conservation l' uno dell' altro contra quoscunque.La conclusion della quale dieta non ho poturo vedere, perche il ser^{mo} re de Romani non ha volute che sii publicata e la causa come intesi, fu perchè S.M.non ènominate come principal contreante,ma come aggiunto;e mi disse il s^{mo} re di Bohemia che S.M.fu accettata in quella lega acciocche non paresse che S.M.trattasse alcuna cosa contra l' imperatore,ma ch' anco contra S.M.Cesarea sarebbe quella lega,quando ella tentasse di voler molestar Iconfederate in qualche cosa li quali hanno da stare con le sue forze deputate all' ordine.

② 1554—1568年间的书信,大约相当于海尔布隆联盟至克里斯托弗公爵去世之时。全要感谢格明根和勒布雷特公开了这些书信。勒布雷特《有关教会及国家史期刊》,第四卷。

和平，不仅仅是他，构建德国福祉也迫切需要施瓦本的公爵的帮助。当然能赢得克里斯托弗的支持也大有裨益。这位公爵直爽干练、正直果断，他有才华实现自己的愿望，人们用"能手"形容他毫不过分。与曾经帮助他统一领地的黑森州伯爵，以及普法尔茨行宫伯爵都有良好的信任关系。他也能影响这两位伯爵的决定。普法尔茨的选侯本来对马克西米利安当选持反对意见，但最终还是投了赞成票，这全都要感谢克里斯托弗公爵在其中的调解①。

对于皇帝而言同样重要的是，两位重量级帝国贵族的支持——尽管这两位贵族的祖先无数次地与奥地利为敌——克莱夫（kleve）及巴伐利亚的公爵，他们作为马克西米利安的女婿与其保持着良好的关系②。巴伐利亚的阿尔布雷希特还在查理五世皇帝宫廷时就表现出了对西班牙人的不满——他甚至拒绝用西班牙语问候别人——因此他坚决支持哈布斯堡家族在德国的这一分支。

在马克西米利安当选之时他甚至接任特派员一职，并且许诺尽心尽力担任此职务。海德堡—海尔布隆联盟解散之后，也是通过他推动了兰茨贝格联盟的形成。萨尔茨堡、沃尔茨堡和班贝格的主教，以及奥格斯堡和纽伦堡两座城市都是他的盟友；皇帝也参与其中，借此对巴伐利亚和法兰克尼亚各地有着特别的影响。

皇帝的权威就这样在不同的圈子中逐渐扩大，尽管这些圈子都有自己的中心，但是这股潮流还是波及整个德国。一位贵族信仰天主教

---

① 有关这次选举的许多细节由拜特·施托斯及莫瑟尔整理，附在了弗朗茨一世的选举纲领中，其中有许多有关帝国贵族关系的细节。哈柏林，《新德意志帝国史》第四卷，第467~636页有详尽的节选。
② 索利安诺：Il duca di Baviera et il duca di Claves tutti due sui generi mostrano verso S.M. segni d'amore e di riverenza.

|| 第一章

还是新教并无影响。他们相信谁也不可缺少。皇帝下诏确立了新教贵族们的准则：勃兰登堡和萨克森的特使也应该参加在匈牙利举行的帝国会议，或者在波希米亚向皇帝致敬。高等的贵族们自愿联合在一起，联系他们的并非是某个合约，而是秩序与和平。

斐迪南一世

这样亲密的关系中，斐迪南了解德国人行事的方式、深谙德国人的习惯至关重要；这超出了所有人的预料。

斐迪南出生在西班牙，作为王位的可能继承人之一，他当然主要接受西班牙式的教育。性格忧郁的母亲、严厉且虔诚的外祖父，斐迪南成长在这样的环境中。布尔戈斯的枢机主教希梅内斯学富五车、精明果断且文武双全，曾一度担任斐迪南的老师，受到其外祖父的赞扬①。对于一位执掌奥地利的王子而言，这样的教育何等不同寻常！事情的发展出乎人们预料。忧郁的母亲沉浸在自己的世界里；外祖父也忙于各种俗务，他们都无暇顾及这位温顺的长着金色头发、快乐的孩子；这给了他空间，让他充分按照自己个性的空间发展。

查理正式继承西班牙大统，而斐迪南则执掌奥地利；开始时他并不喜欢德国。斐迪南学习德语非常费力。当这位脸色苍白、身形瘦小且并不英俊的王子骑上战马参加比武大会或者是狩猎时，人们一眼就可以看出他是外国人；斐迪南性格骄傲且爱荣誉。曾经一度他有一位

---

① Breve relacion del Infante Don Fernando, hermano del Emperador, 来自 Fray Alvaro Osorio de Moscoso 的 Sandoval Vida y hechos del Emperador Carlos V. lib. I, 第 64 页。

西班牙籍的顾问；奥地利作为邦国在马克西米利安一世皇帝去世后交给其孙子统治，也并非完全心甘情愿，由于斐迪南增加税赋、兑付抵押的资产而对他更不满意。前面也提到过，斐迪南也不喜欢这里。

对于他而言，要是其兄长查理能把刚刚征服的米兰留给他才最好——尽管那里的局势也相当不稳定。我认为，他一度想要放弃奥地利。

但是后来时势的发展，改变了位于权力旋涡中心的他。

摩哈赤战役*让斐迪南成为波希米亚和匈牙利的领主，同时也让他成为抵抗奥斯曼土耳其人的中坚力量。仅仅几年后这位老敌人就打到了维也纳。

查理不在德国期间，他作为罗马人的国王是兄长的全权代理人；我们祖国的内部变化深刻地改变了斐迪南！

这些世俗关系是他生活的重要组成部分。正是这些关系结束了他内心的斗争，带他走上命中注定的事业轨道。

对其兄长的妒忌和与兄长的不睦被搁置一旁。人们在他们之间找到了那种发自内心的紧密联盟，那种未经修饰、自然产生的契合，这种关系并非偶然，而是一种内在的兄弟情谊。人们有理由相信，这兄弟二人一生都不会有不同的看法。皇帝作为兄长，更有天赋，更有力量，自然有优先地位。

斐迪南国王则尊查理为其主上，皇帝的意志便是他的法律。

但是兄弟二人无论是脾气还是外表都大相径庭。众所周知，皇帝

---

* 1526年8月29日，第一次摩哈赤战役是奥斯曼土耳其帝国第一次入侵匈牙利的战役，匈牙利王国军队惨败。斐迪南一世借机取得了剩余匈牙利王国和波希米亚的继承权。——译者注

是典型的黏液质——缓慢、待人严肃、苛刻且寡言。1548年帝国召开会议时，人们惊奇地发现，尽管皇帝雇佣了如此多的歌手和音乐家，但是却没有派上一点用场。斐迪南国王则大不相同，每天都有宴会、音乐和娱乐——那些曲目直到本世纪还有人知道。斐迪南性格激烈且爱冲动，但是心肠很好，他的坦诚为他赢得许多人心。斐迪南话很多，和任何阶层的任何人都能说到一块去。他为人慷慨大方，喜好华丽。渐渐地斐迪南适应了德国的习俗，也知道如何与德国贵族相处，成为他们的中心。像他们一样，他把绝大部分事务交给仆人和顾问处理；像他们一样，他爱好和平，随遇而安。正如臣民们希望的那样，他在惩戒时不忘宽仁，对话时态度温和，平易近人又慈祥如兄长——与斐迪南打交道如沐春风①。

当然这并不意味着在严厉中成长的他完全失去了另一面。若是遭到侮辱，心中的另一个斐迪南被唤醒：人们常说，国王绝对不会饶恕任何一个伤害到他尊严的人。约翰·腓特烈*成为波希米亚国王，而斐迪南认为这顶王冠应该属于他，于是他亲自出征与约翰·腓特烈开战——率领众选侯在米尔赫贝格附近渡过易北河；最终斐迪南取得了胜利。被俘虏的一方遭到斐迪南的严厉斥责，不过在当时的境况并称不上残酷。在当时的危急情况下，斐迪南也可以听从建议用协议来了

---

① Niccolo Theopulo(Tiepolo) Rel^{ne} di Germania 1533.MS. 引用自萨努托的编年史 Di complexion e costume quasi in tutto diversi;ambi savii,prudenti e molto intelligenti di tutte le cose:ma l'imperatore piu riservato,piu considerato e piu grave;–questo piu pronto,piu efficace e piu espedito;——in vero principe di molto spirito,ambitioso di honore,desideroso di esser risguardato.

* 与斐迪南一世同时代的约翰·腓特烈（1503—1554年）是萨克森选侯，但从未当上过波希米亚国王。成为波希米亚国王的是普法尔茨的腓特烈五世（1596—1632年）却非与斐迪南一世是同时代人，而是和神圣罗马帝国皇帝斐迪南二世（1578—1637年）是同时代人并互为敌手。1617年斐迪南二世当选波希米亚国王，由于其顽固的天主教政策引起捷克贵族阶层的不满，他们改选信奉新教的普法尔茨的腓特烈五世为国王。1620年11月8日天主教军队在白山战役中取得胜利，彻底击败了刚刚加冕的腓特烈五世和其支持者，腓特烈五世被迫逃亡尼德兰，其选侯地位亦被巴伐利亚公爵马克西米利安一世所取代。兰克似在此张冠李戴，有所失误。

结此事；但是与他争夺王位对于斐迪南而言是极大的侮辱①。波希米亚也深深地体会到了他的严酷。

说来真是咄咄怪事：兄弟二人，在尼德兰长大的那个越来越疏远德国的习惯，而在西班牙长大的那个却越来越接受德国的习惯②，这一点——正如我们看到的——将带来政治上的关联和结果。

当查理想将帝国交给自己的儿子统治时，兄弟之间的不睦再次激化。在符腾堡地区的统治权上，二人曾发生激烈的争吵。

德国人反对皇帝把自己的儿子作为继承人，这让斐迪南和德国人越走越近。而教皇则支持皇帝，这让斐迪南更倾向于新教，反对教皇。

最终斐迪南赢得了德国人的信任。德国人看到斐迪南是如此反对查理五世派遣外国管理者到德国，也看到了——正如施文迪*所说——全是靠斐迪南的辛勤、忠诚和父亲般的努力下才达成了《帕绍和约》以及《奥格斯堡和约》。他不止一次地驳回了天主教神职人员的要求，也不止一次地判定新教应该妥协；这并不是肆意妄为——正如人们看到得那样，而是实事求是，不偏不倚；双方都接受了斐迪南的建议③，因为他们看到了他的诚恳意愿，他为苍生求福祉的正心。

斐迪南是天主教徒；但是他——哪怕是内心并不情愿——必须在

---

① 索利安诺：riputandosi ad ingiuria ch'una persona privata havesse avuto ardire di contendere seco per un regno che per molte ragioni, antiche e nuove, doveva pervenire a lui e fu chi senti allora S.M. che disse che voleva piu tosto spendere tutti gli altri suoi regni, che sopportare che colui regnasse.

② 对意大利人而言好似太多了 Relne delli Amb^{ri} estraord^{rii} Veneti Zuanne Capello e Bernardino Navagier all impr Ferdinando.1558.MS. 在我的私人收藏中 Non è poco temuta et obbedita; non veste pompsamente; va levandosi la mattina del letto, s' introduce ogn' uno nella camera et ivi comparisce allacciandosi le calze, con un scuffiato di tela in testa, onde a ogn' uno risponde e parla con ogn' uno, e quando noi in piedi, due o tre volte si parti da noi, lasciandoci e ritornando solo per parlare con questo e con quello con pocadignità e riputatione sua.

* 施文迪（Lazarus von Schwendi，约 1522—1583 年）是一位外交家、政治家并且是一位为查理五世、费迪南一世和马克西米利安二世三位皇帝服务过的将军。——译者注

③ 施文迪，《论政府》，第 53 段。

德国容忍新教，并把这个政策贯彻到底①。在他的宫廷中，甚至家中就有信奉路德宗的臣下，而他似乎也并不在意这些。一个人有良好的习惯和端正的品行，这对于斐迪南来说就足够了；这也是他遵守的信条。他的整个宫廷也照此运作；哪怕是那些外国来的使臣也知道，只有以这种方式才有希望获得影响——毕竟这一影响是以私人关系为基础的②。

观察年纪稍大的男人是件有趣的事：年轻时富有激情、冲动且极端，而年长时这些性格则慢慢褪去，越来越多地显露出其天然的本质。斐迪南也不例外。那些外国的使臣们也有类似的观察结果。1564年米彻利在斐迪南最后一次重病时拜访他，米彻利这样写道："只有他愿意时才会死去……他若是去世会让每个人悲伤。他是我们这个时代最好的贵族之一，天性爱好和平。他品行端正，敬畏上帝，更重要的是他心地善良，待人友善，这些让斐迪南受人尊重，把他当作一位圣徒。"他家乡的人也是这样看待他。施文迪称其为"我们祖国值得赞扬的神圣皇帝和父亲"。

我们的祖国处在这样的一位君主领导下，而贵族们也有同样的品质和气度。那是最杰出的一代贵族。若是仔细研究，人们会发现，在这些贵族统治的绝大部分区域都已经制定宪法——这些宪法即使到了

---

① Relne di Micheli 1564 :Ferdinando ,cattolico come si sa,sopra tutti gli altri principi non ha comportato che sia dato fastidio alli protestanti,ma ha lasciato vivere ciascuno nel senso suo non dico tanto nella Germania,quanto nelli proprii suoi stati,anzi che pareva piu strano nella propria sua casa,nella quale ciascuno vivvea al modo suo,e facea vista di non vedere.

② 米夏埃尔·索利安诺:Quelli sono amati che hanno i costumi conformi alla M.S. la quale stima sopr' ogni altra cosa la religione la modestia e la bontà della vita e di queste parti ne fanno gran professione li suoi conseglieri e tutti quelli che li sono piu cari,Onde niuna cosa può fargli un Ambasciatore piu grata che questi costumi,costumi proprii da buon christiano e di vita civile e d' huom verament di republica et all' incontro questi,che hanno costumi diversi o contrarii a questi,sono reputati leggieri e scandalosi e sono poco amati dal ser^{mo} re e poco stimati dalla corte.

今日也未有大的改动。宗教改革不断推进，世俗和教权的结合，是在他们的统治之下才获得具体的形态，这需要巨大的勇气和魄力；统治的有效性也日趋成熟。在命运和经验的帮助下他们学会了温和的想法和抱负。这些贵族强大，果断，通情达理，爱好和平；祖国的利益将他们团结在一起。

民间的情况

什么？我们怎么会忘记人民？

人们不禁要提出异议：只要人民之间还充满着敌意，天主教和新教信众之间争斗不断，最基本的和解要素还没有具备，那么贵族间政治上的联盟就没有什么意义。

的确是这样；这一点我们不可否认；但是我们要再深入一步，做出如下断言：若是在人民中有某一点不能达到一致，若是在底层间争执不断、即便不能说调解、哪怕不能达成某种看法上的趋同，那么这一联盟就根本不会产生。

除了16世纪六七十年代占了上风的新教学说外，我找不到其他更有力的证据了。

大家知道，也可以认为这一学说牢牢掌握了上萨克森和下萨克森，在法兰克尼亚则遇到了天主教主教区非常弱的抵抗——但还是在这些地区深入人心；而在施瓦本，贵族和城市从一开始就非常欢迎并接受了这一学说。在巴伐利亚和奥地利、莱茵河流域和威斯特法伦，该学说也有极大的进展。

巴伐利亚的公爵阿尔布莱希特五世非常赞赏这一学说；值得注意的是，他自己也是一位虔诚的天主教徒，但是1561年他还是和整个宫廷一起聆听了新教牧师普方瑟尔·楚·诺因堡的布道①。约1570年，正如这位公爵向教皇报道得那样：他的下属大多数非常喜欢新教的理论，他宁可不再接受圣事，也不愿意再回到旧的礼仪中了②。

1563年萨尔茨堡的4个法庭同时要求允许使用圣杯；大主教最后表示自己无力阻止此事。于是，路德宗的信众在暗处得以保存③。

奥地利的人们则对路德宗热情地开展研究。不少贵族到新教的大学学习；维滕贝格在不长时间内就有三名年轻的奥地利贵族，按照当时的习惯被选举为大学管理委员会成员。一些耶稣会的学校不得不关闭，因为本地无人参加他们的课程。新教布道者被贵族引入，管理部门也未加禁止，于是，前往奥地利和施泰尔马克的路边充满了各种路德宗的布道者④。

施文迪认为，到约1570年，无论是天主教还是新教的贵族，大都对新教提供了帮助——即便不是公开支持，也会在暗中帮助⑤。

施文迪还指出，教职人员要么已经改宗信教，要么对此漠不关心。许多修道院被解散了，也不再有人资助弥撒。巴伐利亚公爵对神职人员情况的描述是极好的一手资料。僧侣们离开了修道院，他们很

---

① Sitzingerbei Strobel; J.Seb.Pfauser 生平，《文学资料》第一卷，第 313 页。
② Relatio de infelici statu Bavariae ad Pium V. MS. Archivio Vatic. nr.3221.p.418 罗马Vallicelliana 图书馆复印件 .C.20.p.175: "Noverit Sanctitas V^{ra} Magnam Bavariae nobilitatis partem haeresi infectam esse et malle sacramentis et religion vivere,quam se ad fidei catholicae unitatem recipere."
③ 戈克金，《萨尔茨堡流亡史》，第 86 页。
④ 劳帕赫，《新教的奥地利》，第一卷，第 58 页。
⑤ 施文迪，《罗马帝国政府论》，第 38～43 段。

多成为牧师，并毫不犹豫地娶妻①。斯塔弗鲁斯认为，整个德国一百个神职人员中只有一个没有结婚的②。明斯特出现了许多教职人员结婚的情况，甚至还出现了罕见的女性教长。

谁能改变人民的意志，让他们回到古老的信仰！普通人根本不想再了解那些繁文缛节：听完布道就赶紧离开教堂；若是不喜欢布道的内容，那干脆去读读新教的布道，或者直接去听新教牧师的布道。正是因为这样的原因，再也没有人愿意加入修道院。像炼狱这样的理论无人再信；朝圣作为补赎再也无人参加。

即使是那些掌握权力的天主教徒，也不再对罗马教廷言听计从。斐迪南不知道多少次嘲笑罗马教廷以及他们毫无效果的改革。帝国宰相塞尔德*曾说：圣座曾经是万众求告的对象，而现在被人轻视；曾经人们害怕被绝罚胜过死亡，现在这样的想法只能招来嘲笑。"罗马的生活全世界都已知晓，以至于每个人，不论他是谁，不论他是否信仰新教，都对其产生厌恶。③"

人民背离了罗马教廷在外国人的文献中也可以找到。

"德国的贵族和人民"，1554年索利安诺写道，"全部被异端感染，几乎没有例外。罗马教廷失去了权威，而且每天都在失去更多影响力"。

1557年，提埃坡罗认为新教徒非常勇敢，而天主教徒则迟疑彷徨。

---

① Relatio de infelici statu Bav.: "monachi quam plurimum in parochiis extra monasteria degunt,concubinas sicut et reliqui clerici fovent et liberos procreant,potationibus addicti et ignorantes.In diversis Bavariae locis multa sunt beneficia,quae nemini conferuntur nec a multis annis collate fuere".
② 施特罗贝尔，《文学资料汇编》第一卷，第265页，斯塔福鲁斯的书信。
* 格奥尔格·西格蒙德·塞尔德（Georg Sigmund Seld，1516—1565年）出生于奥格斯堡的富有金匠家庭，早年在帕多瓦、博洛尼亚和巴黎等地求学受过高等的教育，从1550年起担任帝国宰相，历经查理五世、费迪南一世和马克西米利安二世三位皇帝，对于帝国和其宗教政策有重大影响。——译者注
③ 塞尔德，《为费迪南吾皇劝诫思虑书》，第9页。

他写道:"若是让我来判断,这个国家不久后就会完全疏远教廷。"

此时,巴多埃罗正在皇帝宫廷中。他对德国的描述至少展现了一点,他想了解德国情况所做的努力。他认为,七成德国人属于路德宗,只有一成忠于天主教,而剩下的两成则属于其他邪教①。

德国当时的局势、政治上的立场以及内部的和平,正是建立在这一天主教处于劣势的基础上。

无论如何德国不会分裂为一个天主教国家和一个新教国家。天主教徒和新教徒一起生活,彼此共存。后来的那种教派间的仇恨当时并未出现。甚至那些高级神职人员都未曾想过要强迫自己的属下改宗;即使是最虔诚的新教徒也只是对各种和平宣言以及1562年最重要的一部宣言有所耳闻而已。这些宣言的谈判过程十分漫长。当然,在谈判时众多的参事和大臣中间也许只有一位天主教徒,其他人都是新教徒,甚至是非常虔诚的新教徒②。

在这样的宗教分歧中,1564年米彻利并没有看到德国面临什么危险。"一部分地区,"他写道,"大家已经习惯容忍别人;在那些两种宗教混合的地区人们已经不在意是新教徒还是天主教徒。不仅仅是地区有混居,家庭中也是如此。有时一个房子里孩子就和父母的信仰不同。兄弟姐妹之间也会有不同的信仰,新教徒与天主教徒通婚。没

---

① Badoero Relne:Delle dieci parti le sette sono Luterani,due delle altre opinioni et una di catolici. 他也认为天主教徒处于明显劣势。

② Relatione del Commendone dello stato della religion in Germania——按照参加过瑙姆堡贵族会议的康蒙多内的记录,虽然并不尽如人意的详细,但是足够说明问题。MS. 罗马 Vallicelliana 图书馆第19页:Li catolici principi non ardiscono di mostrarsi e si avvezzano tuttavia a tolerar molti inconvenienti—Essi catolici sono disuniti ed hanno I vasalli e le corti loro corrotte,che molti prelati hanno appresso di loro un solo consigliere o un solo servitor catolico nè sanno di chi fidarsi,anzi vi sono di quelli,I quali ritengono studiosa^m anche a canto de' piu arrabbiati heretici per potersene secondo l'occasione valere con I principi protestanti.

有人在意，也没有人提起。"——在整个帝国境内，尽管有些地区新教尚未合法化，但是不论是乡村、城市还是家庭，都逐渐形成了天然的宽容氛围。

这里我还想再谈其他几点。

一种普遍的看法是，德国人在文学和诗歌上的进步因为宗教改革而停滞不前。

但不正是这场运动赋予当时早已陈词滥调的游吟诗歌新的内容吗？难道能够忽略，我们的民族在新教环境中表达对教会热爱时所展现的热情和深刻吗？汉斯·萨赫斯在描写德国市民世界观、人生观的作品中展现了真诚、优美、充满艺术感且循循善诱；他是无法超越的高峰；他是永恒的独一无二。罗伦哈根和菲沙尔特的诗歌展现了德国人民的活力、淳朴、热情和真挚。

人们不可能看不到16世纪编年史中的描述。它们充满了深刻、对祖国的热爱，表达了发自内心的正直——这也正是在生活和学问中所要求的。

奠定这个民族内心特质的基础依然存在。那些含义深远的寓言，比如，浮士德和流浪的犹太人*，还有许多美丽多愁善感的诗歌①，都要拜这个世纪的灵感所赐。

这里还用再提到那位受自己意志推动，用巨大普遍的热情，唤醒了更纯洁、更深刻宗教的我们民族的天才吗？

当然这个时代的作品缺乏形式上的美，这是由于积累还不丰富造

---

* 中古传说中一位名叫约翰·布塔德乌斯（Joannes Buttadeus）的犹太人，因其嘲弄被钉上十字架的耶稣，遭天谴永远流浪。——译者注

① 格奥尔格·福尔斯特将这些诗歌进行了有意义地整理，让人想起他短诗集的前言。纽伦堡，1552年。

成的；这些作品更有艺术性、意义深远且多元化，这些比形式上的美重要。但在我们民族的历史中又有哪个时代能够有资格指责那个时代呢？或者是难道我们有这个资格？我们这个时代至少缺乏对深刻含义的爱好。

那个时代的德国精神，是健康的、独树一帜的；这种精神等待的就是神学能够搁置争议的那一刻，它会迸发出巨大的力量，推动德意志民族走向对人类尊重和有益的道路。

还有一种看法认为，德国城市的贸易和富裕在16世纪中叶由于新商路的发现而面临结束。我没有能找到相关的证据。

至少威尼斯的使者在施马尔卡尔登战争后看到德国城市依然强大。巴多尔看到许多城市都在大兴土木，建设美观的住房和宫殿，许多雄伟的教堂也拔地而起——这些教堂颇受这位意大利使者的喜爱①。

按照他的观点，那些海港城市没有任何走向衰败的迹象。汉堡、吕贝克、罗斯托克、但泽和里加都有大约100到150艘舰船。但泽大约是当时世界上第二或者第三的港口。这里是两条去往东方的古老道路的交汇点：俄罗斯人的陆路以及葡萄牙人的海路；欧洲的东面与西面在这里贸易；港口中经常停有400到500艘船②。

北方的商业往来并未消失。1560年的协议让汉萨同盟在丹麦王国

---

① Le chiese molte e grandi e di maniera ornate,che vengano stimate superiori a quelle d'Italia. 值得注意的是来自一位意大利人的判断，尽管这里主要指的是哥特式教堂，但是不得不指出的事实是，现在人们看到的意大利建筑都来自更晚的时代。

② Relne del clmo Sre Girolamo Lippomani,ritornato ambre del re di Polonia.L'anno 1575.MS. 在我的私人收藏。Dansica,dove entrano le navi nel tempo dell'estate,che alle volte il numero è di 400 in 500.È commodo e frequentmo mercato della Suetia Dania Norvegia;Fiandra Francia Inghilterra e Portogallo somministrando pani vini olii zuccari e drogherie che vengono di quei paesi in Polonia in Littuania et alter provincie soggette,ricevendo da quelli formenti lini canove lana corame,mele e cera. 当然还有对于这个港口更精彩的描述。

享有自由贸易的权利；他们是斯科讷地区*贸易的霸主；而在挪威海岸的鲱鱼捕捞也带来了可观的收入。

在瑞典，汉萨同盟保有其贸易特权，远远没有失去市场准入和经商权。他们为了能直接与俄国进行贸易，不顾国王的反对开辟了通往钠尔瓦的航线。

汉萨同盟最重要的贸易伙伴是伦敦。他们在那里得到的贸易特权，让他们在1551年从英格兰出口了4.4万匹布料，而英国人自己只出口了1100匹。查理五世与英格兰之间的联系以及其派驻在英国八面玲珑的使臣韦尔登的汉斯都没有能改变什么；1554年汉萨同盟还是从英格兰出口了3万匹布料，不难看出他们在商业上的巨大优势。但是这样的霸主地位——有时或许是不合法的——当然会不可避免地招致英格兰的反感；但重要的是能用理智和坚定处理。

英国与荷兰之间的贸易也控制在汉萨同盟手中。1561年腓力二世再次延长了汉萨同盟此前与布拉邦特公爵达成的一系列贸易特权；在安特卫普这座当时世界贸易的中心之一，汉萨同盟又开设了新的分部[①]。

在法国汉萨同盟的营业额大幅增长，此时他们才决定在那里常设分支机构。汉萨同盟经常派出大型舰队前往里斯本进行贸易。

不论是这里，或是弗兰德，还是法国，整个西方汉萨同盟和许多北德城市一起进行商贸活动；这些北部城市的繁荣绝不亚于汉萨同盟。

莱茵河和美因河因为纽伦堡与安特卫普之间的商贸往来而非常活跃。纽伦堡的位置是连接莱茵河与多瑙河最重要的通道。有人曾经做过计算，从多瑙河运送物品到达莱茵河，通过纽伦堡大约只需要40个

---

* 斯科讷位于瑞典南部斯堪的那维亚半岛最南端，为约塔兰地区一旧省名。——译者注
[①] 萨尔托里乌斯，《汉萨同盟的历史》，第二卷，第14～17册。

小时。但是纽伦堡并不满足于仅作中间商；西里西亚的画布、意大利的丝绸、英国的布匹都会经过手工匠加工，之后再转手；纽伦堡的手工业会聚了全世界各行业最顶级的工匠，在这里制作的手工业品再行销到全世界。1544年，一位威尼斯使者到达这里；这位威尼斯共和国公民无法抑制自己的惊讶之情。他夸耀这些工匠生活非常节俭；他们不穿华丽的丝绸或者皮草，参加节日也非常朴素；他们不论是在国外还是国内都不停地盈利，财富不断增加。整个城市也是处在相同的管理理念下。由于每年节省下四分之三的收入，人们可以大约计算其财富为1500万古尔登。若说纽伦堡是威尼斯的女儿，那这位女儿不知道要超出母亲多少倍了。但是纽伦堡并不在必要的地方节省；他们不计成本地加固城防，增加装备；这位威尼斯使者至少发现了300门大炮，而谷仓中至少存放了足够使用两年的粮食；这里的市民比任何地方都要服从统治阶层的家族①，而这些家族并没有称自己为贵族；他们和父辈以及市民一样进行贸易。纽伦堡当地的诗人赞美道：智慧、公正和权威与他们相伴。

奥格斯堡也同样繁荣。据估算施马尔卡尔登战争的费用大约为300万古尔登，但那种认为奥格斯堡在战后一蹶不振的想法是错误的。据巴多尔的计算，1557年奥格斯堡是最富裕的城市之一。最富有的几大银行业家族——富格尔家族、韦尔瑟家族和鲍姆加特纳家族都聚集

---

① Relatione di Germania 1544. 我的个人收藏，我认为此书乃是 Martin Cavalli 所著。但是无论在维也纳还是在威尼斯的档案馆我都找不到本书。È fatta rep^{ca} libera e la piu potente di Germania. Hanno una bell^{ma} munition d'artegliarie armature et polvere, e se ben mi ricordo li pezzi di bronzo sono piu di 300, et oltre di queste hanno molte sale piene di formenti e di segale:lè quale ho giudicato che passion 600m stara Venezni che è il viver per piu di due anni per questa terra. 有关帝国的收入：sempre per gratificare al re fanno qualch cosa di piu e sono li primi et li extremi:hanno nel governarsi grand^{ma} dexterità et s'intertengono con Catholici et Lutherani, talmente, che sicuramente vivono a modo suo e sono benoluti da ognuno senza nemicizia e malvoler d'alcuno. 可以和汉斯·萨赫斯的溢美之词相媲美。

在奥格斯堡，每笔生意都要以数十万计。圭恰迪尼认为，1560年奥格斯堡是德国城市中最富裕的。1566年迎接马克西米利安二世及其皇后时，奥格斯堡是何等气派，准备了无数价值不菲的礼物。1567年城市管理委员会接待尊贵客人使用的全部是纯银制作的餐具，高档的餐碗和酒杯是当时德国最奢侈的①。宇宙学家缪斯特*住在这里感到非常惬意。他认为城市的管理者廉洁公正，市民们道德高尚——不论是彼此相处还是与外面做生意，他们的生意远到"连四风都吹不到的地方"；而市民教育自己的子女以诚实为最高美德；人们都竞相用最灵巧的办法装饰自己的房屋，而他们的生活和习俗是那么的华丽、高贵，使用的家具也非常讲究②。福格尔家族的花园比布卢瓦的公园还要大；1559年在这座美不胜收的花园中，郁金香第一次在西方绽放。

这些高地城市和汉萨同盟一样在国外具有许多特权。法国国王弗朗索瓦一世及亨利二世就曾经与它们达成协议；这些城市同与法国紧密结盟的瑞士一样，只需要缴纳传统的税赋，而免于缴纳新的税种。它们在里昂的市场也有特殊优惠。巴黎、鲁昂、勃艮第和多菲内议会都给这些城市特许状。1566年，查理九世再一次确认了这些权利③。

对于这些贸易而言最重要的城市，据我所知是林道。但泽至热那亚、纽伦堡至里昂之间的货物流经过林道。我们的宇宙学家称林道为"德国的威尼斯"。

---

① 施特腾，《奥格斯堡史》，第567、577页。
* 塞巴斯丁·缪斯特（Sebastian Münster, 1488—1552年），文艺复兴时期德国数学家，希伯来文教授，为巴塞尔大学数学教授。曾当过修士，是世界上第一位绘出四大洲地图的人。于1544年出版了他重要的宇宙论著作。——译者注
② 缪斯特，《宇宙论》，第880页。
③ Privilèges pour les marchands des ville de Augsbourg, Ulme, Nuremberg, Constance, Strasbourg, Norlingen, Memmingen et autres villes et cités impériales de la nation germanique. 罗特，《纽伦堡商业史》，第二卷，第288~306页。

维也纳曾经是来自意大利的葡萄酒和丝绸制品以及来自匈牙利的牲畜及皮草的重要集散地；这些物品主要是销往德国多瑙河流域的城市、波兰或者是波希米亚。从维也纳通往里昂的道路也通过林道。

法兰克福的市场日渐繁荣。意大利人、匈牙利人、英格兰人、法国人、波兰人和俄罗斯人到这里仿佛在家乡一样。斯卡里格曾说：在这里可以找到东西方的各种特产，而人也可以在精神上大有收获。

这些商业亮点对于整个德国有着重要的意义。

比如，阿尔特马克*就是这样发展起来的：施滕达尔一地就有700到800家布坊，小城加尔德莱根1547年就有700人的武装力量；这里出产的啤酒花以数千捆计；鲱鱼的生意也带来可观的收入，这里的人们富裕程度可以与柏林相比，这在历史上很少见①。

吕讷堡运出的盐、马格德堡运出的谷物都会集中到这些商业城市。马格德堡非常富有，曾成功抵抗过皇帝查理五世的军队，耗资400万古尔登②使得萨勒河及施普雷河都成功地通航。

在施瓦本，人们经商非常精于算计，而且一般都成群结队③。男人女人都参加麻布的纺织工作。乌尔姆每年要卖出10万匹布。根据意大利人的计算，其中制作厚棉布需要用许多来自意大利的棉花，因此利润不是那么可观。

即使意大利人计算完全正确，即这些贸易中德国人所得的利润并不高——但是这种微薄的利润依然可以承受。或许因为德国的矿业非

---

* 阿尔特马克（Altmark）为德国历史古地名，包含今日萨克森—安哈尔特州北部，是勃兰登堡边区最早的雏形，被后世称为"普鲁士的摇篮"。——译者注
① 缪森，《勃兰登堡边区科技史》，第483页。
② 罗特曼，《马格德堡历史》，第三卷，第600页。
③ 缪斯特，《宇宙学》，第527页。在波米·莫尔斯等也可找到，费舍尔的著作《德国商贸史》是基于此而作。

常发达。

人们经常可以从老年人那里听到那些传说，那些关于在深山的大铁门后面藏满了宝藏的故事。这些传说的意义并不难猜透，对于许多地方而言，这是一种能实现富裕生活的期待。

尤其是在德国的矿山县。

我这里不想重复《卡里翁编年史》中有关施内贝格开采业不可信的数据；而阿尔比努斯*为了撰写另一本编年史付出了许多艰辛，不过这本书正如它的名声一样不同寻常。尽管其中的记录并不完全，但是它记载的直到1550年的79年矿产分红约为200万蒂罗尔银币，相当于300万塔勒①，这些分红当然按照矿井大小分配。安娜贝格1500—1600年间大约分红总值为450万蒂罗尔银币，相当于500万塔勒；弗莱贝格长久维持在每年5万到6万蒂罗尔银币的水平，71年算下来超过400万塔勒；马林贝格——这些地区的产量都被详细记录下来——1520—1564年间总共分红约为200万蒂罗尔银币，约合300万塔勒。1540年的圣三一主日，为了庆祝最高产量还专门创作了一首歌曲，传唱至今②。这里列举的都是最重要的产矿区，当然还有其他产量比较丰富的；这里列出的数字已经刨除了所有运营成本；其中也刨除了非常重要的什一税以及领主的税赋；很多矿井都属于自由矿井不需缴税。估计这些位于萨克森的采矿业在这个世纪总共的收入上升到3000到4000万塔勒之间。威尼斯人估计，每天德累斯顿的铸币厂都要生产约3000

---

* 彼得·阿尔比努斯（Petrus Albinus，1543—1598年），维滕贝格的教授，被誉为"萨克森历史之父"。——译者注

① 阿尔比努斯，《迈森矿山编年史》，第33页。那时就已经缺少了1511年以前的记录。

② 有关马林贝格地区的资料可以在萨克森历史汇编中第八卷找到。安娜贝格矿产的记录也可以在其中第十卷第338页找到。阿尔比努斯找的这首歌曲则在第113页和第262页；生产的记录在第114页和第810页。人们不难发现，这位诗人并未夸大其词。

塔勒，这也就意味着一年有百万的币值。

帝国东部的许多地区也同样富庶。约阿希姆斯塔尔的矿业每年的产量也有详细的统计数字。1516—1560年间盈利就达到了400万塔勒；一位名叫梅尔腾·海德勒的矿主和他的妻子盈利达到了10万古尔登。

1525年人们便开始在勒伯塔尔地区*开矿。大约同时生产的矿场有超过30个，每年出产超过7500银马克，仿佛人们到巴荷芬和圣威廉都是踩着银台阶去的。

施瓦茨的银矿简直取之不竭。"人们不停地开采并熔化，"缪斯特这样记述道："出产量多到用言语无法形容，日夜不断。"斐迪南从这个矿区中每年的收入达到了25万古尔登。1526—1564年的记录显示，这里出产了200万马克纯银，相当于2000万古尔登①。

这些统计并不包括那些古老矿井的收入。在拉默尔斯贝格矿，"年轻者"亨利公爵**便找了一位开矿能手来经营。在他终止位于戈斯拉尔矿井中的开采后，他的儿子尤里乌斯又雄心勃勃地开始开矿。每年仅矿山带来的收入比其父亲增加了2万塔勒②。

即使是这些矿井依然不是全部；马特西乌斯记录下来的波希米亚就有许多银矿，比如，布德维斯七年中就带来2.3万马克；1552年吕尔布歇就出产了超过2.2万马克；劳里斯和加斯泰因"大量地出产黄金"；还有无数其他没有记录的矿山：至少人们可以得出以下结论，即德国在这个世纪中出产的贵重金属不会少于美洲——美洲在刚刚被

---

* 勒伯塔尔（Lebertal）位于法国下莱茵省塞莱斯塔以西，圣玛丽欧米讷（St-Marieaux Mines）以北的地区。——译者注

① 格梅林，《德国矿山史》，第 319、320 页

** 公爵"年轻者"亨利二世（1489—1568年），不伦瑞克—吕讷堡公爵和不伦瑞克—沃尔芬比特尔的亲王。他是最后一位信奉罗马天主教的韦尔夫家族的王公，以参与大量战争而闻名。——译者注

② 莱特梅耶，《不伦瑞克编年史》，第 1008 页。

发现的50年中，产量并不尽如人意。

银矿并不是这个产业的全部。矿工辛苦地工作，除孤独且独特的自由之外，还需要从事大量五花八门的手工业。比如那位有着"手工业者衣食父母"之称的尤里乌斯公爵，要为维护吉特尔德的钢铁厂和本特海姆的黄铜厂投入大量财力。苏尔的武器制造业满足了德国、瑞士、匈牙利和波兰的需要。这一时期涌现了无数创新和发展，从精巧的手工铃舌到开矿业使用的巨大机器，还有那些精巧的钟表、绘制精确的天球，还有格奥尔格·哈特曼*在无数次观察试验后制作的指南针，而他也发现了地磁偏角。我们直接感受到了那种开拓的精神。

总的来说那是一个追求新鲜事物、探求事物根本的时代，而这又与世间非常珍贵和丰富的精神世界息息相关。正如缪斯特形容得那样，福祉和富裕在德国的土地上传播开来。在他的记录中我们看到，农业产品向城市汇聚，比如，施韦因富特和于贝尔林根的谷物贸易，仅是沃尔姆斯一地的市场就有来自超过200座城市、地区和村庄的产品；阿尔萨斯的粮食被运到整个德国境内，通过图尔瓦伦运输到意大利的边境，而图林根的商人则把栗子运送到北方甚至是英格兰，把魏森堡的酒运到布拉邦特和尼德兰。我们是带着怎样的喜悦看到这样的文字。这些描写带我们到高山上，看那些珍贵的草药；带我们顺着河流看美好的风景，那无数的村庄和舒适的宫殿，长满了山毛榉和橡树；到山区，看猎人在暖酒；到平原，看庄稼长得比马上的骑士还高；看那些甘美的清泉，还有那些舒适的温泉；这些文字仿佛一幅夏

---

* 格奥尔格·哈特曼（Georg Hartmann，1489—1564年）德国数学家和仪器匠人，他于1544年发现地磁偏角并制作了大量的罗盘、日晷和天体仪等科学仪器。——译者注

日风景画般地把德国展现在我们面前,色彩斑斓、物产丰富,那勤劳的双手创造的一切。比这些更重要的是,这里居住着一个朴实正直、有些执拗地坚持自己的习俗和名誉、勇敢坚定的民族。

维持德国局势稳定的要素

我们现在回到本书的主题。

读着这些文字我们不难发现,尽管它们叙述十分详尽,但是其中并没有涉及德国宗教上的分歧。各地常有贵族或者城市官员受到表扬,有些是因为他们宣传纯正的信仰,但是同样的,若他们为众人谋求福利也会受到称赞。那些无所作为的,也不会留下记录。

这里给我们的启示是,为了实现这一时期保持德国统一的可能,宗教改革朝另一方向发展并不是必需的。

在经历了如此多的风雨之后,我们看到这个民族依然干劲十足、实力雄厚、兴盛伟大,在贵族的带领下团结一致,不接受外来势力的干涉。

保持这个状态,坚定发扬它,才是一切的根本。而事实上不得不说,这一目标完全没有实现。

首先,需要弥补由于裂教而产生的嫌隙。选侯分裂为两大阵营,一方是天主教宗教贵族,另外一方是新教世俗贵族;在这两大阵营之间曾经产生过严重的分歧。1558年,双方终于结成新的联盟。选侯们一致同意,彼此支持帮助,彼此友爱信任,不再因为宗教的原因把任何人排除在未来可能的选举之外,目标是重建德意志民族的统一。自

1338年起这样的联盟屡见不鲜。而这一次宣誓的内容已经被改变,天主教徒和新教徒都可以毫无困难地宣读。另外这一次联盟特别注意了继任者的延续性问题,以保证联盟的长期存在[①]。

宗教改革的不断深入,还让皇权几乎完全独立,不再依赖教皇。尽管教皇保罗四世一再抗议,查理五世退位后,斐迪南还是接手掌权;庇护四世则干脆听之任之,他知道自己什么也改变不了。在马克西米利安当选之时,就连天主教的贵族都坚持要求,在诏书中不提及教皇:他们甚至希望,以后应该由皇帝确认教皇人选,而不是教皇确定皇帝人选[②]。帝国副首相曾经在一篇分析详细的文章中说,教皇不能再对皇帝的选举施加一丁点压力,这也包括欧洲其他的国王在内,教皇这一荣誉已经失去了基督教化的欧洲曾赋予它的一切含义:一切已经变成民族荣耀。

人们难以相信,这种结果是种必然。

在健康当中总是隐藏着疾病的可能;在无论大小的危险中总有机遇;在每段联盟中都暗含着分离的可能。

这里就能看到一位远见卓识的统治者,与嚣突叫嚣的暴民或某个激进的政党相去甚远之处:他很久之前便看到了危险的因素,并提前采取措施。

我们不能否认,这些因素在当时的德意志民族中非常强大。通过一系列偶然,这些危险被转移到别的方向,我们才没有走向灭亡;但是这些危险绝不是完全平息,更谈不上已经消失。

---

① 将这一次联盟与历史上其他联盟进行比较参见哈伯林,《新帝国史》第三卷,第449~458页。
② 尤里希公爵的记载,按照1562年信使的报告。

和平的这些岁月里，人们要时时谨慎观察，防止危险爆发。

最大的危险却不可避免地摆在那里：在德国教会的关系问题上教权以及世俗的利益碰撞在一起。德国教会在新教的攻击下，在那些暴力经常胜过公义的动荡岁月中，受到了侮辱和损害。然而帝国的宪法以教会为根基，且帝国的参议会中无论是选侯们，还是王公贵族们，有很多都来自教会。

这里我斗胆提出一个观念：德国教会作为一个政治机构，不会少于、甚至会超过其宗教职能。

首先，众所周知的是，我们这个时代依然如此。德国的主教以及大主教们不大履行他们在宗教方面的职责。他们也不大会关心教众的灵性生活；在大公教会的管理上他们也不太参与；他们是德意志的王侯，和世俗贵族一样享有高度自治，在14—15世纪时他们对帝国事物的影响最大。他们每天忙着的都是这样的事务，这成了他们头衔的实质。当然宗教头衔也偶尔会有和世俗要务相冲突的时候。但是讥讽嘲笑并没有意义，那个时代的事实就是如此。

另外，还有一个重要的因素。不知道多少次新教伯爵和领主们一方面首先为了荣耀上帝，另一方面为了保全自己的家族而捐助成立了教区甚至是大主教区，而健忘的皇帝、国王、贵族和领主们又是如何大方地馈赠①：这些贵族把自己家族的存亡和教会联系在了一起。加入教会的一般是贵族家庭中最年幼的继承人。因为这些继承人加入教会就没有机会成立自己的家庭了，这对于家族是有利的。而继承家族

---

① 比如奥格斯堡信仰告白中的 Copiasupplicationis。我对1566年奥格斯堡帝国会议的描述亦有记录。申肯贝格第三卷，第306页

产业的年长者贵族则会由这些已经加入教会的贵族辅佐。这样一来保持了贵族家庭内部的和谐。

而当新教已经公开而不是暗中占了上风——这一点就像我们以后要讨论的那样已经在绝大多数地区成为不争的事实,怎么还能够继续维持这种加入教会带来的优势、让那些加入教会的贵族自愿放弃影响帝国权力呢?

不顾宗教和平协议,很快在德国北部的大多数地区出现了新教的教权贵族,他们绝不会交出自己在帝国政治中的权力。

当勃兰登堡选侯约阿希姆·腓特烈成为马格德堡大主教时,他宣布不会放弃在帝国内的职位和权力,不再遵循传统,交出土地的继承权。即使是他正式结婚,也不会放弃教职,并且他的妻子也成为教会的首领,尽管没有对教产的继承权①。其前任西吉斯蒙德还曾在帝国和皇帝面前发誓接受新教纯洁的信条,并不愿同时兼任教职②。

萨克森—劳恩堡公爵亨利——同时也是不来梅大主教,他认为自己虽然已经结婚,但是依然保有在教会中的职位③。

尽管吕贝克和费尔登主教艾贝哈德已经加入新教,不过皇帝和教皇都已经认可;每次帝国会议他都派使节参加、签署各种决议,没有受到任何反对。

明登的赫尔曼主教,是一位毫无疑问的新教徒,同时还拥有帝国内的财产和选票。

---

① 拉特曼,《马格德堡历史》,第四卷,第69页。
② 哈默利乌斯,即将提到的出处。
③ 哈梅尔曼,《奥尔登堡编年史》,第435页,其中还含有一首他的诗,写道:Quin lolium papale sacra runcavit ab aede。

奥斯纳布吕克曾经一度由天主教和新教轮流出任主教之职。双方是如此宽容,以至于任何一方有难另一方都会支援。霍亚的约翰*也很长时间对帕德伯恩进行了温和地统治①。皇帝在哈尔贝尔斯塔特承认了不伦瑞克的尤里乌斯的公爵地位,同时他还要求教皇承认他的地位,而公爵从未怀疑教皇会否决他的请求。

奎德林堡的女修道院院长伊丽莎白**是位新教徒,她从教皇的特使那里得到认可,比从邻居萨克森选侯得到认可还要容易②。

这是怎么回事?很多读者或许会问,这不符合宗教和平协议中的条款,德国人遵纪守法以及严谨认真,怎么会置条款于不顾呢?

那时的人并不认为这会违反宗教和平协议。人们认为,宗教协议禁止的是,已经在任上的天主教神职人员加入新教;和平协议的目的,不过是避免天主教团体及教众与加入新教的主教之间可能产生的矛盾;但是协议绝对没有禁止已经加入新教的教众选举一位新教主教③。

似乎皇帝也是这样的观点。新教中这些既是主教又是地方官员者得到了皇帝的认可,并且他们得以保持在帝国内的职位。若是主教的任免全部由皇帝决定,那么一切也就相安无事了;但按照法律,主教的任免需要由教皇来决定。这一关系很难相处。

人们总会有些担心自己的职位被教皇免除。或许在循规蹈矩上

---

* 霍亚的约翰(Johannvon Hoya)可能是指霍亚的约翰四世(1529—1574年),奥斯纳布吕克亲王主教,明斯特主教及帕德伯恩亲王主教区亲王。——译者注
① 施勒格尔,《北德教会史》,第二卷,第422页。
** 奎德林堡女修道院长伊丽莎白二世(1542—1584年),同时也是雷根施泰因—布莱肯堡的女伯爵,她是信奉新教的第一任奎德林堡女修道院院长。——译者注
② 哈伯林,《近期帝国史》第六卷,第438~456页。艾希霍恩,《国家及法律史》第四部分,第503段。
③ 1596年 D.Henningio Kamelio 所著的《有关神职人员特权或者免责权的顾虑》。他认为宗教和平得以保持;但是比如科隆的选侯并没能从根本上解决问题,因为他的教区没有改革;而约阿希姆·腓特烈则做得非常正确,因为其教众与他同一。吕尼西,《国家政策通鉴》,第482页。

没有比德国人更典型的例子了：在新教改革已经很久之后，很多已经加入新教的教区依然在特别的月份给教皇上缴收入。不过过晚缴纳或者缴纳者无力支付的情况时有发生①。人们怎么能背弃长久以来的习惯呢？

幸运的是，一个古老的习惯仍在延续，在新的境遇下甚至会带来优势：我这里指的是皇帝特许的豁免权。实现这一权利只需要一个条件，即手头没有凑足应该上缴给罗马教廷的金额，这时可以申请暂时保留教职，有时可以长达数年。其中的附加条款是臣下的一方不得变更职务；当然这一申请必须还有罗马教廷的批准。若是教廷没有批准，那么便可以向皇帝申请特许豁免权，暂时停止在教会中的义务，且保留职位。

利用这种方式，人们没有违反法律，而是利用了法律。

德国北部自然而然且不可阻止地进入了新的状态。

不得不承认的是，这一状态需要人们加倍谨慎。

因此，法律构成的是人性的而非神性的机构，在生活朝着另一方向前进或者必要时可以进行相应的变更。

若是任由事态发展，一方面这种在法律上模棱两可的状态不可避免；另一方面天主教会则感到了侮辱和威胁。和平根本不可能长久。

在数百年的动荡后，在经历了活力转变为残酷战争之后，这样的

---

① Minuccio Minucci, Discorso sopra il modo di restituire la religione cattolica in Allemagna. MS. Di qua è venuto che in Magdeburg, in Brema, in Halberstad, Verd, Lubecca, Minda et altri Vesconvati, che o in tutto sono distaccati da questa loro madre, overo si tengono legati con debolmo filo, hanno sin qui sempre avuto luoco le provisioni apostoliche, quando di sua natura non sono state manchevoli; ma è accaduto piu volte che le collationi sono state fatte in perone inhabili per defetto di nobilta o sono state tarde e ben spesso ancora, che per fraude delli speditioneri di Roma con false relationi si sono impetrati beneticj agli heretici e talora a qualche persona finta et imaginaria.

风险可以称得上冒失。

正如我们有时也面临抉择，那时代的人也是如此。当人们看到陷落的来临——这样的陷落其实已经发生——并非因为妄自尊大而臆想更好的境况，而是出于对包含着过去和现在的祖国之热爱、不可抑制地追问，如何能防止这一困境。

由教皇和帝国组成的对立一方是否如此强大，以至于德国教会完全脱离了教廷的影响？

脱利滕大公会议上的决议，那些严格规定教士阶层对教皇的宣誓和义务，德国是否也应该接受呢？

是否存在一种可能，让德国教会能够保存已经成为主要且重要的世俗部分，以现有的形式继续生存呢？

难道不能将这些贵族头衔的拥有者，这些本来就没有许多教会方面职能的职务，从那种程式化的誓言中脱离出来吗？

这种解放是最大的议题，这一议题推动了德国在宗教和平和三十年战争之间的发展。

当然这并不意味着新教将成为领导的宗教。人们想要改变的，是贵族在帝国中的职位与教廷的关系完全脱离。这一问题看起来不像那样只与宗教有关。问题的实质是，德国一部分贵族仍属于教皇的臣下，而这在当时基督教世界中存在的政治联盟内有着一定意义；这些贵族是否应该继续保留，还是德意志帝国应该完全独立，自我管理。

因此，将教会财产宣布为私有，或者完全抛弃教会的决议并非必要的。

那些经常为教会捐助、以保留自己家族的伯爵领主们是不会提出这样的要求的。尤其是在脱利滕大公会议之后，这些贵族曾经要求修改过于严格的条律。在得到应允之后，他们甚至还承诺引入更严格的戒律。但是最主要的是，人们要为教会财产想另外一条出路。有人自愿参加抵抗土耳其的战争，就如同那些骑士团抵抗异教徒也分得财产，又和西班牙的骑士一样享有奖赏的荣誉。

不止在一次代表大会上，不止在一次帝国会议上，有关于此出现许多提案，也做出了不少有关的决议。

在这一点上我们民族的两个最主要任务集中在一起。

匈牙利的征服者此前已经入侵德国一次，令所有人意想不到的是他被阻拦在防御薄弱的维也纳。他还会带领数十万的大军数次进攻欧洲，目的就是要将整个德国和西方踩在他奥斯曼帝国的铁蹄下。

一个伟大的民族，能够对这种不断且毁灭性的敌意坐视不管吗？一味等待，直到大祸临头，才终于提剑自卫吗[①]？

若是德国人互相理解，基督教被清除了人为影响，让人与上帝之间永恒的思维联系，抛开数个世纪的重重隔阂而展现在世人面前。这样人们就不会迷失在地方主义的思维模式中，能够找到真正的宝藏。

不可避免的是放弃导致衰落的分裂；制定能够保持当时状态的宪法，这样生活才能得以自由发展；然后需要集中精力，组织力量抵抗在家门口的敌人。

这是怎样的前景！值得注意的是，土耳其帝国乃政教一体，不过

---

① Augerii Busbequii de re militari contra Turcas instituenda consilium: "ad bellum omni spe pacis sublata cogimur:nullae hic consilii,nullae arbitrii nostril partes:vis necessitates omnia occupavit:ad bellum violenter rapimur:bellum nobis vel invitissimis subeundum,gerendum,exantlandum.Quid frustra obnitimur?Quid circumspectamus?Quid circumspectamus?Quid vanis pacificationibus somniandis nos decipimus?In media nimirum flamma otium nobis falsa cogitatione fingimus,malumque,cujus si advigilaremus remedia aliqua esse poterant,differendo nutrimus et parum providendo reddimus insanabile."

那时军事实力更加强大、疆土广阔，对外的威胁比任何时候都严重；但是这个帝国的属国不都是穆罕默德的信徒，这与后来不同。只需要一场漂亮仗，就能让波斯尼亚、匈牙利、阿尔巴尼亚和希腊回到基督教世界。皇帝本来就统治匈牙利及其所有属国，而那时有人也提议将匈牙利并入帝国；这样一来德国将永远赢得欧洲东部的统治地位，可以移民到这些国家。

不难看到，那时的大领主们力量虚弱，而内部的各种机制又在急速走向衰败；但尽管如此，德国的战斗力依然很强大，那么或许上面说的就不仅仅是一种空想。

有志者事竟成。人们需要做的是，转移帝国贵族关注的方向，团结所有的领主，振奋整个民族。只有民族的功业才能唤醒所有的力量。

毫无疑问，这样矛盾就将化于无形，不再有害。

我想仅仅向一个民族宣传和平，将一个民族所有运动的因素全部消除或者暴力镇压，并不能让其拥有和平。应该做的是让这个民族走上正轨。这轨道的方向不仅仅是安宁，一个民族的目标绝不是怠慢的沉闷；只有在实干中人们才能增加力量；人们需要的是生机勃勃。若是不想让这运动的方向朝着堕落前进，也不想让这个民族陷入到自我解体和消耗中，那么必须不断地将这个民族的真实需要了然于心，并尽量满足；同时还必须给人们法律框架下的自我感，并为他们开启美好的未来。

这就是当时德国应该努力的方向，在统一的前提下制定一部教会宪法，让新教和天主教能够并存；而之后，若是保持清醒，则要战斗到底，其对象正是那经常不断攻打我们的宿敌。

这些也正是那时这个民族的想法。它们不仅仅出现在文字资料中——比如，施文迪便是重要的代表，在帝国会议上这些想法也不断出现，成为重要议题。

人们并不是看不到希望。一位有着超凡能力、宗教方面实行温和宽容的政策、坚毅果敢能够率领众人迎战土耳其帝国的人登上了皇位：马克西米利安二世。

马克西米利安二世的希冀

同时代的人都交口称赞马克西米利安二世受到过良好的教育。他掌握多种语言、熟知各民族的风俗习惯，包括他们的优缺点、谚语和笑话，以及他们当时最流行的文学。他可以与任何民族的人用他们的方式交往；和意大利人交往要谦恭，与德国人相处要豪爽坦率，面对波希米亚人要温柔，匈牙利人喜欢活泼，西班牙人青睐言行得体。有时人们仿佛看到所有的活力、珍贵和独特都集中在一个人的身上。我们还会再谈到这一点：马克西米利安是如何参与到宗教思想的发展当中的。此时对自然界的研究慢慢开始替代经验；这些新奇的想法让他躲藏在花园中，马克西米利安积极地用各种金属做实验。入时的音乐当时正在欧洲慢慢传播开来；为此他特别建立了一个小乐队，接受当时这方面最好的教育。正如他自己所说，按照自己的审美，他可能会保持一成不变，这样他就不会被这些潮流控制。我想马克西米利安灵魂中的各种力量保持着某种特殊的和谐。人们大约不会找到比他更让人惬意的朋友了。如此心灵丰富，值得信任，毫不装腔作势，才华横溢且乐于奉献。被他接见过的外国使节都一致称赞马克西米利安为世界上最完美的贵族①；他的天性充满仁慈：若是马克西米利安在接待大厅的人群中，看到他一直去告解的乡村神父，他一定会穿过那些使节和贵族组成的人群，走到神父面前用诚挚的语言问候他，与神父交谈并带他去内阁。一件小事可以证明他对别人的尊敬：他从来没有用"你"来称呼别人。

若是生命中能够加入到一个才华横溢之人组织的圈子中，那真是人生的幸事。那种为了培养尊严和美感的教育，在他的身上仿佛一种氛围包围着我们；马克西米利安透彻又独到的特质让人如沐春风；而他又是那样优雅和神采奕奕，加上善良仁慈——这似乎也是他的才能之一——能让与他打交道的人保持内心的平静。这样的天性自然惹人喜爱。这种性格传播的喜悦也会加倍返还。

我觉得每次研究马克西米利安时，似乎总有仿佛进入了那个让人愉悦的圈子之感。

尽管这些特质似乎并不能统治国家：比如平易近人，但又必须充满威严，这样才有效果。在处理国事上马克西米利安既充分发挥了自己的才能又勤奋刻苦。一旦有事情需要处理，他立即放弃休息，连续数小时不知疲倦地工作：他的应对和辩论往往切中要点。没有别的宫廷有这样迅速轻便的信使。而对于政局的透彻把握，也没有任何一位

---

① 米彻利，1564年：Di statura non grande non piccolo,ma di bella taglia et dispositione e sopra tutto di bel aspetto,con una carne viva rossa e bianca insieme,color naturale e proprio de Tedeschi,fatto quanto alla sanita per quelli tremori di core et altro che pativa molto piu gagliardo,che non si credeva e di giorno in giorno fortificandosi meglio. Questo ha tanta gratia in tutte le attioni e cosi bel procedure e belle maniere da affettionarsi ogn'uno che è cosa maravigliosa con una gravità e dolcezza contemperata insieme mediante una allegrezza che dimostra nell'esteriore,accompagnata da una tal vivezza d'occhi che non sipuò desiderare cosa nè piu viva nè piu amabile.Benchè alcuni prendono questa prontezza a ridere con ciascheduno per duplicità.

贵族或者官员能与马克西米利安相比。大概再也没有比他更坦率，毫无成见地称赞或批评。外国使臣必须处处小心，不被他引导到与自己出使目的背道而驰的路上去。与自己有关的事马克西米利安会三思，之后才会谨慎地表达自己的看法①。

所有的语言中他掌握得最好的是德语。他的副总理大臣韦伯博士曾说，要是马克西米利安担任总理大臣，那么所有的文员都会为自己的文笔感到惭愧。他的书信中确实充满了生动且贴切的文字。而他罕见地拥有德语方面的口才。马克西米利安出席的无数次帝国会议和代表大会上，面对那些困难重重的议题，他总能从容应对。他的演讲十分适宜贴切；他的眼睛炯炯有神非常明亮，仿佛两盏明灯。

我想，这样的一个灵魂充满野心也是一件自然而然的事。他从来都不是那种受到表扬就满足的类型，他是那种喜欢埋头苦干的人的类型。

尽管马克西米利安对父亲十分服从，但他依然难以隐藏自己对父亲政策的不满，他认为这些政策过于妥协且不够自主——这些政策或出于时事，或出于偶然的想法，或出于外国智囊②。

与西班牙作对一部分是出于他的想法，马克西米利安甚至想在这条路上走得更远。他对查理五世在分配时对年幼一支的不公大加抱怨。他则作为其女婿，认为自己通过婚姻对米兰或者是尼德兰有一定的继承权，但最终他分得的实在很少，俸禄甚至不是每个月都能拿到。对他最直接的打击便是皇帝想要将整个帝国交给腓力二世的计

---

① 主要参见吉尔拉赫的《土耳其日记》以及劳帕赫的《新教的奥地利》，其中包含有描写马克西米利安二世的部分。"洛耶廷格人"约阿希姆二世也有记载其演说，尽管有虚构成分，但还是值得一读。
② 索利安诺，1554 年：Relne 1554:Nelle cose del governo biasma l' imperitia de' consiglieri la facilita di S.M.et il troppo rispetto all' imperatore.

划①。这怎么可能？世界上最有权势的冠冕——包括他马克西米利安也是这顶王冠的臣下——这样才华横溢的人怎么能放弃，而甘愿受比他能力差得多且爱慕虚荣——这最让马克西米利安反感和蔑视——的腓力二世的领导呢？或许人们可以假设，马克西米利安正是因为出于对堂兄的反感才特意培养了自己的才干，目的是为了让后者相形见绌。

马克西米利安有意地将自己身边及宫廷中所有的西班牙人都赶走。当时人们说，马克西米利安仿佛要让除了西班牙之外的全世界都尊敬他，而西班牙应该畏惧他。于是他开始亲近德国。"完美流畅的语言和著作，德语，而不是西班牙语"，他对黑森的伯爵菲利普这样承诺道②。他对符腾堡公爵克里斯托弗说过，他多么希望做一个荣耀的人，不仅是在一件事情上，如同他自己说的：为了他挚爱的祖国能够得到最终的补救而遇到的任何艰险，他会不惜一切代价找到办法，倾力相助，最终实践——这才是他最大的幸福③。

1564年，正是这样的一位王公登上了皇位。

拥有才华、慎思谨取、锐意进步、制定计划是一件事，而亲为躬行并付诸实践又是另外一件事。他登基带来的希望，必须要由他来实现。

不久之后，那两个最大的难题——内政和外交两方面，他不得不面对。

我们看到，他不止一次在写给克里斯托弗公爵的书信中挖苦和讽

---

① 索利安诺，1554年：La material della cession dell' imperio ha acceso l' animo di quell re di sorte che piu non si potria, e benchè paia al presente, che questa trattation sii sopita, pero m' a detto quell re in gran secreto che l' imperator è per tentarla certo un' altra volta. 一直到1562年，人们还普遍认为腓力没有这样的想法。
② 1563年11月9日马克西米利安的书信，出自罗梅尔的《伯爵菲利普》第二卷，第579页。
③ 1556年12月9日马克西米利安的书信，勒布雷特，第九卷，第71页。

刺罗马教皇以及脱利腾大公会议，他认为那些通谕毫无意义；他又是如何尊敬地谈到路德的作品，那些是他藏书中的一部分；他还请求公爵将其余的作品，以及梅兰希通*和布伦兹**的作品再寄给他；而他又是如何在斯拉夫语《圣经》译本付印上做出贡献，而且还找专人进行了校对；他认为教皇想要引诱年轻的法国国王对教皇言听计从，这是可怕的事；他最终还加入新教阵营，教皇成了他的敌人。通过这些，他已经向我们证明了，他是发自内心信仰新教的。

问题是，作为皇帝他能在多大程度上保有这种信仰。1557年在他写的一封书信中，他抱怨自己的父亲在新教教会获得自由的问题上做得还不够，并表示要对当时阻止皇帝的人进行惩罚①。无论怎样他都更坚决、积极地支持，把完成这重大使命的任务暗藏于心。

第二大难题人们也看到了希望。他希望对入侵的土耳其人采取军事行动，而他本人也比父亲更好战。他最喜爱的话题便是要塞、进攻和战术②。一位在他父亲宫廷的威尼斯使者认为，等待马克西米利安统治的缩水帝国是不会满足这位统治者的；他需要更大的空间，需要开辟能满足自己欲望的道路，不引起基督教世界混乱的道路③。对土

---

* 菲利普·梅兰希通（Philipp Melanchthon，1497—1560年）是德国语言学家、作家、诗人、哲学家和神学家，被誉为"德国的老师"，是德国宗教改革运动中的代表人物。1530年他和马丁·路德共同起稿著名的奥格斯堡信条，并写了一份辩护书，从而扬名全欧洲。——译者注

** 约翰·布伦兹（Johannes Brenz，1499—1570年）是德国神学家和宗教改革家，符腾堡公爵乌尔里希称他为"教会及婚姻之规章建构的指导者"。——译者注

① 布拉格，4月13日："有关于新教会的自由，我差点忘记了这一点，父皇应该在此点上做得更多；我会想想是谁阻止了这件事。Sed recipient mercedem suam.（他们会受到赏赐，《马太福音》第六章第2,6节）"勒布雷特，第85页。

② 保罗·提埃坡罗 1558年：Continuamente pensa, poco contentandosi dollo stato suo. Disegna a cose grandi. Tiepolo这样描述他在宗教方面的观点：Non si alienando in tutto da cattolici si ha guadagnato una gran gratia con luterani.

③ 米彻利：Saria per beneficio universale non solo da desiderare, ma per dir cosi da procurare da tutti gli altri principi qualche occasione senza maleficio di alcun principe cristiano, nella quale avesse modo di sfogarsi: altrimente è grandissimo pericolo, che questa povertà con questa ambitione e desiderio di Gloria non siano causa, che si precipitin tanto piu.

耳其人采取大型军事行动将会给他这样的空间和道路。

神学上的分裂

我们不得不承认，一个人在改变世界上似乎力不从心。

对于这位皇帝也是如此；尽管我们看到他心思灵巧、善良仁厚，但是终究力量和权力有限；尽管他踌躇满志，但只有在一种情况下他的天赋才能变为决议和行动——情势需对他有利，且他的所愿恰是众望所归。

然而他遇到的是反抗；他所有的意向都遇到了阻力。

为帝国制定一部符合新教信仰的宪法，皇帝只有在大家支持并且愿意服从这样宪法时，才会最终同意。

但是就在这关键时刻却出现了激烈的分歧。

因为贵族已经赢得了在教会及其学术上的巨大影响，因此不可或缺的是，政治关系参与到其中来。

这些贵族组成的联盟曾经反对查理五世，在施马尔卡尔登战争中与皇帝对垒；查理五世退位时，形式对他们非常有利，因此他们一直在寻找时机。这一联盟被打败、政治博弈中被排挤在边缘，现在他们正积极参与神学上的论战。在萨克森的大学对面，选侯的儿子们又建立了另外一所大学，雇佣的讲师都是原来大学教授的敌手。久而久之便成了世仇。

正是这些神学家，由于事态的发展早就分裂为两大阵营了。

维滕贝格派修改了一些学说内容，已经非常接近《奥格斯堡临时协议》*了。其他学派正是由于这一信条协议被禁止或者逃至国外①。在马格德堡，由于这一信条协议引起了巨大的反对，当地最权威的学派严格恪守路德的学说。尽管当时温和一派掌权，政治环境相对宽松，但在神学上并没有出现这种局面。信条协议所造成的局面，绝不仅仅是传统派的胜利。被迫害的一方又回来了，而他们因为受到迫害而变得更加极端激烈——我们不必为此感到惊讶，迫害似乎给了他们某种特殊权力；他们开始在下萨克森地区大规模布道，而萨克森的公爵们也将他们招致麾下。

此时维滕贝格派难道要再次妥协吗？他们是否应该继续承认梅兰希通，这位以色列之车的执掌者、德国的老师——作为该派首领的地位？他们早就厌恶梅兰希通在他的神学研究中加入许多古代哲学的要素；比如，他推崇泰伦提乌斯，除了研究圣保罗还研究荷马；他们也不能接受约翰·迈约**称赞《荷马史诗》宛如神作，梅兰希通的学生施特里格尔研究品达***时有不纯洁侮辱上帝的思想；而这一切与梅兰希通不无联系。

很不幸地，这种纷争延伸到了教条方面；争论又集中在已经与正教斗争过的两点上：圣餐礼和合法性的学说。从这两点开始，争论涉及了所有重要的神学问题，包括上帝和人类世界的关系。

---

* 《奥格斯堡临时协议》(Augsburger Interim)是在施马尔卡尔登战争结束之后德意志天主教诸侯和新教诸侯之间，在神圣罗马帝国皇帝查理五世主持下签订的临时教义协议。1548年5月由奥格斯堡举行的帝国会议公布，同年6月30日作为帝国法律颁布。临时协议信条共二十六条，宣布恢复天主教的仪式、节日、斋戒和教阶制度，同时对新教做了一些让步，如允许新教神职人员结婚，享受各种世俗权利等。——译者注
① Musculus、Osiander、Sarcerius、Schnepf、Flacius、Amsdorf、Gallus和许多人不得不逃走。圣阿诺尔德，《教会及异端史》，第二部分，第十六卷，26章，第934页。
** 约翰·迈约（Johann Major，1533—1600年），德国宗教改革时期路德宗的神学家、诗人和人文主义者。——译者注
*** 品达（Pindaros，约公元前518—前438年），古希腊抒情诗人。他被后世的学者认为是九大抒情诗人之首。——译者注

1548年左右形势还比较温和。有关合法性的文章中还不曾涉及圣奥古斯丁的所有结论；不过人们注意到，路德的学说倾向圣奥古斯丁，而梅兰希通则与他相左①。在后来思想变得比较极端的不来梅，那时对哈登贝格*的学说——可以认为基督在圣餐礼中以酒与饼的方式真实存在——还相对温和；人们还没有要求必须指出这种临在的具体相关联的方式②。

曾经有一段时间，新教的学说只是被当作旧学说的净化，那时人们还将加尔文当作路德宗的新教徒；那时的人们还没有仔细追问，一个人到底属于三种信仰中的哪一种；那时大多数人从滥用《圣经》的基督教中解放出来，重新认识理解《圣经》，在这一过程中允许每个人产生自己的想法。

或许是由于人类的精神总是要求某种强迫（我将其归结为精神的实践力，但这并不能让我折服）；或者是因为缺乏能力的人只有故步自封才能感到安全；又或者宗教的狂热战胜了理智成为主宰。不论哪种，人们不久就脱离了这种状态。

至少人们会看到，在争论中不断有更激烈的言辞出现，最后以强硬的方式固化成为教条。

奥西安德**也因为信仰条约的原因而从纽伦堡逃到了柯尼斯堡，或许也是出于这个自修者的自我感觉吧——正如他也曾在任何一所大

---

① 普兰克，《新教学术史》，第四卷，第562页。
* 阿尔伯特·哈登贝格（Albert Hardenberg，约1510—1574年），德国宗教改革时期的神学家，主要活跃在不来梅和埃姆登。因为圣餐礼上的分歧和不来梅的正统路德宗牧师们发生冲突，但他得到了不来梅中下层市民的支持。——译者注
② 普兰克，《新教学术史》，第五卷，第146页。
** 奥西安德（Andreas Osiander，1498—1552年）文艺复兴时期德国宗教改革家。他多年致力于新教的改革工作，并曾因教义上所引发的问题与马丁·路德发生争论。——译者注

学获得学位一样——他充满了想发现一些东西而一举成名的渴望，而机会恰恰在一堂课上出现，当时正好在讲述合法性的问题。他对这一问题的分析细腻、深刻且充满喜悦①。这一学说是值得关注的一次尝试，将对《圣经》的理解直观地表达出来，融入到神学体系中。是否它应该因此受到教授们和学术界的青睐？是否它能动摇一直以来调整人与人之间关系的救赎方式？奥西安德的学说与众不同的一点，是认为合法性并非如人们所想来自上帝而是来自人为规定，那么会有人提出异议，这一权柄必然与上帝同在，也必然掌握在上帝的手中——是否这一切不过是一种文字上的争论？无论如何，这一学说在路德宗内部引起了激烈的运动。

更为严重的是，这种纷争延续到了萨克森公爵们的眼界之内。一位梅兰希通的老伙伴格奥尔格·迈约在应对那种认为普通百姓毫无思考能力的偏见时，并没有偏离普遍接受的合法性看法，而只是承认：好的作品是神圣的——这一想法他在图林根的对头们看来是冒失的、亵渎的和自以为是的②。他们很快就提出了完全相反的学说。路德的一位老友阿姆斯道夫就认为好的作品是对神圣有害的；而他的学说受到不少赞誉；梅兰希通说得有理，在未来的数百年间这种争斗不会停止。这一派别的首领是一位在德国接受教育的伊斯特拉人*，来自阿尔博纳的弗拉齐乌斯**（乌拉吉奇），经历过数场关于合法性的论战，他

---

① 亚当，《奥西安德生平》第226页，普兰克，第四卷第二部分。我个人认为有关奥西安德学说的部分是沃尔特曼的《宗教改革史》第三章中最精彩的部分。
② 亚当，《迈约生平》第40页。普兰克、门策尔亦有记述。
* 伊斯特拉人是欧洲伊斯特拉半岛上的居民，该半岛位于亚德里亚海东北岸的一个三角形半岛，西临威尼斯湾、西北临的里雅斯特湾。——译者注
** 伊利里库斯·弗拉齐乌斯（Matthias Flacius，1520—1575年）文艺复兴时期的新教神学家,他是路德宗的忠实拥护者，也是其重要伙伴之一。他因替《圣经》做了注释而在当时的欧洲闻名遐迩。——译者注

长久以来一直妒忌梅兰希通,一直视其为最主要的对手①。在争论白热化时,他首先宣称原罪是人类灵魂的实质②;在这里他没有沉默,而是继续进行分析:我们的灵魂是上帝的肖像,是正义、美德和虔诚的源泉,却因为原罪变成了邪恶的肖像,如同地狱的火焰;这就好比某人不停地将毒物注入到一件纯洁的事物中,久而久之,那事物就转变成为毒物的存在。靠着这样极端的思想,弗拉齐乌斯在耶拿找到一所学校,并在新教神学领域吸引了许多信徒和拥护者。

仅仅出于赞同而成为该派的支持者已经不能满足他们。弗拉齐乌斯和他的信徒们甚至在耶拿成立了类似于宗教裁判所一样的机构,值得注意的是,他们有意识地将自己的裁判所专门针对那些品行端正的人,按照他们的说法,就是"那些有学问、体面、有操守,但是却执意不接受能治愈的真理者"。不论是否担任公职,不论是否有学术上的造诣,不论其出身,也不论他是否接受路德宗的信仰,只要对弗拉齐乌斯的学说持有一丁点保留态度,便逃不出这些人的迫害。马泰乌斯·维森贝克*在耶拿遭受了怎样的迫害,而他正是因为同样的原因才逃离了自己心爱的家乡安特卫普和自己的领主③。

很快关于圣事的争执又重新开始。从下萨克森开始,出现了与加尔文做斗争的力量。那些宗教狂热者不顾加尔文的论证和思考,只

---

① 有关莱比锡和维滕贝格学派的记录,其中有对弗拉齐乌斯激烈的批评,《阿诺尔德二世》附录,第1599页。
② 他自己的著作"de peccato originali",普兰克,第五卷第292页。德国有名的神学家 M.Matthiae 的 Flacii Illyrici;J.B.Ritter 的《生与死》,法兰克福1725年,我也看到了一段妙语,弗拉齐乌斯的朋友,来自 Tuebingen 的老师和医生,这样说:morbum esse substantiam;或许这也是所有争论的起点,也成为弗拉齐乌斯学说的基础。
* 马泰乌斯·维森贝克(Matthaeus Wesenbeck,1531—1586年)是一位重要的弗拉芒地区的法官。——译者注
③ 有关充满争议的 Matthaei Wesenbecii Jcti 被开除教籍的资料参见 J.J. 穆勒找到的国家档案,第38页。

是一味地驳斥那些连他自己都说他并不愿意信仰①，这是否是种恶意呢？或者这不过是理解的局限性，无法掌握那细节之间的区别，不能容忍些许意见上的不和，而因着一时冲动凭着一时间出现在头脑中的想法便加入争斗？他们是如何粗暴地理解奥迹，约翰·提曼·楚·不来梅*又是何等残酷地染指圣餐礼的奥义！若是谁认为，从上帝是全能的便能得出圣体也是全能的，这一证明不够严谨的话，那么他将遭受的迫害，我们可以从哈登贝格身上感受到。若不是教会出面保护哈登贝格，这些人的怨恨不知会酿成何种惨剧。赫舒森**这样写道："仿佛这一群人要把教堂变成贼窝，来窒息所有市民；或者是架上大炮，把整个城市炸毁。"

要是这样一群持极端思想的拥护者得到了公共权力将会发生什么！那是怎样残酷的情景：一群尼德兰的难民，刚刚因为迫害离开英国，冬日严寒中他们又不得不从刚刚落脚的下萨克森各城中被赶走。这是理所当然的！因为他们倾向于加尔文关于圣餐礼的学说。

信仰路德宗的德国到处是这样的运动。柯尼斯堡居然出现了谣传，认为奥西安德由两只化身为黑狗的魔鬼陪伴，有人甚至布道说："敌基督就在他身上出现。"他的支持者武装起来，反对者也不甘示弱地把在他教堂里待过的所有人都找出来——那些人是他们的邻居和朋友啊。大学也日趋荒废②；整个国家陷入了分裂中。在耶拿曾经出现了十支小队的士兵，他们逮捕了所有弗拉齐乌斯的反对者，并把他

---

① 普兰克 第五卷，第二部分第98页。
* 约翰·提曼（Johann Timann，约1500—1557年），德国新教神学家和宗教改革家。——译者注
** 赫舒森即蒂勒曼·赫舒修斯（Tilemann Heshusius，1527—1588年）是德国宗教改革时期的正统路德宗神学家。——译者注
② Simon Schardius de rebus gestis sub Maximiliano II. Rerum germanicarum IV, p.14 "cum academia falso Osiandri dogmate de hominis essentiali justitia collapsa fuisset."

们带到格里门施泰因拘留。不久后这些人又被放了出来，又有30名推崇弗拉齐乌斯的布道者被逮捕。萨克森选侯要将所有的弗拉齐乌斯派都赶出图林根。约翰·威廉公爵又把他们置于自己的保护之下。就这样众派别纷争不断，刚刚战胜了对手，自己又被别人打败，不得不把自己的荣誉拱手相让。这些宗教的领袖们以及支持他们的领主，有着各种思想，参与各种论战，与今日大邦国的世俗领袖很类似；领主的偏好和信仰，时事的纷繁变化，与此相匹配不断调整的政治方向，决定其行为的因素颇多。

可惜这些运动并不能为伟大的在其外部赋予其自身解放的热情提供任何燃料；文字上的诽谤成为武器，群体性仇恨、邪恶的风言风语不仅在宫廷，也在人民中出现；或许这样的武器并不伤害人身，却给人的灵魂造成无数伤口；人们就这样彼此相斗。

梅兰希通是多么有忍耐力，他生活在别人不能理解的状态中，任何对他的攻击或是进犯，他都谦虚地道歉——这是怎样道德上的罪行①！终于他感到离期盼已久的死亡不远。正如我们祖先的习俗那样，他将对自己灵魂的观察写在短小的文章中。"你会走进光明，"他对自己这样说道，"你将见到上帝；你将目睹上帝之子。"不仅仅是对未来幸福的期盼，他还在其中安慰自己，终将从不幸中得到解脱。"你将，"他继续写道，"从所有的艰难中、从那些神学家的巨大憎恨中解脱出来。"②为什么会这样？那些人不是他的学生吗？

---

① Camerarius de vita Melanchthonis c.86: "multas amaras tunc quasi potiones hausit Philippus Melanchthon et concoxit tacendo et tolerando."

② 亚当又在 Vita Strigelii 里再次提到 "Cupio ex hac vita migrare propter duas causas, primum ut fruar desiderato conspectus filii dei et coelestis ecclesiae, deinde ut liberer ab immanibus et implacabilibus odiis theologorum": ita Strigelius saepe easdem causas inter precandum usurpare solitus fuit. Vitae theologorum, 第 427 页。

他，德国的老师，新教神学的创始人，可以说正是他创造了他们，培养了他们。若是没有梅兰希通也就没有他们。但是他心灵的高贵，他友好的伟大的灵魂，这是所有见地和学问的基础，他无法传递给别人。这是怎样的人生！他有那么多美好的力量，高贵地开始，走上正确的道路，英勇地坚持，战无不胜，将这个民族的伟大事业进行到决定性胜利的那一刻；为人宽仁、有耐心且避免错误，这正是他温和的天性所致；但正是如此，由于人的本性恶劣，不被人理解，被人嘲笑，在灵魂的深处感到这些攻击，甚至他的学生也对他口诛笔伐，这严重折磨着并破坏了他的心思，以至于他向往那带来解脱的坟墓——我们最大的欣慰，便是他已获得自由，他那颗向往上帝的心终于得偿所愿。

人们争论这样一些与敬畏上帝、虔诚和宗教并无太大直接和必要联系的神学原理，我认为是造成德国不利局势并导致其转向的根本原因。

1557年在沃尔姆斯举行的宗教对话，并不是没有带来希望。人们不受偏见和战争的干扰；新教及天主教的贵族们被统一的利益团结在一起；此前教皇因为反对皇帝头衔而侮辱了皇帝和帝国，这为一直存在的反对派增加了力量。而正是这些人决定了一切。若是人们能够在一些重要条款上达成一致，那将拓展新的未来。没有人比马克西米利安更希望如此！但人们最终痛苦地发现，这次对话并不是因为新教与天主教的争执而失败——远远未能达到这个层面——失败来源于新教内部意见的分歧。魏玛的神学家们提出了一项必须实行的指示，一字不差地抄自弗拉齐乌斯写给公爵的思考①。那么这项指示怎么会不否决其他的思想？可以看到，路德宗内部因此出现了分裂，这阻止了讨论的继续进行。就算是意识到了这一点，人们还是顽固地坚持自己随便的想法，且不能改动一个字母；没有对话、没有妥协、没有调解，这五位坚持己见的神学家居然向与会的天主教神学家们控诉新教神学家的罪行，并最终退出对话②。接下来还能发生什么呢？我看到一封罗马写给腓力二世有关这次对话的信件，对这样的局面充满了嘲笑和讽刺，其写道："他们的斗争是我们的和平。"③

并不能说这一切都是由贵族造成的。

1557年在普法尔茨和符腾堡两位王公的倡导下，高地的贵族们在法兰克福达成协议，确立了新教信仰以及合法性，不再制定更严格的教义规定；这一协议提醒神学家，不要因为自己的一时冲动而破坏基督教整体的团结。

在三位选侯的主持下，奥格斯堡信仰条约的大部分参与者于1558年缔结法兰克福和解协议*，其中规定不禁止加尔文宗关于圣餐礼的规定。这一协议通情达理，而且温和适度。

这一时期，我认为大多数当权者倾向于接近其采取的政治立场的另一教义。1561年召开的瑙姆堡贵族会议上，所有人对普法尔茨选侯的释义非常满意，尽管这位选侯显然无论是在那时还是后来都受加尔

---

① 普兰克 第六卷，第131页。
② Sarcerius 所著纪要，普兰克 第六卷，第162页。
③ Relatio colloquii Wormatiensis ad Philippum II (Ms. 在罗马的阿尔提耶利图书馆 XXVII,G.3）并没有包含重要的事件。作者保证，天主教受够了 "satis superque" 新教徒的争吵，"aliis adhaerentibus Sneppio et Sarcerio,aliis Philippo et Brentio" 当他们提出那些要求时。"Gavisi sumus non parum,existimantes bellum adversariorum pacem fore nostrum." 此后的意大利语文字和拉丁语意义相同，并无大大差别。

* 法兰克福和解协议(Frankfurter Rezess)是由菲利普·梅兰希通和其学生乌尔里希·齐琴格的倡议下，于1558年在法兰克福召开的调解新教内部矛盾的会议所发表的申明文件。——译者注

文宗的影响①。

那些被囚禁选侯的儿子们则难以平静。不正是新教的扩张让他们失去了土地和臣民？现在却要求他们和平地放弃一切？"中间者"约翰·腓特烈，从小受到父亲的影响和其他兄弟姐妹一起在公共教堂学习教义，而他自己也坚决坚持这一点。他反对法兰克福和解协议，他称这一协议是撒玛利亚式的暂时规定。当他一次与自己的连襟——行宫伯爵和符腾堡公爵克里斯托弗私下谈话时，表示愿意签署这一信仰协议，下令手下的神学家不再争吵，并且还愿意和最大的对头选侯奥古斯特和解，保持朋友和兄弟的关系。而这也促成了后来的瑙姆堡贵族会议。最终还是他的神学家们改变了他的想法：和平的会谈没有发生，他在提出了强烈抗议后不辞而别②。顽固、坚决、不肯妥协，但是却偏听偏信那些激烈的谗言，他盲目地迎来了不可避免的命运。

这样一来神学上的争吵不受干预地继续着。或许当时已经有了影响力的媒体也被滥用。我们知道，纽伦堡市民独立、富有、强大。但是当他们毫无缘由地遭到弗拉齐乌斯蓄谋已久的攻击时，他们甚至不敢发出任何反对的声音③，他们的对手是如此强大。那些已经同意要在帝国境内恢复秩序的贵族们——因为他们的优势受到了严重威胁——依然不能阻止这些争斗。可惜这些争斗并非没有后果——当然首先对于新教徒而言。

日复一日，学说变得越来越激烈、越来越绝对、越来越偏激；最

---

① 1561年2月4日塞巴斯蒂安·格拉瑟尔写给黑内贝格的恩斯特的报告，收录在盖伯克的《瑙姆堡贵族会议》，第96页："普法尔茨选侯提出的珍贵且清晰的观点让所有在场的贵族感到满意。"
② 克里斯托弗公爵1562年3月24日写给马克西米利安的信："萨克森公爵汉斯·腓特烈终于不再坚持，同意接受奥格斯堡信仰条约，并且不再对其攻击，愿意就其中的原则与萨克森选侯和解，而且采取行动反对所有的孤立行为。"
③ 纽伦堡忠告，有关不消停的弗拉齐乌斯部分，施特罗贝尔关于1564年的记录，第二部分，第403页。

终形成了许多平行且互相矛盾的系统。

若是仔细观察，不难发现在路德去世后，尽管在瑞士那里出现了偏离，但是依然能将新教视为一个整体，后来在合法性和圣餐礼这两个问题上出现越来越多的分歧，逐渐分裂为数支；若是用简短的话语来描述这种趋势；窃以为，可以称之为每个部分都在朝着极端方向发展。

在路德宗有关合法性的神学体系中，由假设人类的救赎永生乃是上帝的绝对意志，转变为部分意志，这便是结论：以这种方式，将两种看法结合在一起，他们感觉到，好似能得出趋同的想法——路德宗也愿意接受这种不完全的一贯性。性格坚决的加尔文为了不致疑惑，提出了"注定"这个概念。"注定，"他以严厉的口吻说道，"指的是上帝的决定，按照这一决定上帝规定了每个人的命运。因为不是每个人都出生在相同的条件下。某些人注定得到永生，某些人注定永恒坠入地狱。"①或许这其中难以找到个人自由的因素。然而这就是加尔文宗最大的区别；贝扎*又在这个问题上对路德宗的支持者做过严厉的攻击②。

有关圣餐礼的学说则按照于此相反的方向发展。加尔文既不接受奥迹一说，也不接受路德的感观论，他提出了两个新的概念：精神实质和精神分享。路德宗坚决地认为圣餐礼中转化圣体圣血的祈祷一个字也不能改动。正如提曼批驳哈登贝格，在这一学说上针锋相对，他

---

① Calvini institutiones 第三卷，二十一章，5 节。
* 泰奥多尔·贝扎（Theodore Beza, 1519—1605 年），他是一名在早期宗教改革运动中扮演重要角色的法国籍新教神学家和知识分子。他是反君权运动的成员，反对绝对君主制。他也是加尔文的重要门徒，一生大部分时间都居住在瑞士。——译者注
② 贝扎：Summa totius Christianismi sive descriptio et dissertatio causerum salutis electorum et exitii improborum. 这篇文章将教条比喻为木版画。有关与安德烈的争论：施罗瑟尔，《贝扎的生活》，第 268 页。

的看法最终构成了"特质共融"学说；按照这一学说，基督的神性完全地倾注入人性中，人性也分享了这一永恒普适性；这一学说，反对人的集体情感，正如加尔文总在合法性问题上反对个人情感一样。

于是在这个世纪的后半叶，各种新教信仰彼此势不两立。加之两大教会也在宪法问题上有着巨大的不同。

在我们的祖国内两种宪法都开始具有约束力。人们知道，其中有些部分或许主要来源于赫舒森与海德堡之间的私人恩怨和争吵，且普法尔茨越来越倾向于从路德宗中分裂出去。这一情况给德国带来了不可估量的影响。1566年，马克西米利安二世在奥格斯堡召开了第一次帝国会议，这种影响就显现出来。

新教徒要求为自己的宗教得到自由。若是他们能团结一致该多好！普法尔茨行宫伯爵沃尔夫冈将那位赫舒森赶出了普法尔茨地区，这位出席此次帝国会议的选侯，若是依照法律列席宗教和平会议都遭到新教徒们诟病的话，那这种影响对整个新教阵营和皇帝会是积极的吗？正是这位选侯提出的要求是最关键的。

新教徒正在陷入全面分裂的危险中，若不是萨克森的奥古斯特出于不想让自己在哥达的表兄从这种分裂中渔翁得利，拼尽全力阻止这种情况，便可能出现天主教徒空前团结的情况。

促进天主教阵营团结的，不仅仅是教皇派出的几位最能干的特使。他们还拥有了某种一贯完整性的感觉。

脱利腾大公会议结束，会议上对有关传统且有争议的学说进行了讨论并做出决定；大会通过了更严格的教会秩序；而大公会议的决议也在德国全面执行。罗马成立了专门针对德国推广现代天主教的神学院,其中来自德国的年轻教士攻读独特的课程并拿到学位,还有一些人接受教师职位培训;学院培养了许多人才。

就在新教逐渐分裂为两大阵营,虽然各自有所进展,但是这两大阵营忙着争斗,根本无暇顾及共同的对手;就在此时天主教又重新站稳脚跟,恢复了许多区域。

此时德国成了三种思想、三种系统的角斗场。

马克西米利安的对策

即使有着最好的意愿,马克西米利安依然不能给新教完全的自由地位——因为大多数人反对,而支持的少数人又分裂成两大阵营。

现在的问题是,马克西米利安是否足够强大,能够让分裂的民族不受外界的干扰;他是否能通过一场运动而将整个民族带入超越这种分裂的崛起中。

马克西米利安毫不犹豫地进行了这种尝试。一直以来压抑在他心头的,就是虽有勇气却不能战胜奥斯曼土耳其,匈牙利的大部分还沦落在他们的统治下,甚至每年还要缴纳3万达克特的贡金,才能使用位于斯洛文尼亚和克罗地亚的地产①。他认为出现这种局面的原因并非是敌人太强大,而是抵抗得太微弱。他相信尼古拉斯·策林尼伯爵*的

---

① 米彻利于1564年给出了原因:il Turco,al quale si pagano 30,000 duc.acciochè quelli di Croatia di Schiavonia e degli altri confini possino sicuram godere le loro entrate e le loro decime,che hanno dentro nel paese hora occupato del Turco. 他又接着写道:per li molti danni che l'impre ha ricevuto del Turco,S.M.si era totalmente avvilita,come è ancora avvilita tutta la nation Tedesca:ma tutti i pensieri del re erano volti a far questa guerra piu felicemente.

* 尼古拉斯·策林尼(Nikolaus Zriny,约1508—1566年),又名尼古拉·苏别奇·策林斯基,是出生于克罗地亚贵族的神圣罗马帝国的将军。在西盖特瓦尔战役中抗击奥斯曼土耳其军队并英勇阵亡,土耳其人将他枭首示众。——译者注

话，土耳其人远没有他们的声名那样强大：要是有支7万人的队伍，在上帝的帮助下一定能够战胜他们①。对于马克西米利安来说，能够将这一计划付诸行动，这正符合他争强好胜的气质。

并不能说，马克西米利安的行动导致了战争再次爆发；可以确定的是，他没有阻止战争的发生。

这时苏莱曼一世还活着。他不只是感觉到了政治上的威胁：他的女儿米赫丽玛赫*以及努瑞丁埃米尔向他提出了宗教层面上发动战争的原因；他必须振奋，承担第13次圣战的义务；随他出征的还有他的诗人们，他们都希望他"在胜利的风中仿佛柏树那样取胜"②，而苏莱曼也几乎从未让他们失望过。于是，一支浩浩荡荡的大军——臣下、随从还有奴隶，向德国逼近。

这支奴隶大军毫无怨言，团结一致地前进着；可惜德国人却不能自愿团结起来抵抗他们。

此时正应该是贵族们建功立业的机会，但是他们普遍忙于反对首领贵族势力的增长。尤其是贵族中最强大的萨克森的奥古斯特遭到了普遍的妒恨。正是在这样看法的影响下，格伦巴赫的威廉在犯下残酷罪行并被判为藐视帝国之后，依然找到了落脚处。他还得寸进尺，找到了那个约翰·腓特烈，同样是与皇帝和帝国作对，破坏已经确立的秩序，不仅反对新教徒还反对天主教徒，最重要的是，他与选侯萨克森的奥古斯特不睦。或许是受了某个头脑不正常者的欺骗，他拒绝交出选侯的头衔以

---

① Isthuaffy Historiarum 第二十二卷，第221页。
* 米赫丽玛赫（Mirmah，1522—1578年）奥斯曼土耳其苏丹苏莱曼一世与其皇后罗克塞拉娜之女，她资助艺术并在奥斯曼帝国拥有广泛的政治影响力。——译者注
② 哈默尔，《奥斯曼史》第三卷，第751页。

及选举皇帝的权力；这一事件震撼了整个贵族阶层①。正是应该为抵御土耳其人而采取行动的时候，人们却在准备内战。

但是马克西米利安得到的支持比前任都要多得多。帝国会议已经保证协助皇帝②；两支大军已经整装待发，一支由萨尔姆率领在科马尔诺集结，另一支由施文迪率领驻扎在科希策。装备精良，由众多贵族和领主保驾护航，马克西米利安也从维也纳出发，与匈牙利人在莱卡会合。他手下军队的人数甚至超过了策林尼伯爵的要求。

此外，这也不仅是匈牙利—德国的联合战争，而是整个基督教世界再次团结成为一个整体。托斯卡纳和萨伏依的公爵向来不睦，但他们都派出了自己的队伍支援；曼托瓦和费拉拉的公爵甚至率大军亲自出战；年轻的吉斯则率领着许多法国贵族加入联军；约翰·西摩尔的侄子约翰·斯密斯，以及菲利普·布特希德率领不少人从英格兰赶来；波兰也派出了军队；刚刚在马耳他参与抵抗奥斯曼的军队也赶来，要再次抗击土耳其人。

要是马克西米利安能够将这次全体动员的行动转变为一场方向正确的伟大胜利该有多好！

但是他缓慢行军，并在拉布河扎营。马克西米利安并不想主动进

---

① 这一事件在莱辛从沃尔芬比特勒图书馆中找出的《夜莺》这首诗中也有所反映，收录在历史文学选集第一卷中。莱辛除了海登赖希的《莱比锡编年史》以外再也没有找到其他记录。若是他未能收集到，或许那时确实找不到其他资料了。后来又有某位克雷维茨（Klewiz）记述这一主题的诗歌出现，以及马克西米利安下令毁掉相关记录的命令［德意志博物馆 1779，I；瓦尔希（Walch）也在莫伊瑟尔（Meusel）主编的历史杂志中提及，第四卷第 167 页］。除了这些资料外，还有马克西米利安在布拉格于 1567 年 4 月 12 日写给克里斯托弗公爵的信提及此事，他希望向造谣者澄清此事。克里斯托弗公爵回信中认为，那些造谣者应该已经在哥达被一起剿灭了，实属罪有应得。

② 有人说，这些保证并没有兑现。1576 年的计算认为，帝国会议批准并支付了 780 万古尔登。这的确是一笔巨大的款项，若是真的全部支付的话。参见哈伯林第十卷第 22 页。但是另一方面马克西米利安的官廷却否认收到这笔款项，正如米彻利所说的那样。或许是支付的时间太慢。

攻；他全心全意地做着各种迎敌准备①。

苏莱曼一世采取了传统的战术，决心无论以何种代价，一定要攻占最近的要塞。那时西盖特就是他的目标。

难道这不是勇敢的策林尼伯爵的职责吗？这位伯爵是为荣誉而不是为钱财而战，他在亚德里亚海岸有着大量的土地，却从未和土耳其人达成协议。他正率领大军前来解围。

苏莱曼终因年事已高、车马劳顿且不适应西盖特的气候，在还没有攻克此地之时便去世了。此时若是帝国军队能够突袭其营地该多有好！一位有些倾向基督教的德尔维希*向帝国军队透露了苏莱曼的死讯，但是没有人愿意相信他；大军还是驻扎在拉布河畔，寸步未行。

于是，诡计多端的维齐尔向大军隐瞒了苏莱曼去世的消息；这最终为他赢得了战争。

有着透彻的理解力是一种天才，但是全身心地投入实际行动则是另一种强大的力量。但鲜有两者完美结合在一起之时。面对敌人，马克西米利安确实还缺乏训练和实战经验。

勇敢的策林尼伯爵！他勇猛迎敌，苦撑良久，不知打退了多少进攻。的确，没有一位战士能像他那样充满荣耀地战死疆场；但是他去世后，他所拼死保卫的一切都落入了敌人之手②。胜利女神即使在苏莱曼死后，还像他生前一样忠诚于他。

---

① 或许施文迪的学说也在这里起了作用。施文迪，《论战争》第289页。与土耳其人交战："将领需注意，不要将自己的营地设在太靠近前线的地方，以免被对方偷袭、切断补给或者每日受敌军干扰降低士气，长久下去会令全军疲惫，纪律涣散；土耳其人一定会抓住这种时机进攻。"

* 德尔维希（Derwisch）为波斯语的行乞者、托钵僧之意，这里是奥斯曼帝国圣战的主力军。——译者注

② I.Barbaro Relne di Constantinopoli 1573:Ritornò allora(da Zhiget)quell esercito(turchesco) con tanta jattura e danno che sin al presente se ne risentono.

在这一过程中，大军已经因为这次艰难、不愉快且失败的军事行动彻底失去了斗志。当土耳其人如大家所期待的那样撤退时，大军也立即启程回国，甚至没有采取任何行动——是的，连敌人的面都没有见到。

皇帝认为自己的任务是达成另外的和平协议，虽然不是他曾经希望的那个；尽管在后来数年施文迪为这个协议争取来了一些有利条款，但总的来说，这和平是买来的；每年3万达克特照样缴纳，西盖特和久洛及其周边领土必须割让。当然这次和平也并非声名狼藉。面对土耳其人，人们的勇气确实被调动起来了，并且相信上帝一定会让自己获胜①。马克西米利安尽管后来还有机会再次与土耳其人开战，他却不敢贸然行动；而西班牙、威尼斯和教皇结成的神圣同盟取得许多重大胜利，比如勒班陀海战*。

一直不断赋予我们民族新生的战斗精神，在此后的数年中转向别的方向。阿尔巴公爵到达尼德兰，尽管给那里的运动带去了些许平静，但是却给西欧带来了更多乱象。苏格兰自相残杀。法国则面临着历史上最大的内战。

对于我们而言，重要的是这些外部斗争会让德国内部产生分裂；德国需要防范这些负面影响，化解与我们无关的矛盾和争斗。

茨魏布吕肯的沃尔夫冈率领军队出发去法国支援新教徒，要知道

---

① 米彻利 1571 年：I Tedeschi erano avviliti contra il nome di Turchi, conciosiacosachè da quaranta anni in quà hanno sempre perduto; con Giula e Zighet era perduto un paese che abraccia piu di 60 miglia ungh.;--e piu per la reputation. L'imp^{re} anco con la vittoria(del 1571) è dubio, se non si viene seco ad offerte et a partiti che le parino ben assicurati.

* 勒班陀海战是欧洲基督教国家联合的海军和奥斯曼土耳其帝国海军在希腊勒班陀近海于1571年10月7日展开的一场具有决定性意义的大海战。由神圣罗马帝国（西班牙帝国）、威尼斯共和国、萨伏依公国、热那亚共和国以及马耳他骑士团组成的神圣同盟的海军在一整天的激烈战斗中击溃了奥斯曼海军，令奥斯曼帝国从此失去了在地中海的海上霸权，这场战役也是最后一场以划桨战舰为主的大型海战。——译者注

那里的敌对阵营中也有德国军队。蒙孔图战役就是拿骚对阵曼斯菲尔德的军队。

这种混乱的战争,德国人在外国流血牺牲,对国内的局势总会有影响;那里宗教是战争的口实,德国境内宗教也是争论的焦点。

马克西米利安做出了一次挽救这种危局的尝试;1570年在斯佩耶尔举行的帝国会议上,他要求贵族们不要响应国外贵族的战争号召;为了避免外国居民混战而波及帝国和平,他要求在各地建立军械库,并提供援助①。这一提议和前面诸位皇帝为了维持秩序提出的建议并无太大不同;而这些提议也主要靠贵族的支持而不是强制执行。只是在一点上马克西米利安走得更远。他补充了一条:若是要出兵帮助外国领主,必须事先征得皇帝的同意;若是紧急的援助则必须有联合指挥才可以执行。这一点与德国贵族长久以来对自由的定义相违背;最强烈反对的是萨克森的约翰·威廉。常设联合指挥甚至引起了贵族们的反感。就连施文迪,这位作为联合指挥的人选以及帮助他制订此计划的扎菲乌斯也感受到了这种不满。据我们所知,皇帝最后不承认曾经提出过这样的建议②。

怎么会这样?难道把这样的权力交给他在当时不是最好的选择吗?他是否真的和外国没有任何联系呢?

---

① 哈伯林《帝国史》第九卷。值得注意的是,1568年,马克西米利安有关法国人针对此事的提案所做的答复,常常被用来攻击他。比如"ne arguatur facere contra libertatem Germanicam",萨蒂乌斯,《日耳曼史》第四卷第107页。

② 这一特别情况米彻利有过详细的记录:Tutte le provisioni et ordini proposti da S.M. e di un publico erario e di un capitano generale con altri capi inferiori non solo furono rigettate sotto colore che venisse impedita l'antiqua libertà di Germania, ma S.M. haveria pagato assai a non ne aver parlato e ne furono grandemente imputati come autori di questo il Swendi et il Dr. Zasio, questo Vicecane^{re} e cons^{re} di stato di M.S. Cesarea e quello di suprema autorità appresso la M.S. nelle cose di Guerra, tenuto che occultamente per suo interesse e per propria ambitione aspirasse a questo generalato.

马克西米利安立场的改变

逐渐地我们发现皇帝政治立场的转变，这一转变和他的宗教信仰密不可分。

有人说，荷西乌斯枢机主教*让他重新皈依天主教，但是我不赞同这种说法。荷西乌斯并没有明确能说清这一点；在他与皇帝谈话的文献中，他只是说，他认为皇帝可能又回归天主教，似乎他的话打动了马克西米利安①。1560年7月23日，马克西米利安在一次特别的情况下说："我从未在任何与他（荷西乌斯）的谈话中同意他的观点，只是在聆听。"即使是这话也值得怀疑。在一封马克西米利安的书信中，他说道，他没有机会与荷西乌斯进行深入地讨论；他更多的只是聆听了荷西乌斯的提议。或许就是这种沉默，导致了众说纷纭？至少那个贵族们有关议会的尖锐声明确实出现在更晚的时候。1560年荷西乌斯确实让他变成了天主教徒；1561年马克西米利安曾经询问过许多新教的贵族，若是他本人因为宗教原因受到迫害甚至驱逐的话，能够从他们那里得到怎样的帮助②。那时他依然认为自己强壮得仿佛狮子一样；其宫廷神父描述他仿佛勇敢的达尼尔。

这里我并不想否认，荷西乌斯的确对马克西米利安产生了一些影

---

* 荷西乌斯枢机主教（Stanislaus Hosius, 1504—1579 年）是一位波兰籍的罗马天主教会的枢机主教。自1558 年起他是驻维也纳的宗座特使。1566 年成为驻波兰的宗座特使。——译者注

① 有关荷西乌斯与马克西米利安的谈话留存下两份文献，一份是荷西乌斯写给博罗梅奥枢机主教和莫罗内枢机主教的信，收录在雷纳德乌斯的《教会编年史》第二十一卷第218 页。另外一份题为 Relatio Stanisla Hosii de actis in legatione Germanica，从这个题目我们可以看出，这是他本人撰写的报告，收录在伯福修斯的《教会编年史》第 20 卷第 411 页。这两份文件基本一致。荷西乌斯的原话是：visus est huic sermoni meo rex assentiri(1560 年 1 月 29 日的书信)；还有 cum hoc audisset a me, serenitas illius visa est non mediocriter commoveri, 以及 audivit me patienter neque visus est illi sermo meus ingratus accidere(1560 年 10 月 31 日的书信)。

② 普法尔茨、符腾堡、甚至包括黑森都被问到过。罗梅尔，《西班牙的腓力二世》，第577 页。

响。毕竟他不断地批评正中任何贵族最薄弱的软肋。

新教徒之间不幸的无休止的争吵也让马克西米利安非常反感。在所有他写给克里斯托弗公爵的信中，他要求所有人回到教皇提出的学说上来。他说，对于他而言这样多的汗牛充栋的看法，等于是把宝剑交到敌人手里，哪怕某一方胜利也毫无意义。在孤独的思考中他无法超越自我。我们不能忘记，马克西米利安曾经向梅兰希通提出过十一个问题；意味深长的是，前三个问题都是有关调解信仰方面争论的。维持教会统一的想法，最能折磨一个高尚的灵魂。而这一点——如前面所说——恰恰正是荷西乌斯的切入点。比如，偏离或者不偏离奥格斯堡信仰告白*——这一点连最有名的新教徒都陷入了自相矛盾中①，比如，维甘德**，和盖鲁斯***对梅兰希通的攻击，荷西乌斯把这些争斗介绍给皇帝，把最有争议的最新礼拜布道给皇帝看。这种策略，恰恰是所有天主教的支持者采取的方式：向皇帝进言。屈特拉乌斯****不知对新教徒说了多少次，他们毫无底线地内斗才是对自身最大的损害，日复一日地越发激烈，而教会则日渐混乱②。

对这些情况的介绍并没有能让马克西米利安换到另一阵营。但是至少，新教徒的分裂给他带来的不快，让他对天主教所提出的建议不再排斥。他觉得宫廷中有神父很舒适，这位神父名叫亚琛的泽特哈

---

* 奥格斯堡信仰告白又称为"奥格斯堡告白"，是在奥格斯堡帝国会议上由新教路德宗的追随者抗议天主教团并且提出自己的主张和纲领。——译者注

① 9月25日荷西乌斯写给莫罗内的信："—mihi sum animadvertere visus,pluris a rege Philippum fieri:quem ego prae ceteris insector quoties cum rege mihi sermo est,et multis argumentis,quod sacramentarius uerit,demonstrare conor."

** 维甘德（Johannes Wigand，约 1523—1587 年）是德国新教神学家和宗教改革家。——译者注

*** 盖鲁斯（Nicolaus Gallus，约 1516—1570 年）是雷根斯堡当地的宗教改革的领导人。——译者注

**** 屈特拉乌斯（David Chytraeus，1530—1600 年）是德国路德宗神学家和历史学家。——译者注

② Chytraeus ad Marbachium, 1568 年 7 月 8 日。是他在与施文迪谈话之后所作。劳帕赫《奥地利史》第二卷，第 189 页

德，尽管其态度非常温和，但依然是天主教徒；马克西米利安也每周日参加弥撒。

逐渐地，在他身上产生了一种需要——或许他是第一个产生这种需求的贵族——对宽容的需要，虽然还不是普遍的宽容，但至少对于两大阵营的宽容。教皇一再要求镇压新教徒，马克西米利安拒不执行。而那些新教徒也要求迫害天主教耶稣会，对此他的回答是：他的职责不是驱逐耶稣会，而是驱逐土耳其人。马克西米利安还拓展了这种宽容的概念，他将天主教会和罗马教会区别开来。他明确下令，维也纳大学的博士们不得参加罗马天主教会，而是参加天主教会①。

在几世纪以前马克西米利安就达到了这样的境界！法国和尼德兰发生的血雨腥风深深震撼着他。在写给施文迪的信中他强烈谴责这些不幸。他写道："宗教的事物，是不能用刀剑来解决的。没有一个体面的、敬畏上帝且热爱和平的人会这样做。使徒的剑是他们的口舌、他们的教导和基督带来的转变。可惜这个世界熙来攘往，以至于往往没有空间与宁静让这一切发生。②"

就这样马克西米利安越来越温和、单纯和宽大。别人有不同看法，对于他是自然而然的事。如此他站在了新教阵营和天主教阵营中间，且不属于两者中的任何一个。

采取这种态度，并不是一个懦弱的人所能做到的：在我看来，坚定强悍的性格是必需的。

这个世界最爱的是片面的极端，因为这会带来明显的成功。毫无

---

① 劳帕赫第二卷第 161 页上值得注意的这条政令。按照庞塔莱翁和施尔霍恩的说法，某位名叫西格蒙德·欧瑟勒尔的博士生是第一个执行此政令的人。
② 戈尔达斯特的《帝国要议》第 324 页。

疑问，在持有相反意见激烈争吵的阵营中间代表一种温和的观点，需要更大的力量。

马克西米利安是否拥有这般精神上的强大呢？

开始时他明显在政治上偏向于新教一方。每一个受迫害的人他都提供保护和帮助。所有腓力二世手下支持新教并被他迫害的贵族，马克西米利安都与他们保持着秘密的联盟；他也站在奥兰治*和埃格蒙特**一边。这甚至对于德国内政有利，前者与萨克森有联系，后者则与普法尔茨是盟友。

局势迅速彻底地发生了变化，一件事本来不该发生的事起了最关键作用：堂·卡洛斯王子去世。

西班牙王储去世改善了奥地利支的哈布斯堡家族与西班牙支的关系。腓力国王本来就有计划，自己要迎娶马克西米利安的女儿，而自己的女儿也将嫁给马克西米利安的儿子。这样一来，无论哪种情况，哈布斯堡家族的继承权最终都会落到皇帝的手中。

这对于马克西米利安是巨大的负担，因他有些懦弱的本性，又因为他从未想过自己会掌管一个庞大家族的命运。

但是当腓力对马克西米利安提出该建议时，他也并未忘记自己的责任。腓力直言不讳地说：西班牙帝国向来不大接受外国的贵族，他认为若是将公主嫁给一位异端皇帝的儿子似乎不妥。他自己也认为，一个民族会将自己的纯洁与此联系在一起。因此他不愿意娶皇帝之

---

* 奥兰治亲王威廉一世（1533—1584年），他是尼德兰革命中反抗西班牙哈布斯堡家族统治的主要领导者，曾任荷兰共和国第一执政。荷兰将他视为"国父"，荷兰国歌《威廉颂》所咏唱的即是他。——译者注

** 埃格蒙特伯爵（Egmont, Lamoral von Egmond, 1522—1568年），哈弗尔亲王，执行激发全民起义谋求独立热情的政策，最终导致尼德兰独立。——译者注

女，而是愿意找一位法国公主做自己的妻子。

马克西米利安是否接受了这一说法我无从考证，他的新教朋友们一直害怕，皇帝会因为希望和危险误入歧途；至少必须承认的是，马克西米利安的政策已经朝着另一方向前进。

"我对天发誓，"米彻利于1571年这样写道，"我在皇帝身上看到了变化。在卡洛斯王子去世之前，他将西班牙国王视为对手，所有可能的场合下对西班牙国王也是贬损较多，现在他采取了别的态度，在与西班牙国王交谈时显示出了最大的尊敬。"

就这样双方的友情不断在增加，而这也给德国带来了积极的希望。

"现在的情况是，"米彻利继续写道，"皇帝身边没有任何一件事，任何一个计划，无论大小，他不通知西班牙一方并接受西班牙一方的建议的；而他们的建议无论是确定还是否决都一律被执行。"

自然而然地，这样让皇帝更加接近天主教和教皇。这也很快变成了事实。皇帝本来想要将波兰国王的王冠戴在自己或者自己儿子的头上；但若要实现这一计划他需要教皇及其使者的支持。

这些关系决定了德国内政的走向。皇帝越来越亲近天主教阵营。有人认为，作为皇帝保持天主教徒的身份是大有好处的；假如皇帝公开加入新教，那么高级教士也必须和他一样改变信仰，否则他将会面临巨大的压力；在这种转变完成之后会形成一个唯一的阵营，但是这样一来，皇帝的地位反而会下降，因为所有人在这个体系中都同等重要，他除了管理自己继承的土地之外，并无其他权力。对于皇帝而言，作为某一个阵营的首领反而对他最有利。把天主教阵营当作自己的义务，他赢得了腓力二世的尊重，不再是其敌人。

在德国，人们也发现这一局面：一位不能满足民意的王公往往不被信任；信任变成了猜忌；人们开始怀疑天主教徒是否在秘密策划某些袭击，而皇帝则支持他们。

施文迪在当时的局势下对帝国政府写下了一篇详细的思考，在其中他首先提出了这样一点："德意志民族之所以欢呼雀跃地迎接皇帝，是因为在皇帝的身上，他们看到了一颗正直善良的德国心。但是现在，因为皇帝没有阻止荷兰内乱的发生；人们还相信，他越来越多地考虑外族权贵的利益超过帝国的利益，这样一个阵营中对他的不信任越来越强大，而另一个阵营中的不信任也不能被压抑。"可能会发生一件事，"让星星之火被突如其来的风点燃成燎原之势"。

德国新教会和天主教反宗教改革

当人期待一件事发生之时，它偏偏不会发生；事物依然还有空间，按照自己的方式发展着。

各种宗教并未被同等看待：并没有任何的法律出台来避免必然发生的摩擦；这个民族的创造力没有被引导上新的方向，或者是针对外敌；德国仿佛摇篮一样，在往复的运动中摇摆。

首先是各公国内部的势力，因为渴望实现统一，开始彼此分离。

所有的地方，包括那些用调解换来平静的地方，都形成了教会和国家的新结合，按照当地的局势，结合了神学和政治上的利益。我们这里进一步介绍一下这种情况。

众所周知，新教改革在符腾堡与政府机构是分不开的。其宪法也是建立在这个基础上，现在路德宗的高级神职人员与地方行政机构结合在一起，解决财政赤字问题；许多因为宗教改革而产生、可供大家使用的多余教产，现在交给了这两个阶层共同管理。1565年的公国会议上，在长久的努力后终于实现了宗教平等，公爵确认了自己的信仰和教会秩序，并发誓永不更改："若是领主改变信仰，其子民不必非要改变"；于是每地的管理机构都在自己的房子里秘密建立了独立的财政。该公国的宪法开始实行，在此后的三个半世纪中成为符腾堡独特的标志。人们意识到，贵族和地区管理机构结合在一起有利于公共福祉。卡斯帕尔·维尔德大师对此立有大功，他同时是贵族和地区管理机构的参事。

在其他的地区，比如，不伦瑞克，在长久的期盼以后，终于迎来了新教的领主统治，因此效仿符腾堡的模式并不困难。

令人惊讶的是，这种模式还在那些领主和其子民信仰不一致的地方发生了：比如奥地利。一些态度温和的贵族，决定在宗教阵营中采取中立态度——正如马克西米利安一样。

各地新教的宗教平等有些类似，马克西米利安允许自己的贵族和骑士们按照奥格斯堡信仰告白来规定宗教仪式程序，或许是种默契；不过这些贵族必须发表公开保证信，不允许偏离奥格斯堡告白的学说，也不允许实行其他宗教仪式程序。皇帝最强烈反对那些他眼中的邪教。这一仪式程序也并非由马克西米利安指定，他要求这套程序的制定者屈特拉乌斯最大限度地保留教皇确定的仪式，皇帝本人甚至参与了审核和修改工作。为了能不招致各地贵族的反对，他首先将这套仪式程序在奥地利推广。后来各地贵族为了自己的利益也竞相效仿。

帝国境内的许多领主还通过来大学学习学到了其中的精髓，也在这方面接受了相当精明的训练，比那些留守在领地内的贵族们眼界开阔了许多；他们知道要将保守和实用结合在一处——如此一来，帝国各公国中领主和议会都充满了皇帝的支持者。马克西米利安在这里又扩展了帝国的权力；对于一国之君而言，这的确轻而易举：皇帝认为自己有权力处置教会的财产，即使在教皇和主教们不知情的情况下。于是，和新教公国同样的情况发生了，几乎所有的修道院都被转赠或拍卖；和符腾堡一样的是：那些幸免于难的修道院，不过是留下来将收入的剩余上缴到地方财政。在德国的土地上发生了一件事，那就是管理者和被管理者紧密团结在一起。

现在发生的，不过是新教取代了已经衰落的古老机构而已。

但是新教内部一旦产生分裂，只有在一番争斗后才能平息；这种争斗中，往往只有强者才能获胜。

奥西安德之死并没有让普鲁士公国内他的信徒们消失，等待他们的是另外的命运。许多时间之后，他们才终于又在教会和国内成为主流。奥西安德的学生约翰·冯克*是宫廷和告解牧师，也是公爵的顾问和财政官。他利用自己的职位，全面禁止了驱魔仪式，并制定了新的教会秩序。不过他并不满足于此。

阿尔布莱希特公爵曾经不情愿地制定了两项宽容特权，因此他一直勉强忍耐着。他看到自己手下的贵族们也同样捉襟见肘，正如曾经的骑士团大团长一样。这个时候奥西安德提供了帮助。冯克将公国的

---

*　约翰·冯克（Johann Funck，1518—1566 年）是德国路德宗神学家，因卷入宫廷阴谋而被斩首。——译者注

议会赶走，并将公国管理权交在了他朋友们的手中。他开始征税并招兵买马。公爵也加入了市民之中，甚至连他的妻子都穿上了女市民的服饰。

这件事皇帝怎么可能会坐视不管。他果断采取措施——对于处理的方式他早就了然于心。

他派遣波兰人组成的委员会到普鲁士；这个委员会代表皇帝建立法庭调查其中的情况。

之后，冯克和他的朋友们则付出了生命的代价。就像他迅速地改变了教会和政治秩序那样，他也被迅速地审判并处死。一方面，公爵被剥夺了可以不获批准而征税的权力，并且必须受到监管；另一方面那些被赶走的牧师又被召回，并要求他们遵守路德宗的规定，1567年还出台法律规定，任何人违反该规定，终身不能得到教职或者公职；而所有的居民，无论其身份，必须永远遵守这一规定。

萨克森，这个新教诞生的地方，也出现了新的分裂。萨克森选侯奥古斯特反对加尔文宗和他的外交政策密不可分。这一点我们后面还会谈及。但是这里我不否认，这一政策也和内部的管理不无关系。人们注意到，卷入这场旋涡中的最重要的大臣——格奥尔格·克拉考博士*改变了现有的法律，目的是利用选侯所创立的机构来将他制定的更加接近罗马法的条文引入到萨克森；人们还发现，他的做法引起了众贵族和居民们极大的不满，即使如此他还是强硬推行，或许他后来被囚禁也与此有关。莱比锡议会也赶走了所有的法学博士。劳歇尔市长的权力之路便是从这里开始，他也参与了被捕者的审判工作。在这件

---

* 格奥尔格·克拉考（Georg Cracow，1525—1575 年）是一位德国法学家和官员。——译者注

事后各城市才逐渐恢复秩序。

在类似事件的斗争中,也会出现相反结局的情况。并不总是贵族或者正统教义——就像在普鲁士公国和萨克森公国发生的——占得上风;在不来梅,倾向于加尔文主义的民间阵营最终获得了胜利。哈登贝格受到城市议会的迫害;城中大多数他的追随者和市长贝伦一起,最终把老议会赶走,并且限制新的议会决不能干涉宗教事务,除非在市民同意的情况下。实在是下萨克森路德宗和贵族占上风的众多城市中的反常现象。

难道这样的政治与宗教互相干扰、众多力量相互争斗不是对天主教阵营更有利吗?

在巴伐利亚,和其他的公国相同,领主于1556年就下令,他的臣民可以选择信仰。他允许臣民们以新教或者天主教的方式进行圣餐礼;他也允许他们在节日斋戒期在自己的住所内食用肉类;臣民们也可以自行选择牧人,"只要他们的布道符合使徒的教诲"。正是在这样承诺的保护中,许多地方开始了宗教改革,或者宗教改革得以保留。当信仰天主教的公爵艾里希二世保证卡伦贝格的居民可以保有自己的新教信仰时,他用了如下的字眼:"他愿意让他们停留在公义、纯洁和真正的教会内。"他没有再做其他承诺,这一个已经足够了。巴伐利亚一直能在这一时期保持和平,正如斐迪南一世统治下的奥地利一样。

但巴伐利亚的局势忽然发生了急剧转变,并且我不认为这是出于巴伐利亚公爵的本意。

三大阶层从一开始就不统一;教士则和另外两大阶层不同,有着自己的要求。而后两者中的城市阵营也越来越不坚决。不论如何，我们发现，贵族阶级的首领奥尔滕堡的约阿希姆伯爵*和领主弗莱贝格的普那克拉茨在1563年的公国会议上，抱怨这些城市把过去的承诺都抛诸脑后；他们并非对城市的代表们承诺有兴趣推广新教。他们对城市代表们说，若是后者回家乡前没有正式澄清信仰，那么他们都应该被石头砸死。然而这一要求没有人响应。教士阶层还是保持距离；而城市也没有认真执行；于是只有诸侯们关心这件事。

此时正是德国贵族们普遍不满的时代。地方势力迅速增长，在巴伐利亚同时还要应对随时可能发生的信仰改变。贵族们的不满于是双倍增加；或许不可否认的是，因此确实发生了非常令人担忧的袭击事件。阿德尔茨莱特**就记录了这样一次由巴伐利亚贵族暗中策划最终导致叛乱的事件。按照这位作者的说法，贵族们准备好军队，想要袭击从萨克森旅行回来的巴伐利亚公爵，幸好公爵得到警告而袭击未能成功；公爵也知晓了所有的策划者。公爵回来后召见这些贵族；对他们说，不应该忘记他们作为臣下的义务。公爵要求那些贵族们摘下权力的戒指，并把上面镶嵌成贵族们旗帜形状的宝石取了下来，用锤子全部砸碎；这就是他们应得的惩罚，他们就这样被遣散了。

从中我们可以知道诸侯是反对地方贵族的运动的。那位奥尔滕堡伯爵在自己的领地上全面推行宗教改革时，巴伐利亚公爵没收了新奥尔滕堡和老奥尔滕堡以及伯爵的财产，其中公爵发现了自己臣子们的信件往来，揭示了他们之间极其令公爵担忧的关系。

* 奥尔滕堡的约阿希姆（Joachim Von Ortenburg, 1530—1600年）来自奥登堡家族的巴伐利亚贵族，在1551-1600年间统治奥尔滕堡帝国伯爵领。——译者注
** 阿德尔茨莱特（Johann Adlzreiter von Tettenweis, 1596—1662年）是一位德国法学家和政治家。——译者注

地方贵族的意愿非常明显，即使公爵不同意，依然要将宗教改革进行到底；公爵自然也饱受攻击。我不知道，前面提到的那个象征性的惩罚到底有多少真实的成分。

这样的事件也有对簿公堂的时候。因为大家知道公爵性格温和，即使是死不悔改的对手，他的惩罚不过是不允许他们参加公国会议。

这样的惩罚是最好的调解。

1565年后的一次公国会议上阿尔布莱希特公开宣称，公国土地上"没有那么多闹事的人"，日子好过很多。多奇怪！曾经一度每次会议上必然会谈及的宗教；竟然后来再也不提及宗教了，任何一次公国会议都没有提到过。

开始是教士阶层，然后是众多城市对此保持沉默，现在贵族被剥夺了首领，也开始沉默。现在再也没有什么能阻挡公爵推行他认为正确的信仰形式——与他联系最紧密的重要运动就此展开。

对于公爵而言这也有好处。与教皇的联盟将提升他在欧洲境内的地位，对于公国内的统治也有所裨益。

德国的诸侯们通过新教改革，成为一种特别的政教一体形式，既具有宗教上也具有政治上的特权。宗教改革不断推进、各地更紧密地联系、排除外族的教会，这个趋势任何人都不能阻挡。需要指出的是，这个过程不仅是在新教地区，在天主教地区同样如此；萨克森也好，巴伐利亚也罢，这一进程无法阻挡。而允许这一过程发生，正是教廷最高明和最有效的办法。在与教皇格里高利十三世的通信中，阿尔布莱希特五世完全就是宗教方面教皇的全权代表和摄政。

那些拥有教职的贵族是多么渴望这样的待遇！

于是从16世纪70年代开始，一股反向改革在宗教界开始了。

第一个开始行动的，我认为是职权最小的一位——富尔达修道院院长巴塔萨。在此前六位修道院院长领导下，新教在当地蓬勃发展。巴塔萨院长的父母都是新教徒，他在黑森按照新教信仰接受洗礼，并接受完整的新教教育；这位年轻的院长却对天主教的学说充满了热情，尤其是对脱利腾大公会议青睐有加，于是他决定归信天主教。那些隶属修道院的臣下们需要重新接受罗马的礼仪和宗教，不愿意改宗者被驱逐。巴塔萨院长还赶走了所有的新教牧师，他态度坚决，不接受任何反对意见，也不管领主或者城市的想法；他成立了一所耶稣会学院，那些被赶走的人留出来的空缺职位，这位院长交给从这所学校毕业的人。此外他还开除了所有任职的新教徒。截止到1576年，所有的议员、公务员、公证员、全权代表、教堂司事，无论职位高低，全部都是天主教徒；所有不愿接受脱利腾大公会议决议的人全被撤职并驱逐。

这位富尔达修道院的院长，公开反对皇帝的宣言，但是居然一切水到渠成。还有谁不愿意试试自己的运气呢。

艾希斯费尔德和周围的城镇一样信仰新教，美因茨甚至给杜德尔斯塔特派遣了牧师。富尔达的例子给了新上任的行政官施特拉伦多夫的利奥波德勇气和决心，就像他自己说的，"用纯粹的武力"把所有的新教牧师赶走，换上了耶稣会士。

请注意其中的联系。第一位耶稣会士哈尔维里乌斯和一位在俗修士首先到达帕德伯恩。1576年耶稣会士已经到达了希尔德斯海姆。

所有的地方都做出了反应。特里尔大主教将韦茨拉尔的新教徒们从自己的教堂赶了出来。沃尔姆斯主教不允许新教徒再继续使用圣马格努斯教堂了。

不仅仅是主教们如此。天主教占上风的一些小城市，也开始做同样的尝试。施瓦本格明德甚至修改了市民誓言，用受迫害者的话说，就是要求大家"接受罗马利益"，并且把所有新教徒从市民登记中除名。

尽管普法尔茨从未承认，但按照宗教和平的标准看，这里也利用现有权力发生了类似事件。第一个世俗化的公国，而此时正在经历着特殊的反向改革的是巴登侯国。也是因为同样的趋势，这里的侯爵与父母不和，并在巴伐利亚的耶稣会学院接受了教育。

正如我们看到的，1574年左右，施文迪略带不满地说：新教思想的发展无法阻止，是由上帝确定的趋势。确实如他所说，所有的迹象都表明这一点，这也是普遍的看法。但就在这个时刻，仿佛一声明亮的号角，一个现代的由耶稣会士所主导的天主教出现在德国，在其中心扎根，并朝着四方发展。

1575年及1576年的谈判

怎么可能？难道新教阵营不会对此采取行动吗？他们不是有皇帝的宣言保护吗？难道他们不能凭着该宣言找贵族争取自己的权利吗？

可惜的是，新教内部没有利用这些和平的岁月解决争端。1567年及1570年召开的两次会议上，人们对这些争端避而不谈。此时的马克西米利安已经非常虚弱，以至于他开始考虑继承人的问题了；从匈牙利又传来了战争的消息，麻烦事一件接着一件，这些十万火急的事情使得新教内部的争议无法再解决。

1575年选侯会议的召开，为的是选出新的罗马人的国王，终于提到了宗教问题。世俗的选侯们计划要求未来的皇帝必须不仅遵守宗教和平协议，还要兑现所有的宣言。他们建议的只是小小的改动；他们要将"及其宣言"加入到竞选纲领中。历史上再没有比这更重要的几个字：这几个字就能阻止在教会发生的反向改革。

不正是宗教界的选侯推行了反向改革吗？他们绝对不会轻易接受世俗选侯的要求。于是他们两次提出了严正抗议。

他们认为，改变竞选的纲领必须要所有帝国贵族在场。勃兰登堡选侯对此的回应是：竞选纲领的制定是选侯的义务，他们有责任"为了帝国的福祉，不接受其他阶层的帮助、意见或批准"，独立履行职责。

第二次严正抗议则出人意料。宗教选侯矢口否认这个宣言的存在，选侯的参事们也不记得。一位作家说，是一位当时的法律专家经过思考之后建议宗教选侯们采取这个策略。事实是1555年的这一份宣言确实是仓促决定，讨论过程并未记录在案。

仅靠矢口否认确实不能逆转事实。我发现，即使是教皇的使者也提到过这个宣言。皇帝的文书部确实保留了这份宣言的副本，而萨克森选侯则命人把带印章的原本带到了会议现场；这样一来宗教选侯也就毫无对策了。

世俗选侯们的权力自然更大，加上有理有据，他们驳回了宗教选侯们的请求，难道人们不是该期待一切按照他们的意愿来决定吗？

若是他们能同心协力该有多好！

没有任何一次新教信仰的分裂如同这次一样造成了灾难性的后

果。萨克森选侯和普法尔茨选侯之间因为信仰分裂逐渐地陷入到极度厌恶彼此的地步。不久之后这种厌恶就波及政治层面。勇敢的普法尔茨的腓特烈三世与所有法国及荷兰的新教徒有着密切的关系；萨克森则间接与西班牙交好。而这种关系会影响到家庭成员并在这里导致最痛苦的分裂。奥兰治亲王成了导火索。

几年前，萨克森的奥古斯特不顾亲属的反对，将自己的侄女、选侯莫里茨的女儿安娜嫁给了奥兰治的威廉。新娘的外祖父黑森的菲利普预言了这对夫妻的不幸。但是安娜却不为任何言语所动。"他是一名叛徒，"她这样评价自己的新郎道，"但是我的身体中没有任何一根血管不在深深地爱着他。"就这样，她嫁到了荷兰；但很快预言就应验了：她与亲王很快分开，亲王不愿意再见到她。

那时候波旁家族的蒙庞西耶的夏洛特恰好在海德堡。此前她和一位女性朋友一起倾向新教，结果却在法国被任命为女修道院院长。在圣巴托罗缪之夜事件*之后，她趁机逃离了修道院，跑到普法尔茨避难；而她信仰天主教的父亲则要求普法尔茨选侯归还自己的女儿，但是没有成功。年轻美丽的夏洛特在选侯的介绍下结识了奥兰治的威廉，最后两人喜结连理。

愤怒的萨克森选侯奥古斯特认为是普法尔茨选侯有意拆散了自己侄女的婚姻，在这样的背景下他参加了这次选侯会议。他愤怒地宣布，自己的家族受到了侮辱：普法尔茨选侯造成了无法挽回的残局。

---

* 圣巴托罗缪之夜事件是指在 1572 年 8 月 23 日晚间（圣巴托罗缪日前夜），由法国王太后美第奇的凯瑟琳煽动、法国国王查理九世所下令的对集聚在巴黎，参加国王之妹玛瓦瓦的格丽特和新教徒纳瓦尔的亨利（未来的亨利四世）婚礼的胡格诺派（信奉加尔文宗的新教徒）信众与其领导人的大规模屠杀行动。随后，天主教徒对新教徒的屠杀持续数周并蔓延开来，扩散至乡间和其他城镇，死者数目不可确定非常广泛。被称为"数个世纪中最可怕的宗教屠杀"。——译者注

幸好普法尔茨选侯没有出席这次会议，但是奥古斯特甚至不愿意和他的代表总理大臣埃汉姆同席而坐；在发表一通激烈的训斥后，奥古斯特的气似乎消了一些，但是始终没有和他说一句话。

而此次，恰恰是普法尔茨，提议了许多新政策，比如，在皇帝身边建立帝国军团，将本应交给教廷的支出用来抵抗土耳其人，而把宣言加到竞选纲领中，也恰巧是普法尔茨的要求。

然而正如人们看到的那样，这样的要求无人响应。选侯们都与外国有着各种各样的联系，普法尔茨选侯为自己树立了不少敌人。他的使者这样记述道："我们无人理睬，被人轻视。仅仅是差一点点，我们就像撒马利亚人一样被赶出法利赛人的会堂。"即使在这群使者中间依然存在分裂，选侯的王子普法尔茨的路德维希作为该使团的首脑，代表父亲参加选举，他的政策和父亲是非常一致的。但有一次皇帝略微批评这个代表团的使节们受外国势力影响太大时，他们竟然认为，这批评实际上是王子打小报。

在这样的境况下，普法尔茨的提议一项接一项地被否决。与世俗选侯的分裂形成对比的是，宗教选侯们团结一致，完全不畏惧前者的强大。

此外皇帝本人的想法还偏向于萨克森选侯。他对选侯说：完全的宗教自由就是德国的坟墓。皇帝请求选侯，由于宗教选侯们如此团结，看在皇帝的面子上不要责骂他们，务必否决掉那些不正确的提议。

奥古斯特对此承诺说，这一次他不会再提议将宣言列入竞选纲领；在全体会议时，他表示，把宣言列入到竞选纲领是一个误会，皇帝对此不应该承担责任，他也不必为此支付任何补偿。

这样一来，此项提议失去了立足点，也就没有意义。选举完成了，宣言则没有得到确认，反向改革仍然继续。

似乎解决一些诉求的任务被推迟到了下一次帝国会议：只要内部的分裂存在，人们希望改变只能是一场空。

1576年的雷根斯堡，又是普法尔茨的选侯，再次出现了相同提议。他甚至坚持，如果自己的那些等待已久的长长的提议单不能通过，那也不必再讨论其他议题了；这次他的确成功地将宗教自由提升为热门话题，期望从皇帝那里得到书面声明，若是一位宗教选侯改信新教，皇帝会采取怎样的措施。并且这一次他也得到了大多数新教诸侯们的支持。

但是萨克森能允许新教徒们的意愿通过普法尔茨之口表达出来成为法律吗？

这一次新教内部的分裂比上一次更为严重。在这一时期，萨克森的奥古斯特致力于反对加尔文主义。因此一个必须讨论的问题是，普法尔茨选侯是否依然遵守《奥格斯堡信仰告白》，因为只有遵守该告白者才能享受宗教自由。那些参与编著《协和信条》*的神学家们坚决认为普法尔茨选侯不属于信仰告白。在这个普法尔茨选侯为了新教徒保留和争取权益的时刻，人们却在为他是否是一个新教徒而争论不休。

此外，萨克森从来不支持宗教自由。似乎那个曾经要清除一切在自己公国内天主教残留的奥古斯特已经消失在时间中了。

他认为没有必要再继续讨论这些问题。在帝国会议召开之前奥古

---

* 《协和信条》是1577年5月28日由萨克森的奥古斯选侯提出。签署人包括由神圣罗马帝国的三位选侯，二十位公爵和侯爵，二十四位伯爵，四位男爵，三十五个自由皇家城市和8000名牧师。这等于当时德国信义宗（路德宗）牧者人数的三分之二。《协和信条》即成为信义宗（路德宗）基督徒所参照的信仰信条。——译者注

斯特已经和黑森伯爵威廉打好招呼，和他采取相同态度。在会议期间他还写信给魏玛和科堡的公爵，告诉他们不要再反对为抗击土耳其人筹措资金；即使是皇帝撤销了宗教和平，也必须要筹措这笔费用。

曾几何时，新教徒提出的一切都能得到批准。于是他们所采用的是，将批准作为自己不再抗议的条件。这一次人们依然采取这个策略；真是关键的最后一刻——皇帝一直犹豫不定，没有下定决心；但是与普法尔茨有着政治与宗教上双重不快的萨克森决定不参与。人们一度认为，只要萨克森保持沉默，此次宗教自由一定会实现。

结果在另外的领域出现了又一个分裂，让所有对未来的希望破灭了。

我们观察到，宗教自由的申请，带有将土耳其战争民间化的意图。伯爵们和领主们毫不疏忽地提出了建议。"按照正式的帝国条例，所有的新教徒都有义务为皇帝服务，无论是对内维护和平，还是对外对抗土耳其人。而新教会的收入难道不应该也投入到公共福祉，而不是个人享受吗？"

这一议题引起了各方的关注。皇帝和各阶层在仔细研究后决定成立一个骑士团，该团被指定拥有自己的土地，比如考尼饶，而这个骑士团攻占的土地则归公共所有，而不是该团财产。

但是这个决定最终确立需要所有的诸侯，或者至少大多数诸侯支持。但是诸侯坚决反对，这点出乎大家意料。

宗教改革开始时造成的分裂，与诸侯有很大的关系。但是，现在诸侯们发现，新教成功与否却不像想象中的那般重要。地方势力的不断增加，让诸侯们越来越觉得，若是不保持权威，自己在帝国内的自由和重要性将丢失；一些新教贵族则用暴力侵占教产。逐渐地，诸侯们意识到，只有留在天主教内才能保证自己的地位。这就为反对宗教自由提供了足够理由。新教徒和天主教徒在这一点上居然达成一致。我不明白，1576年这种观点是如何占据了绝大多数的；但是这确实发生了。同一年的3月，普法尔茨选侯邀请帝国骑士们，目的是希望他们支持宗教自由；首先反对他的是莱茵河地区的骑士们，因为他们担心这样一来破坏了已经建立的秩序。随后法兰克骑士们也表示反对，最后连施瓦本和维特劳的骑士都加入了反对阵营。普法尔茨的选侯更加坚定。他恳请皇帝，不要反对过来事；已经有这么多的教区加入了新教并世俗化，诸侯们的损失已经不能挽回；他不想眼睁睁地看着一切付诸东流。

这是怎样古怪的发展！

其实本来只有唯一的阵营。这个阵营只有一个目的：在维持祖国和平的基础上谋求自身发展。

因为信仰，他们分裂了。每一派都采取了最极端的想法。一方与外国势力纠缠不清，而这又不可避免地加剧了国内分裂。一方首领提出的建议，另一方忙着否决。

在利益上他们也各自为战。贵族和诸侯们一直拥有一定的教产：大多数贵族都是新教徒，这样的好处是，能够占有更多教产。这些贵族的行为让诸侯们非常担忧。他们宁愿教产掌握在天主教会的手中。这样也造成了分裂。

原来的一个阵营四分五裂。

天主教阵营则空前地团结在一起。以前的唯唯诺诺变成了现在的铿锵有力的决定；科隆选侯1575年宣布，为了保护自己的天主教教区不惜拿起宝剑。1575年的帝国会议，教皇格里高利派来最精明的枢机主教莫罗内参加，并给了他大笔经费。新教徒们抱怨这位枢机主教有意识地迅速扩大了影响力。这一点连教会历史作者也赞赏有加。天主教阵营逐渐占了上风。

拨款被批准了，请愿的人没有得到满足。矛盾到了让人无法忍受的地步：各个阵营都愤怒地针锋相对。马克西米利安把这样的帝国留给了自己的儿子。

他曾经有过别的希望；皇帝多么希望消除分歧，防止生灵涂炭。他洞察局势，知晓暴风雨将至，但是他却不够强大到扭转局势；对皇帝而言，阵营分裂太激烈，局势也难以逆转。他几乎很难在这样的激烈争论中坚持自己的想法——连这一点都做不到的他，也不能再做其他的了。

他是在宣读帝国会议的决议时去世的。

他的继任者最早关于他的评语是：马克西米利安身边有越来越多的新教参事。

一轮新的命运就要展开了。

结　语

若我们回顾事物的发展，首先看到的是，祖国在有力的局势中得到和平；不受外国的影响，回归自我。

人民富裕勤劳，军事实力强于任何其他民族；新教在所有地区都是主流；德意志的精神在独特的文学和艺术中发展；宽容、温和的心态让这个民族的首领们团结在一起——不仅仅是那些当权者，还有那些有天赋、有才干的精神领袖；人们期待着，他们经得起分裂的考验，一定会改善法律的不足，战胜危险的敌人，成为邻国的榜样而不是从他们那里接受指令。

是的，在那个帝国中就是有这样鲜活的精神，推动着这个民族，在精神和物质双方面取得伟大的进展，能够做成大事，形成强大的国家机构；继续发展的话，这些一定实现；谨慎加上注意国民的福祉，人们可以达到这些目标。但是这个民族也有内部矛盾，扩大化后将瓦解这个民族的矛盾。

而这些矛盾真的扩大了。

到底是教条还是狂热，或许是两者皆有，新教内部逐渐发生了激烈的争吵。每个派别都提出了极端的观点，并把与自己意见不合的人当作敌人。就这样，他们党同伐异，在不同地区落脚，彼此争强好胜。

曾经一度，负责管理的贵族站出来阻止这种趋势的发生；逐渐地，政治关系卷入其中，贵族们也参与进来了。

首先是萨克森家族的再次分裂。分裂后各方彼此为敌，尽管一方反对帝国，另一方代表帝国执行命令消灭前者，但实际上这种纠葛一直存在，并未变化。

普法尔茨和符腾堡，虽本是同根生，但彼此也分裂了。

萨克森选侯和普法尔茨选侯，同是新教徒，但是由于身处各自发展的神学系统中，彼此成为对方的死敌。

人们荒废了最重要的大事；帝国宪法没有能够修改；这个民族的精神运动朝着无法团结起来做成任何一件大事的方向前进；睿智有力的首领，却被无休止的争吵变得胸无大志，无法踏实地实行计划。

参与邻国的争斗成了主题。法国的烂摊子成了德国的烂摊子。西班牙也在德国找到了盟友。德国人打着外国人的战争。

最大的疯狂来自于新教内部的激烈分裂；天主教扭转了败局，迅速建立了新的体系，发展了新的神学，又重新收复了失地。

新教中最大的两个派别争得不可开交时，天主教又回到了曾经失去大部分信众的地区。

天主教还得到了重要的盟友。德国南部的诸侯本来已经信仰新教；随着新教改革，地方贵族的权力不断增加，最终招致了他们的反感。诸侯们曾经一度加入了最极端的新教，想以此来平衡失去的权力。但是最后，巴伐利亚决定完全回归天主教系统。不过那些新教底层贵族依然威胁着诸侯们的独立。他们拯救自己的方式就是占有宗教政权领地。1563年及1567年两次发生这样的运动，尽管依然是新教运动，但是目标是夺取地方贵族的权力；最后诸侯们选择了天主教阵营。

从此，反宗教改革*开始了，尤其是在那些宗教政权领地上。它们的历史非常重要，但是却不为人所知。我们看到，一切是如何在富尔达开始，慢慢延伸到艾希斯费尔德的。维尔茨堡主教尤里乌斯·黑希特推广的改革有很大影响力。毗邻的班贝格随后也效仿他。科隆选侯吉伯哈德·特鲁赫塞斯的职务失效后，该主教区和美因茨同样的按照选侯施韦卡尔德的方式改革；直到17世纪，特里尔也开始抛弃新教而重新天主教化。

在这个过程中，教皇找到了新的手段，那就是和少数几个贵族紧

---

* 反宗教改革是指1500—1648年间，罗马天主教会对宗教改革的应对运动。因立场不同而有分歧的称呼，有些新教徒称此为"反宗教改革"，而天主教会则称为"天主教会的改革"。——译者注

密联盟。首先是巴伐利亚，之后是巴登巴登；随后，施泰尔马的大公卡尔、诺伊堡的行宫伯爵也加入其中。切申公爵这样的小贵族在17世纪初也在反宗教改革中扮演了重要角色。

所有这一切并不是通过暴力手段实现的，而是通过神学上的理论；正是耶稣会士们，他们了解如何赢得一个地区的人心。

同时加尔文主义也从普法尔茨向四周传播着，面临着势头凶猛的天主教，它只能在那些已经加入新教的地区取得胜利，但这远远不够达成统一。在这样的分裂中人们怎能想到公共利益。贝尔特地区的贸易被瑞典破坏；丹麦在苏恩特肆意征收关税；荷兰在北部德国人的帮助下争取到第一份自由就是封锁莱茵河；英格兰则否决了吉尔德哈勒所有的商业特权，所有航行西班牙的船只都被扣留；此外英格兰还把寡头派到埃姆登，为了让德国和英格兰之间的贸易只对英格兰有利。一步接着一步，人们看到了英格兰霸权时代的来临，但是人们只是旁观。没有人抵抗，没有人采取措施：因为没有统一。德国内部这个时候开始，各地都出现了关卡征税。曾经有人建议，帝国应该建立强大的海军，以宣示其在地中海和大西洋上的权威。这最终只是一纸空谈。

分裂越来越严重。

1608年的帝国会议决议，宣读时在场的只有天主教徒；所有其他人愤怒地离开了会场。1613年有报道说，所谓的多数票根本就是个笑话；在解决他们的诉愿之前根本就没有人和他们商量过。"这刺伤了皇帝的心"，这次帝国会议的记录写道。直到今日，我们作为旁观者看到这一切，依然被深深地刺伤着。

天主教联盟和新教同盟已经摩拳擦掌，拔刀相向了：只需要波希米亚做起因，大战就将爆发。

这场大战就是三十年战争。生灵涂炭、穷困潦倒、商业全废，德国成了外国势力博弈的棋盘。他的文化和生存要由外国人决定。

不知付出多少，在猛烈、深刻、持久的努力之后，我们才又成为自己：直到那时德意志精神才迸发出力量，赐给我们内心的自由。

第二章 帝国史
从鲁道夫二世当选直至斐迪南二世当选
1575—1619年

中世纪各公国的关系建立在宗教和世俗贵族间的紧密联系上。世俗贵族从宗教贵族那里获得批准,并帮助宗教贵族征服反抗者。

然而现在西方的教会发生了分裂,而且这一分裂已经不可逆转,随之出现的一个问题,就是最高层的统治者如何维持统一并集中力量:欧洲各帝国的不同特征,基本是从解决这一难题的不同方式方法而来。

民族特性在这个过程中起了重要作用;日耳曼西部和北部各族的统治者参与了宗教改革,并加入新教;在南部和罗马的诸族中,有一些地区较容易地接受了新教，另外一些地区在激烈的战争后被迫也接受新教，但是其传统社会关系得以保留。

在德意志帝国——尤其是在这里——这一问题从一开始就比别处更加重要，因为德意志—罗马帝国就是建立在拉丁天主教会的普世权柄基础上。

真正完全地将皇帝制转变为新教的尝试并没有实现，况且在没有翻天覆地变化的情况下也不会实现。当时的皇帝制，管辖全欧洲且和普世教会紧密结合，而并非是某个民族的权力机构；与宗教权力不同，帝国受到教廷承认，同时有天然权力执掌世俗世界。从这个层面上说，宗教改革受到皇权的欢迎；查理五世推进宗教会议的改革，其最重要的意图，就是将皇帝在教会中的影响力尽可能地兑现。但是为此他与教廷很不愉快，而教廷又在欧洲境内找到了其他盟友；与此不同的是，新教不受皇帝的影响，即便皇帝不赞同新教依然可以宣布独立；最终查理五世败下阵来。

随后查理五世隐居在修道院，他公开表示：帝国没有统一的宗教根本不能存在。这一句话激起千层浪，欧洲人无论战争还是和平都是为了这句话。难道一个国家除了拥有稳定的体制外还必须有统一的宗教才能稳定吗？这难道是成为强大国家的必需条件？是否存在可能，即某种形式成为主流，而其余的一切都可自由调整——这样是否就足够了？占统治地位的教会和对上帝的敬献界限在哪里？或者即使这一切也不是必需？教会律法是否能与国家权力完全分开？

所有这些问题，在当时的德国还远远谈不上。但是查理五世皇帝认为不可能的事，他的继任者就必须要尝试了。因为帝国境内新教已经势不可挡，天主教会和新教会的机构由于观念不同而势不两立。帕绍合约便是这两者在皇帝并未参与的情况下达成的妥协，保障两者的共同存在。新教可以不受主教法庭约束，而天主教则可以保有教产。皇帝制度由此而具有了新的内涵，皇权必须包括新教和天主教，并对两者公平。

而所达成的这一切又和朝代更替息息相关。这一协议是民族范畴的，其目的是去除因查理五世带来的西班牙人和意大利人的影响，这样查理五世的儿子——一个纯粹的西班牙人——排除在德意志王位的人选之外，王位由哈布斯堡家族的奥地利一支继承。

因此马克西米利安二世是德国历史上的伟大人物，正是他敦促了父亲斐迪南一世与哈布斯堡家族的另一支分裂，为此需要承认新教的地位并达成和平。他一生致力于让天主教和新教走上和平的道路；但是实现这个目标只能交给他的儿子鲁道夫和马蒂亚斯。

这四位皇帝在德意志民族的首领中构成了一个特殊的系列，正如其余首领也有自己的特殊位置一样。他们对两大宗教都要照顾，一直致力于在两个差异明显的阵营中间维持帝国的秩序和权力。

若是能将德国的这段历史仔细研究并展现出来，那真是伟大的功业；可惜若要实现需要大半生的时间。

史料所及之处，无论是皇帝还是诸侯，城市还是乡间，到处都有着独特的生存状态，促成这状态的可能是宗教热情，可能是宗教反感，可能是睦邻政策，也可能是地理环境；每种状态都是那么的与众不同。这个世纪政治和宗教之间的巨大矛盾又将这些状态保存下来，酝酿且运动着。欧洲的纷繁事务关系也在德国体现出来。奥兰治的威廉和帕尔马的亚历山大，法国天主教联盟和亨利四世，瓦萨家族在波兰和瑞典，这些都对德国历史有着影响。这是一个主权国家在已有基础上对内对外强调自我的时代。普法尔茨、萨克森、勃兰登堡、巴伐利亚、黑森、不伦瑞克——每处都有自己的政策，甚至同一家族内还会有政策上的不同。宗教贵族们也由于曾经的争执和政治上的关系而各自有着独特的出发点和政治利益；帝国总理大臣、美因茨选侯就被邻邦捆住了手脚。不停变化的、目的非常接近的王朝及教会的野心，包括领土上的独立性，它们之间的联系，它们给德国和欧洲带来的分裂——在档案记录的基础上研究所有这些付出的辛苦都是值得的：许多独立的生命这样度日，其中一些因为巨大的贡献而有重要意义，成为历史中的大人物；地方的记忆建立在这之上，永远不会有这样一天，地方史研究不再重要；不管多么偏僻的个别事件，也会对整体构成影响。同时这样的方法带来的危险是失去对整体的考察，这个整体并非因特别和林林总总而产生，它本身就是种特别的存在，而其特殊性又存在于其他的要素中。在有关皇帝的历史中，也不是轻易就能有新发现。因为在其中奥地利作为该家族的祖产有着重要的地位，16世纪末和17世纪初与奥斯曼帝国的战争，与其说是和整个帝国相关，倒不如说是对奥地利有更重要的意义；甚至所有其他的关系都不如这重要。

　　帝国的历史有着独特的、受各地方利益的影响、有时甚至与此相反的基础：帝国是独特的，它包括一切，调整宗教上产生的差异，维持公共和平，所有这些都促进了帝国的发展。这些特点首先反映在帝国会议，以及选侯们召开的会议之中；每个代表提出的要求也会留在帝国会议记录中，同样还有那些谈判——皇帝和各阶层的代表仔细地在差异中寻找平衡，争执双方皇帝则需要制定守则以维护和平，甚至有时皇帝也会参与到公共运动中来。

以下便是我的尝试，虽然不是详细阐述每一方的每一件事——这需要非常多的准备工作，但是借助原始文件也能理清事物发展的脉络，将那个时代帝国事务中最重要的问题展现出来。有谁对这些事没有基本了解呢？争执之中的特别之处、法律上的特别条款、互相的指责堆积如山，想要了解这背后的政治关系并非易事；我将找出并抓住重点，揭示那时侵扰这个民族的两件大事——和平努力的失败和毁灭性分裂产生的原因。

我常常在艺术家圈子里听到，不能选取那些人们已经有主张的事物作为题材，因为这会轻易伤害到某人；历史学家则必须这样做，因为这是他的看家本领。

第一部分

皇帝鲁道夫二世执政期间召开的帝国会议史

回顾马克西米利安二世在位时最后的帝国会议

一切都在致力于保持宗教和平，这一协议在查理五世时达成，由两个互相补充的部分组成：一部分是教区保留权，即对新教迅速传播的限制，另一部分则是斐迪南的声明，即保证天主教贵族统治下新教团体的安全——也就是对天主教的限制。年复一年，维持这一和平协议变得越来越困难；一方面新教在欧洲诸国迅速传播，影响力扩大；另一方面，天主教召开了脱利腾大公会议，更加强调其统一性，加强了中央集权，更有力量的教廷可以信心满满地应付所有的叛教者。奥地利古老强大的家族倾尽全力恢复天主教的统治地位，这当然也会影响德国；但是只要皇帝存在，他就能与强大的表兄弟们抗衡，维护自己统治的独立性，这不得不说是德国的幸运；最主要的关系，除了帝国内部之外，还在于教廷对帝国的影响力可以直接影响帝国内的天主教贵族和信众。皇帝天然有反抗这种影响力的趋势，但是皇权是否够强大来与之抗衡呢？若是教皇和所有的天主教贵族联合，或者天主教凭借重获新生的归属感作为依靠与帝国在公共利益上相争，那皇帝是否有足够的权力和地位，来抵挡这些呢？

发自内心支持奥格斯堡信仰告白的马克西米利安二世，一方面要保护宗教改革，另一方面他不想破坏与天主教世界的关系，因此陷入了严重的困境中。

正在争得不可开交之时，又横生事端：1575年10月，普法尔茨选侯在鲁道夫二世当选皇帝时提出，要修改皇帝竞选时的施政纲领，要求去掉将皇帝作为罗马教会的保护者这条已经延续上千年的条款。但不论是这一条还是一些源自宗教和平的建议，都被另外两名选侯否决；他们认为只将斐迪南宣言和未来皇帝应该兑现的竞选承诺写入纲领即可。而同时在富尔达和艾希斯费尔德，反宗教改革正在如火如荼地进行。世俗选侯要求更改规定，允许在天主教贵族管辖范围内的骑士和民众自由选择自己的信仰。但是这一点天主教选侯表示反对。美因茨的布伦德尔及特里尔的埃尔茨两位宗教选侯提出了新的控诉。他们否定斐迪南声明的存在；不管普遍的看法如何，他们认为这个声明并没有经过正式程序的批准，因而没有法律效力；两位选侯甚至反对帝国会议就此事而展开听证并向皇帝征询相关意见。10月18日的会议上对这一问题产生了严重的分歧：若是皇帝不主持公正，世俗选侯们扬言要退出会议；这样一来选举根本无法进行。皇帝非常重视这个问题，连续几日来劝解宗教选侯，但是没有任何进展。最终是萨克森，因为与普法尔茨在许多事件和宗教信仰派别上不睦，并考虑到皇帝左右为难的境地，才宣布放弃前面写入竞选纲领的要求，不过希望皇帝依然强调斐迪南声明的有效性。皇帝应该写一封公开信，尽管它并不能真正赋予任何人自由：皇帝要在下一次帝国会议上澄清此事。此前皇帝就已经答应此事，现在他再次重申，在下次帝国会议上一定解决此事，并且尽量保有那些宗教贵族统治下的骑士和民众的信仰自由。

这样帝国会议才得以继续，鲁道夫二世正式当选。

1576年召开的帝国会议上，新教徒又再次提出同样的要求；此次帝国会议召开的主要目的，是商讨如何应对奥斯曼帝国的入侵以及波兰的复杂局势，新教徒则认为自己的要求得到满足是第一位的。皇帝承诺，在此次会议召开期间一定解决此事，正如他所说："做正确的决定。"如果他有机会，不用怀疑，皇帝一定会强调斐迪南宣言如同皇权有着毋庸置疑的合法性，其正确性也符合他的良知，因此这一宣言需要得到重申和确认。但是这一次，他要面对的不只是德国的选侯们；教皇派出了恐怕是历史上最精明的莫罗内枢机主教作为特使，来到雷根斯堡参加会议，而他将发挥重要的作用，阻止这一切的发生。

皇帝将宗教天主教贵族和世俗天主教贵族召集在一起，并和他们打好招呼，任何事情未和他商量之前千万不可轻举妄动。坚定支持他的是巴伐利亚公爵、科隆大主教，还有及时赶到的奥格斯堡、艾希施泰特和雷根斯堡三位主教。新教徒感到前所未有的压迫感，莫罗内枢机主教的到来是要与他们开战。然而他的目的是要阻止新教徒的计划；但是在这件事上他使出浑身解数。皇帝对枢机说，自己已经承诺要在这次帝国会议上解决这个问题，所以恐怕不能不兑现。对此莫罗内答道，没有一个天主教徒会提到此事，而皇帝若是坚持，那么天主教阵营以后也不能承诺继续帮助他。

可怜的皇帝！在帝国火烧眉毛的时候，两大阵营都以此作为威胁来阻止对方达到目的！此时皇帝忽然身染重病。在病床上他还接见新教代表；他说，他会补偿他们因为争执而受到的伤害，皇帝还说，被土耳其人打败的责任不在宗教改革和新教徒身上。新教阵营由此相信，这一次他们的要求一定会通过——但教皇的特使更大的影响力改变了一切。新教阵营也不想让自己的皇帝陷入到苦难的境地。因为外敌形势严峻，新教阵营决定征收为期六年的特别税来资助皇帝。这便是马克西米利安皇帝最后达成的协议。出人意料的是，1576年10月11日他因病去世。值得注意的是，皇帝到死都没有宣明自己的信仰；但是当仆人们等待皇后做完弥撒，将皇帝的死讯告诉她的时候，皇后首先问道，他是否在死前接受了天主教临终圣事。在得到肯定的回答后，她的泪水流了下来。

1582年奥格斯堡帝国会议

毫无疑问，对于天主教阵营而言，一位虔诚的天主教徒登上皇位是很大的优势；但是前车之鉴，加之祖父和父亲的承诺，新上任的皇帝依然延续他们的政策，尝试着在帝国内的阵营之间做调停人。

在登基整整6年后，他才第一次召集帝国会议。但是皇帝也未敢在此次帝国会议上直面那些棘手的问题。召开此次帝国会议最重要的原因，是为了抵抗土耳其人而征收的特别税期限已到，而延长该特别税则是当务之急。

与土耳其人的作战非常艰苦；施泰尔马克大公卡尔保卫从德拉瓦河直到亚得里亚海岸的边境，他特地从前线赶回参加会议；还有一位藩侯利奥波德赶来参加会议，他负责保卫帝国东部边区不受野蛮人侵扰；若不是他们想与敌人血战，夺回众多边区的要塞，帝国境内早已是土耳其人横行了。

历史再次重演，敌人的强攻并不能破坏基督教的堡垒，而内部的分裂才会带来毁灭。

绝大多数新教派来参加会议的代表，不同意延长特别税，以此威胁来达成他们的目的。斐迪南宣言不仅没有得到承认，情况还越来越糟糕，反宗教改革的影响越来越大。

这里又出现了另外一个问题，第二个有关斐迪南宣言的重点——信仰保留权成了争论的焦点。

事实是，德国的主教区已经变成世俗贵族领地，天主教的神职人员也不再负责地方事务。现在的局势是，年轻的皇帝身边聚集了少数影响力极大的家族，他们占有了帝国直属的教产，并左右帝国的局势。

若是现在信仰保留权改变规定，一位宗教贵族放弃天主教信仰，便失去了职位，新教徒们认为这举措并没有起到限制作用。实际上这种规定可能没有意义，因为无论出于何种原因，在放弃天主教信仰后可以直接选举新教继任，选举过程和此前相同。而该教区的高级神职人员，不受任何禁令管束，若是加入新教则成为教产的拥有人，和先前的主教及大主教相同；是否应该做出规定防止这种现象的发生？新教徒从未想过，天主教宗教诸侯也可以成为新教宗教诸侯。而且信仰保留权本身就有自相矛盾之处。但是没有这些前提，这一规定根本无法实施。因为反之则会造成加入新教必须付出高昂的代价，新教贵族被排除在相邻的主教区之外，只有信仰天主教的王朝才能控制这些主教区。这样一来他们就不是完全的帝国臣民，因为信仰不同而无法享受到全部臣民应该享有的权利。

就在帝国和教会的普遍交集相互渗透，以及各个地方的自治纷繁中间，存在着德意志民族神圣罗马帝国的宪法以及帝国的形态，在矛盾中求法治，在团结中求和平、求公义，因此人们必须共同延续帝国。

新教问题中首先要解决的就是，帝国境内普遍存在、与信仰保护相违背的对主教区和主教职位的任意侵占；但是解决这样的问题岂是一朝一夕之事。帝国首先要着手解决的是另外一件事：新教主教参加帝国会议，是否应该一视同仁拥有选举投票的权力。新教的教区负责人并不想因为宗教改革而失去自己已经拥有的权力，因此新当选的新教主教应该和天主教前任享受同样待遇。

对于他们而言，能够一直与帝国有关联是件荣耀的事；但同时，他们也希望拥有自己的议会，可以确定新教首领——与帝国的其他阶层一样——领导新教事务。

最明显的例子要数马格德堡的关系了。马格德堡大主教区是帝国最大的最重要的主教区之一，为建立德意志皇权做出了巨大贡献；随后数年中，大主教区逐渐发展，形成了和帝国官职平等的体系，由大主教和高级神职人员任职。15世纪后半叶到16世纪初帝国会议制度逐渐形成。从这个时候起，这个教区和其他德国北部地区同时开始宗教改革，随着来自勃兰登堡的康尼文茨加入新教。1566年的选举中，选侯约阿希姆二世的孙子约阿希姆·腓特烈当选，他坚决将新教改革在教区内全面推行，下令要求教区代表大会贯彻执行——而后者也乐于此事。已经关闭了20年的大教堂又重新开放，举行新教礼拜仪式。马克西米利安二世皇帝非常赞同这次选举，给正在和他一起抵抗土耳其人的王公送上了最好的祝愿并承诺提供帮助。作为选侯王公约翰·格奥尔格的长子，约阿希姆·腓特烈必然会成为选侯，他认为结婚是理所应当的事，虽然此时他身兼圣职。教区代表大会也事先知晓，对此事也没有阻拦。对于教区代表大会而言，约阿希姆·腓特烈按照规定，接受选侯职位时会放弃圣职；那时教区代表大会和宗教改革之前是一样的，重新选举一名主教即可，所以结婚不是问题。

还有另外一条规定在其中也起了作用。约阿希姆·腓特烈作为地区和教区的领导，把保留在帝国中的席位和选票视为自己的义务。帝国会议上有不少新教的主教参加，因此产生了很多矛盾。阿尔布莱希特本是马格德堡大主教，同时兼任美因茨选侯即大主教，他向帝国议会就此事提出抗议，最后在议会做出一定让步才肯罢休。天主教神职人员对这种双重身份一直表示反对。约阿希姆·腓特烈承诺不仅将来会把教权归还，还不会卖掉原来马格德堡大主教区的财产。1582年新年期间举行的帝国会议，才改变了这种关系。在选侯们的调解下达成的协议规定，"马格德堡大主教的选票须保留"。而此项协议必须得到贯彻。

1582年6月27日，鲁道夫以皇帝所应有的华丽仪仗——萨克森选侯手执帝国之剑走在队伍的最前面——进入奥格斯堡。

帝国会议召开的庆典非常隆重，引人瞩目。到场的贵族和代表们围成一个圈，皇帝坐在正中央，每个选侯行礼之后方能入座。维尔茨堡主教以皇帝的名义致开幕词；皇帝内廷参议会秘书首先提出第一项议题，是有关匈牙利人民需要军事保护；皇帝还在其中偶尔插几句话表示自己的观点——他的职责和意愿是保护基督教和德意志人民，因此皇帝相信臣民们会出手相助。在短暂的讨论之后，选侯美因茨大主教发言，语气充满祥和；他首先回忆了鲁道夫的父亲以及祖父的统治，并且认为鲁道夫自继位以来一直勤政，众所周知，他一定会励精图治，为了帝国的荣耀和祖国的和平而奋斗，因此各阶层臣民都愿意追随他赴汤蹈火，对他忠心耿耿。

听到这一番话，谁不会认为这样好的开端，此次会议必然会达成许多重要决议，对外维护帝国权威，对内维持统一呢？

达成这一点的必要条件是，在促成宗教和平的法律框架下，不仅要巩固，还要继承其精神从而有新的发展。但是人们发现，皇帝并没有提及此事。

有关信仰的差异，人们已经放弃了调解，重要的是不同信仰组成的教会要在帝国的司法和权威内有着怎样的地位。让每个人都觉得自己的存在得到尊重，有安全和未来的保障。

但是沉默并不能解决这一切；这一问题涉及所有人，甚至连土耳其战争与之相比都处在次要地位。新教徒坚决要求对此问题进行讨论；马格德堡教区被当作典型的例子。

皇帝到达时，已经提前到达的藩侯约阿希姆·腓特烈就向他发出请求，赐予他教区管理者的身份，并恢复他在帝国议会中的席位；因为大主教无权再使用他的权限。藩侯同时还是他父亲在帝国会议的全权代表。因为他自己替代父亲行使选侯的权力，马格德堡新教教区的负责人波特玛尔来代替行使马格德堡教区在议会中的席位。帝国元帅作为藩侯的邻友，认为这项提议没有问题，约阿希姆·腓特烈应该得到这个职位。此时萨尔茨堡的代表提出有关贵族参议会的负责人协议，尽管约阿希姆·腓特烈在这个协议上会吃亏，但他表示愿意接受；似乎问题已经迎刃而解了。但是在1582年7月6日帝国参议会的第一轮会议中发生了激烈争执，争论的焦点并非是席位顺序的问题，而是另外的问题。萨尔茨堡的全权代理人，塞考的主教格奥尔格不仅抗议马格德堡使节作为帝国贵族参议会的议长，更直接反对他们参加参议会的资格。众所周知，他说道，现在的马格德堡大主教区并没有得到教皇的确认或者是皇帝的批准；他认为波特玛尔不过是个盗贼，后者在场一天他就一天不参加会议。波特玛尔反驳说，皇帝的批准只是迟到但是并非不存在。但是塞考的主教不为所动，拂袖而去，并表示在此事上任由皇帝决断。

在这里有必要对这个事件进行详细的说明，以表明问题的严重性。帝国的宪法在当时的局势下已经基本无法实施了，此次事件是个预兆。

对于那些过去是天主教贵族统治而现在已经加入新教的地区，他们出席帝国会议是至关重要的，相关的法律必须对他们的义务和责任进行详细规定；他们有权获得与帝国中与其他阶层平等的地位；帝国没有他们也并不完整，缺少他们帝国的决议也不能执行。这样的教区为数不少。马格德堡则是北部德国教区中最大的一个。

马格德堡如此重要，因此满足它提出的要求困难重重。首先最大的困难就是，这些教区被教皇承认或许是帝国内权利的前提；宗教和平协议已经从根本上改变了帝国境内的法律关系，但是教廷认为信仰事务是自己的内务，不承认且努力推翻这一协议。对于教廷而言，与皇帝和帝国的联系依然照旧，和中世纪时期一样。世俗政权需要通过宗教才能赋予神圣，这一统治了数个世纪的法则，教廷一直坚持着，那些曾经是教廷财产的地区，教廷怎么能允许别人来做主？新教选举出来的负责人，不论是称主教也好，叫行政长官也罢，教廷怎么能承认并且赋予其合法地位呢？

更麻烦的是，选举出来的新教负责人均有妻室，选举他的人也是如此；约阿希姆·腓特烈已经有不少孩子了。教廷坚决不承认这些人的圣职，因此他们没有办法得到帝国议会内的席位。

世俗和宗教在这里不可避免地产生了矛盾。

且此次帝国会议上，教廷的支持者不少。除了信仰天主教的贵族之外，教皇格里高利十三世对这件事以及其他众多事务召开了听证会，就其中的利害关系寻求解决之道，随后派出专门使团前往奥格斯堡，其任务是团结所有参加会议的天主教徒。

教皇格里高利任命他的亲信枢机主教路易·马德卢齐为使团团长，因为他熟知帝国事务；而辅助他的，是曾经跟随莫罗内枢机主教参加上一次帝国会议的使者。

教皇的使团影响力大增，则是因为新当选为美因茨大主教及选侯的达尔贝格的沃尔夫冈；他的当选并非人们有意而为之，恰恰相反；他此时还没有得到教皇承认；只有通过这次帝国会议上的贡献才能让他得到教皇的认可。

特里尔大主教是坚决支持教廷的。科隆选侯吉伯哈德·特鲁赫塞斯此时保持沉默；维尔茨堡主教或许还有些犹豫不决，但是他已经宣布无论需要奉献什么他都保持忠诚。其余的宗教贵族全靠枢机主教维持，这也与他的职位相称。人们发现，这些宗教贵族无数次拜访他来征询意见。

勃兰登堡和马格德堡的使者也明白，他们不仅仅要和萨尔茨堡周旋；他们打听到，波特玛尔若是在下次全体会议上继续坚持自己的贵族席位，那么所有的天主教贵族全部会起立离场，只留他一个人空坐在位子上。

这样一来，皇帝的态度是最关键的，他一句话就能给世俗权力空间。若是他承认了新教教区的地位，那么对于新教将是大有裨益。这样一来对于帝国有着不可估量的价值，终于可以将罗马教皇和天主教贵族对帝国宪法的影响降至最低。或许大一统的原则是他缺少的。

我们回顾那段历史，有人会说，天主教和新教贵族应该团结起来并逼迫皇帝同意他们的要求。为了能够实现和巩固宗教和平，不愿意承认该和平的宗教势力，不应该在帝国中获得任何影响力。

但是这不是那个时代的特征。那时的人们并没有很强的民族感，尤其在德国更是没有这种观念。主流的知识分子大多出自教会，而他们的观点是教会应该在教皇的领导下团结一致，这一点也在脱利腾大公会议的决议中有所反映，也为天主教的发展和胜利奠定了基础。不久之前，脱利腾大公会议的决议还通过特别会议传达给天主教的高级神职人员，也在所有天主教学院的课程中成为标准。

皇帝已经做了他所能做的事，他亦不为这种潮流所动。但是仅仅维护帝国的统一和权力也不符合他的本意，况且他和教皇以及教会贵族的关系非常密切。在战争时他还要仰仗他们的直接支持。

新教徒因为教义的差别已经分裂为两派，此时正在互相争斗。新教贵族中最强大的萨克森的奥古斯特，有着极其重要的理由支持皇帝。一年前，迈森主教放弃了自己的教区，并愿意把教区交给奥古斯特领导,并成为其臣下。瑙姆堡和蔡茨也以相同的方式完成了这一转换。萨克森选侯一直坚持是皇帝给予自己这样的权力,事实上皇帝未曾批准过,因此萨克森辖下的贵族们不赞同选侯的做法。不论如何,选侯都不应该引起帝国内部的争斗,导致皇帝的权威受到质疑,甚至威胁到皇帝在各阶层心中的地位。皇帝则要求所有新教徒应该承担义务。

原则上选侯奥古斯特还是马格德堡的管理者,只有在他与宗教贵族们达成协议的情况下,皇帝才能在这件事上做出决定;但是宗教贵族在这个问题上决不让步。

维尔茨堡的主教尤里乌斯警告选侯奥古斯特说,这样下去可能会导致新教徒和天主教徒之间爆发战争。为了能够不伤害勃兰登堡选侯王公的利益,有人向选侯建议说,他应该出席此次帝国会议;但前提是,这样的事情不能再发生;这样一来,他以及他的宫廷长官就具备了资格,比如,在决议草案中就可以写清楚,选举已经通过教廷批准。

教职阶层希望能在这件事上得到永久的特许权。教区管理者应该撰写一份声明表明自己的义务,萨克森选侯必须在上面签字,得到两位贵族的首肯后,再由皇帝批准,最后这份声明将交给天主教阵营,这样就有一份永久有效的法律文件。

当选侯奥古斯特将这份声明交给马格德堡的总理大臣时,他发现,自己似乎不受马格德堡一方的欢迎。对约阿希姆·腓特烈而言这也将是巨大的考验;他在此时的决定将影响他一生。就此事他和皇帝私下里再次进行了会谈,并毅然表示愿意离开帝国会议,以保证其顺利进行,否则这将对皇帝不利。皇帝则请求他再留几日,因为他希此事得到圆满解决。随后皇帝进行了调解工作，最终没有任何进展。

约阿希姆·腓特烈把调解提议退了回去，他的批注是，在他不被采纳的情况下皇帝将权力交给另外一个宗教，他对此不得不表示抗议。约阿希姆·腓特烈对皇帝的努力表示谢意，并退出了帝国会议。

就这样这一问题悬而未决；新教选出的管理者和整个教区都不愿意让步；他们的要求不能实现，毫无疑问对他们造成了巨大的损失。

新教提出的其他问题也没有能够取得任何进展。他们期望，教会能够获得自由，或者至少能让斐迪南声明得到认可，他们是否参加土耳其战争与这些要求密切联系；但选侯奥古斯特没有支持他们的要求；因为这样会置皇帝于两难境地，毕竟教廷并没有承认新教的地位；如果同意他们的请求将失去天主教的支持，与土耳其对峙的边境地区会陷入混乱，那里的威胁同样紧迫。最终，选侯奥古斯特只答应为那些真正有理由申诉的人提供帮助。

除了马格德堡事件之外，亚琛也有继续解决的事务，这是1582年帝国会议的主要议题之一，这件事同样也具有普遍意义。

不可否认的是，斐迪南一世虽然认同宗教和平对帝国城市也有效，但是对于一些有特殊意义的城市，比如，亚琛和科隆，因为与荷兰接壤而对奥地利王室极其重要——对于它们，这一宗教和平协议无法执行。随着荷兰战争的爆发，这一问题开始凸显出来。因为阿尔巴公爵的暴虐，许多人逃到了亚琛避难，1574年该城管理委员会通过决议，同意奥格斯堡信仰告白的信徒担任该城的公职人员或出任议员。但是加入议会后不久，新教徒们就因为自己人数众多而要求新教徒应该在城市议员中占大多数。亚琛因此视自己为帝国城市，按照宗教和平协定中赋予的权利,亚琛将不再承认其主教的司法权,并视主教法庭无效。但是城中依然有许多天主教徒,他们认为这些决议不合乎法律,并请求皇帝介入。皇帝立刻派出调查员:拿骚和施普莱肯堡的菲利普,同时兼任布拉邦特的总理大臣,在西班牙官员帮助下,强力恢复过去的秩序。那些新教议员被称为"丐军"*反抗者以此侮辱之语为自己的激励,宣称为国家事业甘为乞丐,并将布袋、碗等物作为饰品戴在帽子或系于腰间,丐军以此得名,被视为城市的敌人;这样的威胁和当年阿尔巴公爵的迫害并无二致;首领们将会被砍头,城市中心广场上血流成河。最终发生了起义,而新教徒获胜。最终,所有的天主教徒以及皇帝的调查员都被赶出了亚琛。

虽然只是地方性事件,却引起了轩然大波。

当然对于尼德兰已经独立的诸省而言,他们在德国境内又多了一个盟友,但是对于统治着其余尼德兰领土的西班牙而言,最重要的就是孤立这些已独立的区域。对于帝国而言,一个帝国城市就这样因为一场宗教运动而独立,那帝国怎么能坐视不管?何况在许多地区都出现了相同的趋势:比如,那些位于阿尔萨斯小一些的帝国城市。甚至连科隆都有强大的新教势力。

正如在马格德堡事件中展现的那样,宗教诸侯们坚决不妥协,更别提在这样的事件上让步。帝国朝廷也认为,一个侮辱了皇帝特派调查员的城市没有资格留在帝国议会之内。

---

* "丐军"是自1566年起反抗西班牙在尼德兰地区统治的信奉加尔文主义的荷兰贵族及其他不满者所组成的联盟。"丐军"之名来自于当尼德兰的贵族同盟向摄政帕尔马的玛格丽特(查理五世之私生女)抗议之时,其大臣蒙巴利的轻蔑之语:"殿下勿忧,他们只不过是乞丐。"(N'ayez pas peur Madame, ce ne sont que des gueux.)——译者注

但是众多城市则认为，亚琛的事情便是自己的事情。帝国特派调查员的一番话更让他们感觉受到了威胁。调查员曾经表示，城市不属于帝国的独立阶级，因此不能享有宗教和平协议赋予的权利。难道皇帝就有权不邀请城市参加帝国会议从而取消其席位吗？被皇帝取消资格的亚琛城市议员，被其他城市的代表团吸收，这样他们就有资格参加帝国会议并且投票；所有的城市议会商讨出一份上诉书，在其中对事件进行了总结，并且呼吁皇帝及他的公务员们秉公执法，若是他们的要求得不到响应，他们将不再为帝国交税。在这里他们使用了让人担忧的字眼："请求允许他们留在帝国并缴纳税赋。"——帝国最高级别的两个全体会议对这一事件、同时也是对帝国宪法的讨论将在下面的段落中说明。

选侯全体会议非常重视城市们的提议；为了不让城市们独立，选侯们认为，应该公开承认城市作为帝国的一个阶级，因此对于它们如同帝国的其他阶层一样，应该享有宗教和平协议赋予的权利。但是涉及到亚琛的具体问题，选侯们无法达成一致。宗教选侯建议，这件事应该交给皇帝处理；而世俗选侯则认为，应该成立委员会再次进行调查。最终世俗诸侯们占了上风，因为再清楚不过的事实是，这次申诉中也有反对皇帝的部分。但是立即又出现了分歧，是有关两大宗教阵营比例的问题。世俗选侯们建议，应该由皇帝组织，但是调查委员会的成员应该是天主教和新教各占一半——这也是城市们的意愿。但是宗教选侯们不能同意这一点；最终科隆选侯吉伯哈德投了弃权票，造成了剩下六票中三对三的情况；因此唯一达成的是将双方的意见上呈给皇帝。

选侯全体会议中的结果如此。帝国贵族全体会议中对此事的意见分歧更大。天主教贵族认为，亚琛事件影响皇帝权威，毕竟亚琛拒绝服从皇帝特派的调查员；那么此事应该交给调查员，他知晓该如何处置。新教贵族则认为，此事属于宗教事务范畴，皇帝应该按照宗教和平协议来处理此事。按照他们的观点，皇帝应该下令，亚琛有自由选择奥格斯堡信条。他们并不认为能说服天主教贵族，因此双方在此事上的看法应该上交皇帝。这里紧接着又出现了另一个分歧，影响了有关谈判及各方的看法。选侯全体会议需要综合贵族全体会议的决议，就此事向皇帝进行报告。此次选侯全体会议中的全权代表为萨尔茨堡——在它的影响下马格德堡被排除会议之外——判定天主教方的提议占多数。新教的议员也参加贵族全体会议，比如，茨魏布吕肯的全权代表约姆博士。他建议：将所有和亚琛事件直接相关贵族的投票抹去，例如于利希—克莱夫公爵的选票。接下来发生了不同寻常的激烈争吵。约姆博士要求不论如何新教贵族撰写的意见书必须上交皇帝。而宗教贵族则表示不同意，他们认为：皇帝需要得到的是投票结果，而不是投票某一方的意见。

普法尔茨和勃兰登堡再次指出，和某一阶级有关不同，这次投票是有关宗教，也就是和所有人有关系，因此投票方的意见需要上呈皇帝。和以往相同的是，萨克森依然倾向于天主教阵营，普法尔茨和勃兰登堡的票数不够。新教贵族的意见最终能上呈皇帝，但是并非以选侯的名义。

这样城市失去了帝国两个最高级别全体会议的支持。按照选侯的建议，皇帝下令组织一个调查委员会，其成员则由皇帝选择；贵族也支持这一决定，他们中的大多数认为这很公平。

但是城市们依然不愿意妥协。总的来说它们对于选侯的建议比较满意，尽管后者是帝国的全权代表，但是建议只有变成决议才具有法律效力。在有关的法律草案中城市采用了一些词汇，一些谴责对亚琛城市的不公、对未来充满不满的词汇。

皇帝顾问们警告城市，他们的措辞可能会导致自己的末日；正是皇帝的权威保护了他们不受贵族的侵犯。城市对此的反应是，皇帝和其他贵族在这个问题上的理解似乎是对城市有害的。城市们并没有失去勇气，而是坚持说：若是自己的意愿得不到满足，那么将停止向帝国交税，把省下来的钱建设城防。

两大帝国最高会议通过批准征收税收的总额最高为40个"罗马月"*。城市们抱怨说，在帝国决议中应该规定，这一决议所有阶级都应该执行；因为向其他阶级推广此决议不是他们的责任；城市们出于自愿而不是义务向皇帝提供帮助，但是前提是城市必须得到帝国城市的自由、他们的提议得到应允。若是他们被其他大多数威胁，那么他们就和剩下的少数派结成联盟。在后来的城市会议上，他们也坚持自己的意见。

帝国的情况就是如此，贵族全体会议中绝大多数都信仰天主教，主要由宗教贵族组成，而教皇的特使把他们团结在一起，形成一股强大的力量。

皇帝也不是无条件地接受他们所有的意见。在教廷那里，人们听到许多关于皇帝支持新教徒的抱怨；但是就亚琛事件而言，他的意见

---

* 罗马月（Römermonat）是由查理五世创立的一种神圣罗马帝国的税收基本单位，约为 51000 古尔登，相当于当时 4000 名骑士和 20000 名步卒的一个月的军饷。它是以支持神圣罗马帝国皇帝前往罗马加冕的名义设立的，故名"罗马月"，事实上，它极少被用于远征罗马。——译者注

是和教皇以及西班牙控制的荷兰政府相同的；这一派看到皇帝站在自己一边，知晓皇帝在维护自己的特权。

与此相反的是强大积极的少数派，由新教贵族和城市组成，虽然此时他们正处于低谷——马格德堡的席位以及亚琛城市的宗教自由上他们遭受了双重打击，但是在帝国内依然非常强大、积极，不断发展。

双方都认为自己能够比对方更强大。

1594年的帝国会议

对于新教徒而言，科隆大主教吉伯哈德加入新教本来应该是一件好事；而后者准备同时保留其主教头衔和选侯地位。这样一来，新教徒终于能在选侯团体中获得多数席位了；如果科隆大主教能够达成目的，其他的宗教贵族可能纷纷效仿，这样天主教在贵族全体会议中的多数席位可能被摧毁。科隆大主教不是得到了世俗贵族和选侯们的全力支持吗？在几次会议中有对这一事件的讨论；选侯奥古斯特表示反对。且先不说这位大主教动机不纯，有婚姻交易之嫌；他还抱怨说，吉伯哈德本人对这件事并没有进行充分的计划和准备；吉伯哈德并不缺少支持者，无论是在教区领导层，还是在其领地内都有支持他的人；然而，问题在于教区内的绝大多数高级神职人员都反对他；教区下辖的莱茵地区也加入了反对的阵营。这样一来，这一问题的性质涉及了教区保留权；新教徒若是支持吉伯哈德·特鲁赫塞斯的话，就意味着他们破坏了宗教和平协定。因此，萨克森选侯奥古斯特不会支持吉伯哈德。欧洲境内的天主教势力都联合在一起，坚决不允许吉伯哈德侵占全部教区财产。甚至连斯特凡·巴托里*也警告他的邻居,两位北部的选侯,不要支持吉伯哈德。在尼德兰不断恢复的天主教势力,把这件事也视作分内之事;教皇格里高利八世一直担心:选侯中若新教徒占多数,那么极有可能选举出一位新教皇;作为罗马天主教会的最高首领,他想尽办法运用教皇国的资源阻止此事。最终吉伯哈德被驱逐,而一直忠于教廷的,来自巴伐利亚家族的王子出任科隆大主教之职。这一事件给天主教阵营大壮声威,原先那些摇摆不定的主教们,现在是加倍的坚定和虔诚。而反宗教改革此时正好处于刚刚开始的阶段。

和科隆事件性质正好相反的例子发生在斯特拉斯堡;斯特拉斯堡选举主教时,高级神职人员的大多数已经是新教徒——正如一位教皇的使者所说的,这里已经没有一丝天主教的痕迹:所有的高级神职人员都是贵族家庭出身的纨绔子弟,而且没有接受过良好的神学教育,这点恰巧和科隆的情况相反。斯特拉斯堡主教位置空缺之后,当地高级神职人员提选了一名新教贵族的王子,正是那位被排除在帝国会议之外的马格德堡教区管理人的儿子。剩下少数派依然忠于天主教会的神职人员则提名洛林的枢机主教**,他出身于此时正和西班牙人联合在一起激烈地反对信仰新教的国王亨利四世家族。天主教神圣同盟和亨利四世之间的斗争,也引起了德国两大阵营的同情;而在这次选举

---

* 斯特凡·巴托里(Stephan Bathory,1533—1587年)是特兰西瓦尼亚的匈牙利贵族,后当选波兰国王和立陶宛大公,很多历史学家都认为他是波兰推行自由选王制以来最伟大的波兰国王之一。——译者注

** 兰克在此提到的"洛林的枢机主教"在信史上应该指的是洛林的查理(1567—1607年),洛林公爵查理三世之子,然而,从上下文看来,兰克把这位"洛林的枢机主教"误认为是出生于吉斯家族的洛林的查理(1524—1574年),吉斯公爵克洛德之子,因为这位通常被称为"Cardinal de Lorraine"即"洛林的枢机主教",但是这位吉斯家族的枢机主教早已在1595年之前去世。而新教徒所提名的勃兰登堡的约翰·格奥尔格(1577—1624年)在斯特拉斯堡主教一职上发生纠纷的天主教人选——"洛林的枢机主教"应该指的是洛林公爵查理三世之子洛林的查理(1567—1607年),兰克在此有所失误。——译者注

事件中也触及了这种斗争的核心。安哈尔特的贵族甚至亲自率兵到法国帮助亨利四世作战,此时正在返回的路上,恰巧路过阿尔萨斯;他们支持的新教候选人自然以多数票击败天主教候选人当选。当地此时已经基本新教化;斯特拉斯堡作为最强大的帝国城市之一,尽全力支持这位贵族当选主教。人们或许会认为,帝国中的新教阵营在这件事上应该尽全力支持这位新教主教。这不正是他们一直追求的对宗教和平协议最好的诠释?而他们在帝国境内的威望,也应该可以通过这一事件得到恢复。

但是北部的新教选侯们这一次依然表达了自己的担忧。

萨克森是倾向于反对加尔文宗新教徒的;加尔文宗出自法国,却在德国吸纳了许多信徒。萨克森这一派也不断发展壮大,逐渐渗透进了政府管理部门;新上任的选侯尚年幼,暂时辅政的摄政决定清除这一派:萨克森—魏玛的腓特烈·威廉是年幼选侯的表兄及临时摄政政府的首领,他还是非常虔诚的路德宗新教徒,决意让萨克森远离所有与加尔文宗有关的一切。

勃兰登堡选侯最担心的是德国可能陷入全面战争的危险。他可是新当选的斯特拉斯堡主教的祖父,谁还能有更直接的联系呢?但是选侯的意思是,不想招致批评,让人说是勃兰登堡选侯为了自己家族的利益而让德意志帝国陷入纷争。

两位选侯似乎并不支持这位斯特拉斯堡的主教,但是皇帝也并不是完全反对他。在科隆事件上,鲁道夫二世所持有的反对吉伯哈德的声明和招数,与天主教徒的期待还相差很远。他们对教廷抱怨说:皇帝不但没有支持巴伐利亚王子,还向帕尔马的王子承诺提供帮助反对前者。皇帝害怕把吉斯家族的势力引入到德国，从而增加西班牙人在帝国境内的影响力，所以没有公开支持洛林的枢机主教。

对于鲁道夫而言，这些争吵不过就是换换形式，核心都是一样；这些也不是他心里最重要的事情。1592年他下令召集各地代表在雷根斯堡召开帝国会议时，并不是因为这些。让他担心的是，与土耳其人的战火重燃。大维齐尔锡南·帕夏*是奥斯曼帝国中对基督教最仇视的代表，1593年他出现在匈牙利，这次进攻没有遇到长久抵抗。有人说，他的目标是维也纳——德意志的大门；他意图消灭整个帝国和基督教世界。鲁道夫曾多次在书信中写道：皇帝是为了维护基督教世界而存在。他希望能够团结整个基督教世界的力量；组织波兰、俄罗斯和意大利的军队联合在一起共同迎战土耳其人——这事直到一百年后才实现。无论如何，最重要的当务之急是为帝国争取到帮助。

无论他的意图何在，一次不讨论涉及每个人宗教差异的帝国会议是不可能出现的；总要为此而谈判。引人注目的是，新教的教区管理者没有被通知出席会议，只有他们的堂区负责人；而斯特拉斯堡则完全没有出席。

那时，有种观点认为，鲁道夫向教皇承诺，所有未得到教皇批准的教区管理者，他是不允许他们获得封臣资格的；甚至有人还举出了史料证明此事。这一史料的真假我无法判断，因此这种说法不知是否属实。

无论是否真有协议还是仅仅出于照顾，皇帝的确需要罗马教廷的

---

* 锡南·帕夏（Sinan Pascha，约 1512—1596 年），即寇可·锡南·帕夏，他是奥斯曼土耳其帝国的大维齐尔、军事家和政治家——译者注。

帮助，因此他不希望帝国会议中新教占过多席位，从而出现与天主教相悖的决议，侮辱了罗马教廷，失去其支持；新教徒在帝国会议开始之间已经聚集在雷根斯堡，皇帝的决定引起了他们的担忧。他们坚持认为，帝国境内应该废除教区的独立司法权以及教皇的权力；教皇没有影响帝国制定法律的权力；而他的禁令也不用理会；否则教皇将参与到帝国最高权力之中，成为德国的最高统治者，这是每一位热爱荣誉的皇帝反对的事。斯特拉斯堡的事与宗教保留权毫无关系，因为宗教保留权只限于那些天主教教区的负责人，他们若是更改宗教，则教区依然保留天主教；但是斯特拉斯堡教区已经成为新教区，因此不适用于这一原则。

何况召集堂区负责人参加帝国议会，但是新教的主教却置之不管是什么意思呢？难道主教会损害各堂区的利益不成？封臣资格和席位是世俗事务，按照德国古老的自由习惯，教皇对此不应有任何干涉权。

出于这些原因，新教教区负责人的使者们决定，在皇帝第一天召开会议宣读提案时，不管后果如何，堂堂正正地进入会场。但是同样坚决的是那些宗教贵族：他们坚决反对这一伤害了天主教世界感情的行为。最为激烈反对的是，新上任的选侯、科隆大主教恩斯特；哪怕是将马格德堡主教的席位重新归到世俗贵族那里都不可以；他坚持认为，没有人能使用马格德堡主教的席位，除非他得到教皇的认可。若说恩斯特能担任科隆大主教的职位要感谢宗教和平协定中的教区保留权，那么现在他确实是在严格执行这一权利：新教教区的负责人并不具备主教的身份——大主教万分坚定这一点。他威胁，若是此事发生，他将立即离开雷根斯堡。

当鲁道夫于1594年5月17日抵达雷根斯堡的时候，等待他的就是这样激烈的争执。

这一争执从帝国会议的第一项议程便开始了。若是皇帝反对新教徒，他将面临失去他们帮助的危险；对他们妥协，天主教一方也会同样反应，此外他可能和教皇决裂——毕竟教皇还是派出了一小支军队支援匈牙利。

皇帝感到如此扫兴，以至于都没有庆祝圣灵降临节，未与百姓一起做弥撒。他思虑着没有希望能说服天主教徒，那最好的办法是亲自找马格德堡的与会使者，与他们商量。按照这些使者的说法，皇帝以最温和的口吻，向他们许诺说，他一心为他们着想；在这件事上作为皇帝他已经尽了所有的努力来满足他们的要求；但是最后他没能够成功地让天主教徒改变他们的想法；若是他们不退一步，那么将影响帝国共同的事业。

马格德堡的使者回答说，不是他们挡在皇帝的前面，而是那些天主教徒；天主教徒的意思是剥夺所有改信新教教区在帝国会议中的席位；但是他作为皇帝，是公正的源泉，不能夺去他们应有的权力，新教徒也不会让步；皇帝作为合法政府的领袖，一直能和平且功勋卓著地领导帝国，30年来帝国欣欣向荣，他曾经命令新教徒，要维护自己的权益。皇帝闻听此言脸色非常尴尬，闷闷不乐，垂头丧气。皇帝的顾问对马格德堡的使者们说，这样的回复深深地刺伤了皇帝的内心；这会让他忧郁生病的。于是他们立即承诺说，此次帝国会议上他们一定再详细商讨，并得出结论。

皇帝的大臣中，最能干的莫属鲁姆夫的自由男爵沃尔夫，他认为，必须像砍木头劈开一个口子，一劳永逸地解决这件事——这样的言辞，指出了解决这一难题的出路，并表明了决心。

正是这样的决心和出于对皇帝的关系，马格德堡使者们决定，不再一味坚持包含他们要求的提议；他们认为，若是皇帝有什么闪失，或者因为决定太迟而对匈牙利不利，这事最终会怪在勃兰登堡选侯的身上：他们不想承担这样的责任。

他们的妥协使得皇帝又重新充满了勇气——这是皇帝在此次帝国会议上第一次感到开心——皇帝终于可以把自己的提议交给帝国的各个代表大会进行讨论，这提议便是重中之重，有关与土耳其战争的援助。

前面提到过的约阿希姆·腓特烈，收到了他派去使者通报相关进程的消息，很快又收到了他认识的宫廷顾问沙尼茨写给他的信——约阿希姆对此非常不满；这一决议似乎指责他的教区应该对相同阶层侵占的教产负责。派出使者写给他的一番话让他非常不安：信仰保护的问题，其内涵也包括帝国席位之争，似乎新教徒眼睁睁地看着敌人节节胜利；斧子已经放在树根之上了。

对这样重要的事件约阿希姆却并没有申诉；他要求使者们尽量争取权力，正如商量好的那样，尽力在帝国会议期间了解此事：若是使者们发现，这一目标无法实现，他命令他们继续参加帝国会议，但要保持低调；审时度势，看事情到底如何发展。1594年7月13日使者们步入会场，造成了最引人注目的一幕。

帝国三级会议本来应该就皇帝提出的特别税进行讨论，马格德堡的总理大臣梅尔克巴赫博士从侧厅步入会场并坐在了教士阶层的席位上。萨尔茨堡立即提出抗议；而原来的马格德堡大主教也在场，他大声喊道："我不能允许那位先生坐在那里！"梅尔克巴赫回答说，马格德堡有权获得席位，萨尔茨堡无权干涉，勃兰登堡家族不能因为大主教就被人责骂；梅尔克巴赫要求大家至少听他辩解。

大主教反驳说，这里并没有牵涉到勃兰登堡家族；但是他不能让自己的信仰受到侮辱。"所有天主教徒请离席。"他大声说道。

于是，就发生了12年前避免的一幕：天主教徒们开始迟疑了一下，但是在大主教再次大声重复他刚才说的话并自己退席时，所有在场的天主教徒从自己的座位站了起来，随着大主教离开了会场。

连宗教选侯们——尽管这和他们并没有关系——也离开了会场。

此次大会至此还没有完全解散；在场的世俗代表还都留在座位上，他们要求宗教代表回到会场，聆听梅尔克巴赫博士的辩解。会场外的宗教代表对此的回答是，他们更倾向于离开席位。

梅尔克巴赫博士解释说，自己是按照自己领主的意思，坐在席位上是理所应当的。人们应该想想，宗教代表们离席到底意味着什么？若是新教徒没有资格坐在他们身边，那他们也不配保留自己的位子。约阿希姆·腓特烈没有改革教区；是宗教和平协定改革了教区；所有人都知道他是下萨克森地区的长官，不允许他在帝国拥有席位是不可思议的。

但是宗教代表们坚决不同意；他们表示，宁可离开一会儿，也不能允许世俗代表坐在宗教代表席上。

会议无法继续进行；帝国会议面临解散的危险。不过闹到这一地步，马格德堡的代表还远远不敢；他们得到了约阿希姆的指示，不要破坏帝国会议,在土耳其人进攻到火烧眉毛之际,不能耽搁帮助帝国的决议。毕竟他不会同皇帝决裂。

可是这样的情况让皇帝鲁道夫以及他的顾问们无法在帝国会议期间实现其承诺,于是最终决定,马格德堡使团此次帝国会议也要弃权,皇帝必须发表声明,承认约阿希姆的管理权。正如原文件中所写明的,马格德堡使团为了皇帝的尊严和恩惠而放弃此次帝国会议上的席位;皇帝则声明,这一行为不会影响到马格德堡教区教长以及信众的权力,或者是对其管理者约阿希姆的权限有任何不利。

毕竟人们不想给皇帝造成麻烦;皇帝要求连续征收80个"罗马月"的特别税赋;但同时新教教区的权力又引起了争论。争论的焦点有关哈伯斯塔特,它所处的情况比马格德堡要好些,因为上次帝国会议中它成功地保留席位并投票。此次哈伯斯塔特全权委托不伦瑞克的使者行使投票权,对此宗教贵族表示反对。但是议员反驳说,第三者反对帝国赋予的权利无效。其他的参与者,包括斯特拉斯堡在内,也加入其中。

尽管约阿希姆没有能取得席位,但是他依然对皇帝的声明表示满意;因为皇帝没有对他的请求视而不见,尽管宗教局势有了变化,马格德堡大主教区只要由他掌管,那么在帝国内依然被承认,似乎有着光明的未来;况且该教区也并不孤单。

人们知道,这一席位最终没能实现,和到场宗教贵族们的抗议有关,若是马格德堡不退席,帝国议会则面临解散的危险;皇帝在这个问题上并没有反对。教区的管理者约阿希姆认为他从皇帝的声明中已经为自己的教区赢得了一定权力。教区确实归他所有,尽管暂时这一权力还无法执行。

因此这一事件具有普遍意义,它让新教教区找到了支撑点。新教的要求不再是水中楼台。人们有权询问,若是管理者或者其他贵族不得不放弃教区时,会有怎样的结果。似乎天主教主教还会回到教区,并按照帝国的习惯尝试着在宗教上确定规矩。

在如此众多的地区,主教们正在推行反宗教改革,其不可避免的反作用力,必然是那些新教乃至路德宗的地区对归还教区的厌恶;因为天主教主教不能允许堂区管理者是新教徒,这样一来天主教必然恢复。

如此一来,承认帝国议会席位,尽管并没有能行使投票权,对于新教教区而言是件好事;至少这一件事会暂时成为帝国司法习惯的一部分,也得到帝国的承认。

对于为新教权力得以实现而不断奋斗的众多仁人志士而言,这是不可或缺的前提。各公国此时的力量还不足以从根本上做出改变。这不仅是地方的事务,而是保持纯正信仰的必须。

人们不应该谴责神学上的争论;加尔文宗的反击对于北部德国路德宗为基础的地区而言是不可避免的。有时,限制是保护的一部分。

1597年的帝国会议

帝国宪法是帝国组成中最坚固的部分。

从这个意义上说它和英国宪法有些类似,不像法国和西班牙,宗教和世俗的巨头以不同方式联合;帝国宪法又有其独特之处,因为它构成了两个不同的级别：选侯和其他帝国贵族，两个级别中各自有宗教及世俗的成员。最重要的是选侯的认可；选侯全体会议中既有世俗贵族也有宗教贵族，自从波希米亚和皇权的关系密不可分之后，它不再参加谈判；这样一来选侯会议中的平衡至关重要。英国的宪法以下议院为重点，它代表着下层贵族的利益；与其类似的，城市所组成的代表大会，则是代表着所有城市的利益，而不是帝国境内所有人的利益。立法权，即为公共目的而进行的帝国税收的分配，则由帝国贵族会议来决定；皇帝提出建议，但能够使用税收的多少由最高级别两个全体会议来决定；城市们因此只具有协商咨询权：大多数情况下，城市们会服从帝国最高级别全体会议的决议；但是这并非是他们的义务。皇帝有行政权，但是行使这项权力需要各方的支持和配合。帝国宪法中本身存在的商讨以及采纳决议的难题，现在又因为宗教信仰上的分裂，导致各个阶层中出现了不同但是持久的利益斗争。我们注意到，只是因为势力较大的新教贵族——尤其是萨克森——坚决支持皇帝，在前面提到过的事件上自愿妥协，最终为帝国争取到了帮助——若是没有帮助帝国将面临灭顶之灾。

随着匈牙利与土耳其人作战的不断深入，对帮助的需要变得越来越迫在眉睫、不可避免。1596年苏丹穆罕默德三世宣布，自己要尽全力进行穆斯林的圣战：他曾经指着自己的佩剑和战马对被围困地区的驻军承诺，如果撤退的话他将赦免当地的居民；但军队撤退后，当地人却被残酷屠杀。那时他攻占了萨克森的埃尔劳。发生在沼泽中的迈泽凯赖斯泰什之战并未分出胜负，但似乎是土耳其人取得了胜利。这一战役打开了德国的门户；维也纳进入紧急战备状态，情况十万火急。

帝国会议中曾经发生的种种困难，那时让人们想到，或许可以把这种形式的军税制度废除。

在帝国纷繁复杂的关系中，区域联盟构成了特别的协作组织，尽管这些协作组织以帝国会议为样板，但是其中成员之间的关系往往因为互相比邻、相互依存而比帝国会议融洽且团结许多。这些区域有着自己的领导小组、名册、固定资产和独立的财政；对于他们而言最重要的就是区域内部的和平，但是他们的武器一样可以保卫德意志民族的祖国，保卫基督教世界。而且已经出现了这些区域为皇帝提供紧急帮助或军队，往往以月份来计算数量。属于某贵族祖产的地区，比如，萨克森和法兰克，此时已经成了少数，他们依然按照过去的制度为帝国服务。新教与天主教的差别在此不再重要。入侵的土耳其人才是敌人，新教徒和天主教徒一样奋起迎战最危险的信奉伊斯兰教的敌人。

由于帝国宪法的缺陷，出现了这种将抵抗运动地区化的想法。首先人们想到的是奥地利祖产各地的联盟。十个地区将联盟拟草案，决议一同抵抗敌人；这样的一个计划可能会带给帝国宪法新的能量；因为其目标不仅仅是几个地区在军事上互相帮助，而是成立专门的委员会，负责统一协调抗击的工作。这一委员会由这些地区的各阶层监督，也允许属于贵族祖产各地参加进来。新的想法开始传播，认为一直以来造成的混乱以及不断加剧的危险只能靠一位战术高超的将军来解决，他必须有足够的军力和财力。而这位将军则由最高级别的委员会授权并全力支持。

这个提议似乎是出自帝国财政总长盖茨科夫勒，他对现有体系的不足非常了解；贵族中对此表示赞同的是萨尔兹堡的大主教，以及那时依然是新教徒的普法尔茨—诺伊堡公爵。

但是在布拉格皇帝的宫廷，这样的建议是不会获得皇帝顾问们的赞同的。他们担心，如此形式的委员会将权力过大而成为帝国机构：委员会具有对军队的领导权，也对以帝国名义攻占的土地提出主权要求。此外新体制提供的救援可能比过去更耽误时间，因为委员会没有刑事权力，也就是说无法约束那些没有兑现承诺的人。

同皇帝一样，选侯们也认为应该保留现有体制，毕竟他们的特权是建立在现有体制之上的：在这一点上，普法尔茨比萨克森更积极反对。

对于帝国会议的席位之争，这一变化或许会有特别的意义，因为各地区的意愿构成了对帝国义务的基础，这样一来，非地区的行政长官将不能代表该地区参加帝国会议——比如，马格德堡的大主教。这样一来帝国贵族全体大会将失去意义。但是因此这项提议已经纳入帝国会议的议事日程，那么不可避免地又会重提已经两次导致破裂的老难题。皇帝宫廷的顾问们希望通过与天主教阵营的谈判能暂时搁置这一争议。毕竟会议的主要议题是应对土耳其人的入侵，对这一问题的讨论应该允许新教首领们参加——不亲自参加无法确定他们是否真的承担如此巨大的责任；天主教阵营则坚决表示抗议。

那些宗教贵族已经占得先机，把自己的利益和宗教捆绑在一起，这样的提议怎么可能通过呢？无论什么条件或者限制，他们都不同意新教首领们参加议事或者参加帝国会议表决；他们宣称，席位问题已经在帝国的古老结构中约定好了；皇帝想要新教首领参加的计划会动摇帝国的根基。他们对宗教和平协定的理解是，要在帝国议会中代表教士阶层必须经过教皇的认可。

  皇帝保证说，他的建议遇到了前所未有的阻力。若是要在帝国会议上有所进展，那唯一的办法就是，请求参加的新教贵族，请他们这一次也放弃自己的要求。

  为了达到这一目的，两名宫廷顾问施莱尼茨和乌尔姆找到与此事最有关系的两名贵族——勃兰登堡行政长官约阿希姆·腓特烈，以及不伦瑞克公爵亨利·尤里乌斯——他是哈伯斯塔特及瓦尔肯里德提名的高级教士。两名顾问各由一名萨克森宫廷顾问和勃兰登堡宫廷顾问陪同，以帮助他们完成请求。

  谈判的地点在两位王公的居住地——齐纳和格吕宁根举行。

  皇帝的顾问承诺，再次放弃教区席位和选票不会给教区带来不利；而且还让另外一方的偏见不会再出现；权利的分配是只有皇帝才能改变的事。

  这两位贵族首先表示反对。他们认为，目前的危及情况正是他们实现自己夙愿的最好时机；若是他们让步，最终到头来必然是得不到好处的——可能会出现的情况是，人们不仅忘记了他们的贡献，而且还把他们视作异端并被清剿；这件事还和不来梅、吕贝克、斯特拉斯堡和其他众多教区有关——这是有关所有新教徒的事件。早在选侯和贵族们会面时便讨论过这个问题；尤其对于下萨克森地区，在地区大会上这事是重要的议程；甚至该地区还专门写了通报。两位贵族也曾就此事给包括下萨克森地区的许多新教贵族写信商量，而最终大家达成共识。新教徒应该宣示自己在帝国会议中的席位。

  不过似乎皇帝的特派顾问给两位贵族留下了不错的印象，因为他们表示自己信任皇帝的承诺，而出于贵族身上重要的责任，他们愿意一切以帝国的当务之急为先，其余与此无关的可以搁置。难道萨克森和勃兰登堡不是帝国的一部分，不想保护自己的宗教并不断发扬光大吗？最终约阿希姆同意了皇帝的提议；在萨克森的选侯摄政约翰·格奥尔格的劝说下，他还是妥协了。约翰·格奥尔格毕竟是约阿希姆·腓特烈的长辈，影响力很大。1597年11月8日，约阿希姆写给皇帝的信中，再次阐明了帝国席位的重要性，并希望其立即得到实施；但是由于匈牙利的局势迫在眉睫，因着帝国为先的原则，加上皇帝的诚恳请求，他同意要求出席会议的代表放弃席位。

亨利·尤里乌斯公爵则没能被选侯说服，尽管他的母亲是选侯的侄女。他信任的顾问雅根曼火速从布拉格赶来，建议他此次还是放弃自己教区的席位；上一次帝国会议也发生了同样的事情，但是并没有造成什么影响。最后公爵写了一封抗议信，表示愿意支持哈伯斯塔特和瓦尔肯里德。

此次帝国会议鲁道夫也没有参加；他请求自己的兄弟马蒂亚斯做全权代理。而帝国贵族们也没有列席；马蒂亚斯的面前只有一群代表，1597年12月20日帝国会议正式召开。

他以皇帝的名义提出的要求，代表们不能同意；在天主教和新教阵营中他遇到了同样多的阻力。精明干练的萨尔茨堡大主教本来希望战争以另外一种方式进行，他认为，若要长治久安，战争不是最好的手段。他认为8个"罗马月"是比较合理的。新教阵营中有同意24个"罗马月"的，也有同意40个"罗马月"的；萨克森认为70个"罗马月"。主要靠着巴伐利亚公爵的影响力，大多数人最终同意60个"罗马月",并在三年之内付清。

这笔数目大约相当于550万古尔登,的确是一笔巨款,毕竟勃兰登堡选侯年收入不超过30万古尔登。除此以外,各地区还要提供援助,有人做过计算,在上萨克森地区五年之内援助金额就达到了100万古尔登。所有的阶级都抱怨自己被掏空了腰包并不是没有道理。帝国会议还通过决议,帝国政府有权对所有封臣——无论是宗教贵族还是世俗贵族——征收特别税款。大的教区和城市,无论其情况和习惯如何,也需要缴纳,若是拒绝缴纳者将双倍征收。

这时又提出了另外一个问题,各阶层是否应该承担帝国会议上多数通过的义务。萨尔兹堡大主教提出了这个问题,他认为帝国会议多数票通过的决议也不能强迫他交钱。还有一些宗教贵族,比如,奥格斯堡和艾希施泰特也表示赞同。大多数新教阶层也积极表示同意,尤其是普法尔茨选侯;因为资金援助应该按照每个阶层的经济状况自愿上缴,不应该强制。

前文提议中委员会面临的难题,现在帝国会议也碰上了。

在巴伐利亚公爵的努力下,少数服从多数得以贯彻,不论是在政治上还是在宗教上。他说,天主教阵营提出这个问题让他觉得惊讶,毕竟贵族会议中天主教徒占了绝大部分,新教徒本来就是少数派,可这决议是以多数票通过的。公爵要求每个人再次投票;奥地利有两票;尽管这样的情况本来不该被允许,但是天主教徒的票数多所以可以接受。他非常明白,现在天主教占多数的局面,对于帝国和他本人而言有着重大意义,因为他对大多数天主教徒都有影响力。

正是出于同样原因,新教徒也表示抗议;他们认为,这样的多数不应该在财政和宗教问题上做决定。他们抗议这样的决议，毕竟教士们需要缴纳的金额较少，而且不需要养家糊口；议会中大多数都是教士，通过这样的决议不公平，新教徒不愿意执行，这让他们想起自己曾经的要求全被否决。

帝国会议上两方的矛盾与日俱增。本应集中所有力量抵抗土耳其人；在雷根斯堡为大公的主保圣人举行的弥撒上，布道人宣称土耳其战争连连失利该怪那些异端。新教徒则反驳说，土耳其人能够攻城略地还不是因为教皇卑鄙的政策所致；教皇才应该对巴纳战役的失利负责。新教徒还谈到了前几次帝国会议的不公正；皇帝竟然不能在自己的职权范围内赐予权力，因为他不得不等待教皇的批准，但是这显然不正确，因为教皇还要皇帝批准呢。萨利安王朝和霍亨斯陶芬王朝也被称赞，因为他们在困难时期给自己民族的历史带来重大的意义。

新教教区要求自己在帝国会议中拥有全部权力，并不仅与他们自己息息相关，对于帝国而言也是必要的。帝国会议作为合法统治，不能忽略广大的低地德国，让他们在帝国中没有一席之地；这样帝国才能维护自己的统一，这也是皇帝的意愿。但从那个时代开始直至今日，教皇的权威在德国成了超越皇权的存在。

新教教区被排除在帝国大家庭之外，因为他们的教长必须有教皇的确认才算合法。帝国的政权在数十年中飘摇不定，帝国贵族会议的看法与教皇高度一致。不伦瑞克公爵为自己教区提出的抗议，被帝国总理部门驳回，有关席位的声明天主教阶层已经做出；他的要求已经得到了答复。

帝国中有着重大力量的一个阶层被排除在外，没有席位和选票；

剩下的大多数按照教士阶层的意愿把这个决议强加给他们，这怎么能让新教徒们甘愿接受呢？

新教徒本想让自己成为帝国权力构成中的一派，但是这一计划于1598年失败了。占大多数的天主教徒构成了主导力量。

在帝国会议后不久，不顾新教徒们的呼吁，亚琛被列为帝国不法分子，下令其改回天主教。

1603年的帝国会议

还有另外一件高规格事件对新教徒在帝国境内获得权力产生了负面影响。众阶层最大的法律机构——帝国最高法院，按照规定每年应该由贵族进行巡查；1588年本该轮到马格德堡行使巡查权，但是为了阻止马格德堡得到这项权力，帝国最高法院居然取消了这一年的巡查。虽然后来又举行了一次特别巡查，但是这并不应该取代例行的年度巡查。

而此时新教势力壮大了许多，已经强大到能够参与到地方最高法院的监管中来；这样，法庭也必然经历相应的改革。

一位罗马教皇使节的秘书给教廷写了一封信，强调该法庭对于宗教事务的重要性，并提醒教廷，若是新教徒在该法庭中占大多数必然对天主教不利。与帝国会议相同的转变同样发生在帝国最高法院。法院按照宗教和平协议应该尽量中立地协调新教和天主教的关系，公平地按照法律裁定；但天主教构成其成员中的大多数，新教徒尽量争取但是却没有成果。

新教徒的意图并非是想借用最高法院来获得宗教和平的解释权；

因为解释权只有皇帝和帝国才有，比如1557年和1566年，法庭就疑难案件两次请求帝国会议裁定——但是这一切到了16世纪末有所改变，在几个有关宗教事务的案件中，该法庭的审判变得不顾宗教之间的争斗而横断专行起来，不但不能达成和解反而激发了更多矛盾。

有四起事件虽然不太重要，但确实和每个人相关的事件都说明了这点。

加尔都西会的总巡视员起诉厄廷根伯爵，告他数年来一直侵占加尔都西会的一所修道院；加尔默罗休会的地区总管起诉希尔施霍恩的帝国骑士，因为他们侵占属于加尔默罗休会庄稼地的收成；斯特拉斯堡圣玛加利大修道院的修女们状告城市管委会侵占了她们的修道院。最引人瞩目的，要数斯佩耶尔主教起诉巴登—侯爵，因为弗劳恩阿尔布的女修道院院长改信新教而侵占了这个修道院。

在所有这四场纠纷中，法院全部判定原告胜诉；裁判的基础是1566年的帝国决议，其中规定，任何人被告破坏宗教和平，不论是谁，都会败诉。

新教徒们认为，这和帝国的阶层有关，与教皇有关联的高级神职人员，不会允许修士和修女们和更高或更低的帝国阶层打官司；甚至连主教也不能以他们的名义进行诉讼，因为在宗教和平中主教的执法权已经被废除了；因此他们只好求助帝国最高法院。

而天主教徒则因为1566年帝国的决议，完全没有顾虑地提起诉讼。

新教徒对此的应对是，他们认为自己从来没有这样理解这一决议，正如他们的对手也未这样理解一样。本来这一决议的措辞对于新教徒有利，但出人意料的是，这些措辞本身具有歧义；甚至连信仰新教的陪审员都判定原告胜诉。整个新教世界被最高法院的这种基调震惊了，不得不采取行动。人们想要通过协商，希望在某些案件中，最高法院也可以考察案件的性质：到底是涉及财产侵占还是涉及宗教问题。帕绍合约中对一直进行的教产没收进行了确认；后来按照宗教和平协议，宗教法庭对已经加入新教的地区不再具有效力，因此没收教产不断进行，尤其在德国北部已经基本完成了。但是在帝国的决议中，虽然并未对此进行禁止，但也没有直接表示支持。但是到了最高法院那里怎么会做出了对占帝国贵族会议中大多数的天主教徒有利的判决呢？有人做过统计，认为除了上面提到的四起事件之外，还有数百起诉讼也做出了类似的判决。相似的判决并非由于和没收教产的形式类似，而是没收教产这个事实。如此一来，诉讼成为两教分歧中的重要因素。新教徒不愿意接受自己无权参与的法庭判决。他们害怕，因为宗教之间的反感，法庭会在所有的事务上做出对他们不利的判决。他们发现，强制归还被没收的教产甚至威胁到了德国北部贵族诸国，可能导致其解体。比如厄廷根，到底在什么情况下，才能拿回被法庭剥夺的教产，这是亟待解决的问题；对于某些阶层而言，这意味着上百万古尔登的损失。最后很多人宁可迅速把钱花掉，也总比被没收剥层皮好。

  这一事件在政治层面上的影响巨大。若是人们问起，现代和古代相比最大的区别在哪里？18世纪、19世纪直到革命，最大的区别就在于宗教财产的存在或是废除，旧秩序建立在教产存在的基础上。尝试着夺回教产，赋予新教一些英国式的社区特性。同样的，人们还可以找到其中北欧国家权力的影子，比如，瑞典国王便是因此而产生的。

德国的新教贵族和新教阶层坚决不愿意归还教产，不管这教产是帕绍和约之前还是之后剥夺的。他们绝对不愿意是否归还教产的决定权落在一个法庭手中；只有帝国会议，但是也必须经过详细商讨，才能有这样的权力。

在政治的争吵中，人们总是能遇到这样的情形：靠法律判决无法解决。因为做出判决的一方，也牵涉到政治当中，对原告或被告的一方有偏袒。新教徒对天主教徒有许多不满，天主教徒对新教徒也是如此。出现争议时，是否允许帝国最高法院介入就有了非常重要的意义，毕竟这是和教产的产权有关。日复一日这个问题越发重要了。1601年，普法尔茨和勃兰登堡两位选侯联合许多新教阶层代表一起，在弗里德贝格达成协定，决不允许最高法院参与有关教产的判决。

沉静且热爱和平的约阿希姆·腓特烈，那时刚刚担任勃兰登堡选侯，他一直在努力实现健全的管理，能够在宗教—政治问题上比现行体系更有效地进行裁判。他作为大主教成功地维护了自己在教区内的权益。现在他开始关注教产问题；他希望借助关系也让萨克森站在他一边。至少他不会搞错，普法尔茨是信仰加尔文宗新教的。在一篇训谕中他这样写道：上帝知道，他是多么不喜欢加尔文宗，他是绝对不会加入的；但是他所面临的困难是所有新教徒的困难，必须着手解决，并且，在不采取极端手段的情况下维持住，否则敌对一方就会认为他们可以继续镇压新教徒。

为了这一重要的情况，1603年在雷根斯堡再次召开帝国会议。与上次不同的是，马蒂亚斯大公代替了他主持会议。这次大会的另一项议题是与奥斯曼帝国旷日持久的战争。

1601年夏天，曾经在多瑙河的一座岛屿上与奥斯曼帝国举行了和平谈判，但是最终谈判破裂。于是战争再度开始，双方各有胜败。

1602年，神圣罗马帝国皇帝尽管攻取了佩斯，但是却失去了塞克什白堡；进攻瑙吉考尼饶和布达被击退。土耳其人还是占了上风。马蒂亚斯大公在这次战争中为自己赢得了相当的名誉，认为对付奥斯曼人最有效的策略，不是和其对峙，而是采取迅速而强有力的突击。他在帝国会议上要求为匈牙利的一支大约2万人的军队争取军饷，为了能防止奥斯曼军队的进攻并能在冬天中有所突破。

帝国会议上人们并没有太多讨论这个要求，批准此项军费没有太大的困难；人们倾向于同意在未来三年中支付86个"罗马月"的军饷。对于皇帝的其他提议与会者也表示赞同，唯一不赞同的就是有关执法权的建议。这个问题引起了两大阵营激烈的争论，到底是否应该允许帝国最高法院审理有关教产的案例，成为争论的焦点。

在贵族会议中出现了一个提议，认为应该为此争论设立一个委员会。新教成员表示反对，因为无论以哪种方式组成委员会，新教徒始终占少数。但是最终这个提议还是通过了，委员会成员被指定好，当然新教徒不例外地占了少数。新教徒们开始时决定拒绝所有这个委员会做出的决议；但是这样一来，人们就会指责新教徒妨碍法制，因此他们没有采取这一方式；但是他们最后做出的决定却对事件有着巨大的影响。新教徒宣布不阻止该委员会履行其职能，但是不愿意完全接受其决议，包括其对前面提到四件事的裁决。

还有另外一番抗辩也正在进行中，内容涉及其余的投诉，尤其是对税收时骚扰选侯及贵族，以及拒绝帝国宫廷议会的流程。一些信教代表不同意他们的提议。交给大公的提案中没有萨克森、符腾堡、普法尔茨—诺伊堡以及巴登—霍赫贝格的签名。尽管这件事本身非常重要，但是在此时没有引起足够的注意。所有与会代表的注意力都集中在了7月8日举行的选侯会议上，因为届时将讨论帝国最高法院的权限问题。

在第一轮投票中，特里尔反对前面提到的四起有关修道院的裁决再进行重新审理；而科隆同样坚决反对重新审理；普法尔茨则与它们针锋相对，坚决支持重新审理。普法尔茨的使者提到，还有大约类似的100起案件等待重新审理；新教不会在这些案子以及那4件案子上让步。这些涉及宗教的案件与那些少数服从多数的情况不同；他希望不要因为这4件案子就阻止了另外96宗案件的审理，因为这会让帝国法律系统陷入瘫痪。

萨克森似乎支持，但是还没有明确表态。

勃兰登堡的使者说，他的领主勃兰登堡选侯也和这个问题有着直接联系；但是他认为，此事对整个新教阵营具有更大的意义。为了能不威胁宗教和平协议，帝国议会法庭也必须明确自己在宗教和平上的立场；他愿意提供帮助和支持，解决这个过程中遇到的困难；但是没有任何人在双方之间调停；在这种情况下他不可能和普法尔茨分开。

美因茨选侯永远都是最后发言，他支持科隆和特里尔。因为萨克森选侯依然举棋不定，因此未能形成多数票。教士与世俗，天主教徒与新教徒，又直接站在了彼此的对立面。第二轮投票每个人还是没有改变自己的意见。

特里尔提出建议，为了整个事件再召开专门的代表会议，科隆则补充说，上一次的帝国决议也提醒大家注意。新教徒表示，上次帝国决议是泛指，而这些特殊情况应该具体对待；他们也认为专门的代表会议不会解决问题，因为那里争论会更激烈。勃兰登堡的使者则提醒大家，若是召开这样的会议会让大家更深地陷入迷宫。

全权代表们互相之间的接触造成了更多的矛盾。新教徒坚定认为，天主教徒肯定不会把教产再给他们，因此更坚决地不让一步。符腾堡的使者本来持比较中立的观点，但是现在他坚决站在新教徒的这一边，谁也说服不了他。

所有人都在紧张期待着选侯会议最后的决定，这一决定将写成报告提交给皇帝。普法尔茨表示，应该在报告中主要写意见分歧，似乎不宜将其原因写明。但是最终在草稿中，有关原因的部分写得非常详细，而且是从天主教阵营的角度写的。除此之外，选侯们最终决定召开专门的代表会议，在这次会议之上讨论帝国会议的决议。

普法尔茨和勃兰登堡拒绝这种代表会议：他们对还未召开就已经知道结果的会议不感兴趣。因为帝国议会法庭接受这类案件的审理，就意味着它具有对宗教和平协定的解释权和认可权——而这并不应该属于帝国议会法庭的职权范围。

两位选侯拒绝召开专门代表会议只构成了少数派。萨克森使者在最终投票时对在场的人表示，似乎每个人参加会议是应该有保证的。但是另外两位选侯的使者并没有让他把话说完；普法尔茨的全权代表施塔肯堡的城堡伯爵沃尔夫·迪特里希便打断他说，他认为这样根本没有意义，他是不愿意参加这样的谈判的。说完他站起来走出了会场。勃兰登堡的全权代表舒伦堡的汉斯宣布,他同意普法尔茨代表的意见;普法尔茨的使团遇到他们认为不公平的事情时可以退场,否则可能会被人以为最终做出的决定他们也在场并赞同;说完后他也离开了会场。萨克森的全权代表赶紧去追离席的两位代表,因为美因茨选侯还有备选方案,或许两位代表会同意。但是这两位代表表示不想再浪费时间。他们问道,难道把他们当作小孩子或是傻瓜吗?两位使者带着他们的不满找到了大公,而大公早就因为这些棘手的事情向皇帝的宫廷发信征询意见,得到的答案却是模棱两可,允许他在此事上自由决定。大公对两位使者说,他认为会谈还没有结束,还有回旋商量的余地,他不理解他们为何一定要离席,并劝解他们再次耐心地与其他各方商谈。两位使者表示,若是参加会谈他们必然会陷入到不利的境地,因为作为大公面对一个多数票掌握在对方手里的情况,也没有办法干涉或者决定。

现在一切都取决于大公了,帝国到底会不会在这一事件上分裂。大公马蒂亚斯一直倾向于在两大阵营间调解,不论是在匈牙利、在德国还是在荷兰。但是对于他,抵抗土耳其人,维持帝国的统一也是必需的。若是一项帝国协议,以多数票通过并昭告天下,新教徒必然对此表示抗议,也会影响到其他决议的执行。

在这种情况下,大公最优秀的辅弼顾问特劳岑伯爵——也是一位坚持调解政策的人物——表示,他认为专门的代表会议不是解决此事的办法;皇帝应该亲自在选侯之间调解,或者在某次帝国会议上进行调解。大公也表示赞同这一想法,将此事暂时搁置,因此提议的第三点也就没有解决。在最终的帝国决议中写道:"司法系统应该等到判决不伤害双方权利之时再行事"。

普法尔茨和勃兰登堡也接受了这一决议。但是公开的决裂已经不再是秘密了，它再一次展现在世人面前；而分歧还是没有解决而又被延期，因为双方都站在无法原谅对方的立场上。

但是大公代表的皇权再一次在其中进行了调解。

1608年的帝国会议

人们并不清楚皇帝对于报告的态度到底如何。1606年夏天选侯们在富尔达召开的会议，并非是皇帝的意思；由美因茨发起倡议，此次非公开会面主要商讨选侯在帝国的义务，不过皇帝还是派出特派员。在会议上也对关键问题进行了激烈讨论：一个是新教教区在帝国席位的问题，是否只是允许教区首领，还是也允许教区管理者获得席位；而马格德堡现在的管理者勃兰登堡的克里斯蒂安·威廉尚未结婚，他的前任一直没有得到席位的重要原因就是已婚，现在是否应该考虑；另外还讨论到了那四所修道院的案件是否重新审理以及修道院是否离教的问题；普法尔茨和勃兰登堡一直坚持自己的意见，因为有关帝国最高法院职责的问题，决定一旦做出决定就关系到新教的生死存亡：若是允许最高法院解释宗教和平协定，那么新教肯定会灭亡；而且由于帝国宫廷委员会的压迫，新教徒在宗教事务上容忍度越来越低，不只是在帝国最高法院的问题上；城市们在这个问题上感到备受威胁，专门写了一封请愿信给选侯们阐明自己的担忧。尽管这些都在此次会议中被提及，但是新教的选侯们意见不一致——萨克森和往常一样有着自己独立的看法；意见都不一致，就别提达成什么协议了。最后选侯们还是像过去一样，等到将要召开的帝国会议上再决定。

按照过去的经验人们也知道达成协议似乎不大可能；然而最新发生的事件又让此变得更加不可能了。

1605年夏天，土耳其战争突然有了不利的转折，而且原因和遗产争执有关系——这一点和德国情况类似。因为天主教的恢复威胁了新教的存在，所以他们不参加反抗土耳其人的战斗；他们和斯蒂芬·博奇考伊*联合在一起，他要求奥斯曼对他统治的特兰西瓦尼亚提供保护。土耳其人迅速取得优势，攻占了佩斯和埃斯泰尔戈姆；为了能避免灾难，大公马蒂亚斯和众奥地利贵族紧急召开会议，决定和土耳其人达成和平协议——尽管这个协议对己方不利，同时和博奇考伊谈判，在匈牙利保证宗教的自由和和平。皇帝反悔，希望取消这一决议，而他寄希望于帝国会议。被皇帝视为敌人的马蒂亚斯不再担任全权代理的职务，他的表兄弟施泰尔马克的斐迪南被委任此职位——鲁道夫二世皇帝担心马蒂亚斯会和德国的新教徒们联合在一起，对帝国不利。

但是这样的委任又带来了怎样的反响。斐迪南在施泰尔马克强力推行反宗教改革并因此成名，新教徒们听到他的名字闻风丧胆；他也是许多修会最大的赞助人之一，是反宗教改革最主要的力量之一。

此外在多瑙韦尔特这座最小的帝国城市之一发生了一件事，有关财产归属的争议，却让整个帝国的新教阶层感到不安。

---

* 斯蒂芬·博奇考伊（Stephan Bocskai，1557—1606年）是一位信奉新教加尔文宗的匈牙利贵族。因对哈布斯堡家族在匈牙利王国推广天主教影响不满而愤而反叛，投向天主教的敌人奥斯曼土耳其帝国。为此，奥斯曼帝国特地从君士坦丁堡赠送他一顶贵重的王冠用以加冕为特兰西瓦尼亚亲王。最后，迫使马蒂亚斯大公在1606年签署《维也纳和约》保证匈牙利王国和特兰斯瓦尼亚拥有宗教信仰自由，由于对宗教改革推进居功至伟，瑞士日内瓦的宗教改革纪念碑上立有他的塑像。——译者注

多瑙韦尔特本来属于斯陶芬家族的财产，在康拉丁遭遇不幸之后，归属巴伐利亚公国所有；其后皇帝阿尔布雷希特一世夺得了归属权，使得这座城市属于帝国。在不停地争斗之中，这座城市成为帝国城市；在康斯坦茨会议上皇帝西吉斯蒙德赐给这座城市审判生死的权力，并且保证绝不会让这座城市孤立无援。由于其地处重要的商道，因此维护多瑙河的防汛工事、道路以及桥梁就成为多瑙韦尔特重要的义务，而这座城市也获得一系列特权，掌握了不少地产。皇帝马克西米利安一世非常喜欢这座城市；所以该城甚至为皇帝举行了歌咏大会。和许多高地的德国城市一样，多瑙韦尔特也受到了新教改革风潮的感染；市民和城市管理委员会决定信仰奥格斯堡信条，而且也严格恪守该信条。

但是在城中还有极受天主教尊崇的一件圣物，那便是救世主被钉的十字架的一部分；这件圣物确实为真品，包在带有希腊字母的袋子里，在以精美的君士坦丁堡制作的圣物匣保护——11世纪时它正是从那里来到了多瑙韦尔特，对于神圣罗马帝国而言是非常重要的圣物。保存这件珍品的是圣十字架修道院，享受和城市同样的特权；修道院是著名的朝圣地，数百年在这里不知发生了多少奇迹，直至16世纪还有发生，因此这里具有非凡的意义。

在新教改革的背景下，这座修道院慢慢破败了，已经濒临解散；城市希望把修道院的土地用作城市医院。医院是藩侯勃兰登堡的阿尔布雷希特因为战争得胜而赠送的。但是事情并非如此简单：这座修道院属于教产，按照帕绍和约应该归还天主教会，并且宗教和平条约也保证其存在。

数年来修道院和城市之间的关系还勉强说得过去；修道院反对宗教改革，和当地的新教徒产生了一些不快。不过1581—1602年，时任修道院院长的古斯塔夫·格隆格与城市管理委员会保持了不错的关系。该城市甚至拒绝了因戈尔施塔特大学提出的认为委员会应该作为修道院主管的提议。

但是17世纪初两者的关系开始发生了变化：修道院逐渐接受了反宗教改革的想法，尝试全面恢复天主教，很多耶稣会学校培养的人才在修道院活跃起来。新上任的修道院院长雷奥哈德，本来被选为院长时就招致城市的不满，他现在要求恢复旧的天主教节日庆典的辉煌。他得到了帝国皇帝全权代表格奥尔格·富格尔的支持，比如禁止新教徒臣下在天主教的节日工作，而且在城内修道院也不受城市的管理；修道院院长将提议写给了皇帝的顾问，1606年帝国宫廷顾问下令要求：若是城市干扰天主教徒节日庆典则必须缴纳罚金。

在一次天主教葬礼进行中，市长和城市管理委员会表示，他们还没有时间把自己的诉状递交给皇帝法庭。市政府方面也不想妥协。城市中一批年轻人担任公务员，他们深受新教感染，在邻近城市乌尔姆的支持下，决心将禁令贯彻到底；他们很快就公开违反皇帝的诏令，用所有的方式干扰天主教徒的各种庆典。

从这一阶段开始，小城多瑙韦尔特内部的争吵上升到了原则问题上。新教徒要求，皇帝的宫廷顾问没有对宗教和平协议的解释权；众多城市要求，城内的修道院不允许越过规定的界限。那些天主教盛大的节日庆典游行怎么能不引起新教徒的反感呢？

市长和城市管理委员会还在以比较温和的态度观察事态的发展。

随着每年一度的朝圣期临近,他们警告修道院院长,游行的队伍不要打出旗帜,这种新的庆祝方式必然招致新教徒的反感。本来修道院并不太赞同这样的游行方式,但是他们知道,按照皇帝的诏令,他们有权这样做,争取自己的权利成了重要的因素。1607年4月25日清晨,天主教徒按照计划开始庆典;修道院院长兼书记官格奥尔格·贝克是一位新近加入修道院的在俗修士——他曾经是富格尔家族*家庭神父的助手——走在天主教徒队伍的最前面,手中举着新装饰绣有十字架的旗帜,格奥尔格非常自豪地终于能在蓝天下进行庆典。他们出发时,遭到了一些新教徒的攻击,但是他们还是以特有的坚持完成了庆典;这样的庆典似乎带有些挑衅意味,自然会引起反响。但是在庆典游行队伍回到城门时,新教徒们拒绝打开城门,让他们进城,并声称不属于这座城市的不能进城——在游行队伍中有一位富格尔家族的女士,乃是格奥尔格的妻子——所有人忽然发现,他们被困在了内城墙和外城墙之间;新教徒用棍棒威胁庆典队伍;甚至还有人拿出了武器挥舞,或许更多是为了示威;站在城墙上的市长一看事情不妙,立刻要求大家冷静下来,但是没有成功;最终旗子上的十字架被扯掉,新教徒边咒骂边扔石头;幸运的是没有发生什么大事,内城门打开之后,队伍沿着小巷回到了修道院,没有人受重伤。

本来似乎不是一件大事,却激起了波澜。这起发生在多瑙韦尔特内外城门之间的冲突,成为争论和悲伤之源。

---

* 富格尔家族是15—16世纪德意志著名的工商业和银行家族。早期主要经营纺织业,后因向中欧的君主和诸侯提供巨额贷款而获得了许多矿山的开采权和货币铸造权,并参与新大陆贸易和开采美洲的贵金属资源,16世纪初家族的财富和权势达到顶峰,其银行业取代曾经辉煌一时的美第奇家族,成为16世纪上半叶西欧基督教世界最富有的家族。——译者注

帝国宫廷顾问认为，这是严重违反和平协议的事件。为此多瑙韦尔特的城市管理委员会做了深刻道歉，新教贵族的说情也没能在布拉格造成影响。1607年8月，帝国宫廷顾问正式对多瑙韦尔特下达藐视帝国判决，强制执行的帝国决议；但是执行者被指定为巴伐利亚公爵马克西米利安并非是该城市所在的施瓦本地区。

多瑙韦尔特欣欣向荣，应该感谢出身奥地利和卢森堡皇室的保护，保护其不受巴伐利亚公爵的侵占；但是帝国宫廷顾问此时将所有帝国的威武和领土主权的重要性置于脑后，坚决要求自己在这起宗教纷争中的决议得到执行。他似乎没有想过，执行该决议的是终结多瑙韦尔特的帝国城市的地位、有主权要求的巴伐利亚公爵。帝国境内没有任何其他贵族像他一样有着这样的想法。马克西米利安公爵因为宗教、法律和领土上的利益，很快便开始了行动。公爵立即派出几名信使乔装成修士来到圣十字修道院，以参观的名义要求修道院院长参观该城；他们登上了高处，信使们熟练地记录下了城中所有防御工事的位置；院长还对交到新朋友感到很开心。城市中充满了恐慌的气氛，更让大家无法搁置争议；而且这种恐慌还造成了该城不愿意屈服的假象。帝国宫廷顾问和公爵之间达成协议，决定毁掉该城。宫廷宣谕官再次来到了城中，再次宣布其藐视帝国的罪名，并要求其悔改；最终多瑙韦尔特面对气势汹汹前来强制执行的帝国军队根本无力抵抗。在1607年12月被攻占后，该城必须签署投降协定；协定中规定必须将教堂归还天主教徒使用，并且严惩所有违反帝国命令者。

巴伐利亚的军队并没有立即解散，人们非常担心这支军队会进攻纽伦堡或者乌尔姆，这两座城市都曾经撕毁过藐视帝国的裁决，这当然是对皇帝威严的侵犯。

是不是所有的新教阶层都会受到这样的待遇？难道任何地方不是都有像多瑙韦尔特居民中这样的争吵？对于其他所有人都有可能贴上藐视帝国的标签，这一程序并非那么正式，却有严重后果。耶稣会教士公开布道，现在是消灭异端的时候了；他们既有资金又有武器。

与这件事几乎同时发生的就是，帝国各阶层的全权代表正在附近的雷根斯堡召开帝国会议。所有人听到斐迪南担任此次皇帝帝国会议的全权代表时，担忧便加剧了。就连萨克森，这个一直亲近皇帝的代表团，都对这项任命表示不满。

就是在这样不太有利的局势下，帝国会议正式开幕并开始了议事日程。

1608年1月12日，斐迪南大公以皇帝的提议作为此次帝国会议的第一项议题，该议题是有关召集一支军队驻扎在与土耳其交界的边境上；不过这一提议几乎无人响应。大多数感到非常开心的是，为战争征集的特别税收终于可以停止了。征收特别税在很多新教徒看来似乎带有一些宗教意味；土耳其人为什么会支持匈牙利？匈牙利人又为什么会倾向于土耳其人？唯一的解释就是新教徒的怨气不断增加。是否应该同意皇帝的申请呢？那不是要对同样是新教徒的人开战？是否应该允许皇帝拥有常设军队呢？这样做只会有一个结果，那就是镇压帝国内部各阶层的不同意见。即使德国皇帝不这样做，那也会很容易地出现一位将领，让常设军队为自己服务。

似乎一切都在向着对新教徒不利的方向发展着。这是一种普遍的危机感，甚至连萨克森的使团都感觉到了这一点，于是他们向与会的其余新教徒保证，大家同心合力避免这样的局势发生。

他们想到的第一点，就是要改变帝国的协商制度，尤其重要的是司法系统中有关的几点。只有废除帝国议会法庭对宗教和平的仲裁权才能保证安全。虽然他们不愿意修改大会议事流程，但是他们决定，若是这点没有解决，他们也不会允许会议在其他事情上做出决定。

在对第一个问题进行商讨时，尽管这个问题主要涉及外交，但是有关内部事务的讨论也全面展开。

在选侯们的会议中，宗教选侯们要求继续对土耳其人的战争；他们认为匈牙利是帝国的叛徒。普法尔茨选侯和勃兰登堡选侯反对这种说法；他们认为匈牙利曾经为帝国在防御土耳其人上立过汗马功劳，人们不该忘记这一点。若是因为宗教原因而镇压他们，很可能导致匈牙利倒向土耳其，这样帝国就要面对双重敌人。尽管萨克森选侯在这个问题上不像普法尔茨选侯和勃兰登堡选侯那么观点明确，但是萨克森强调了帝国内部事务的重要性。萨克森的使者们宣布，他们不会批准任何军事援助，若宗教和平协议没有再次得到帝国确认的话；人们听说耶稣会士居然否认该协议，新教徒需要知道，到底谁还支持这一协议。

让众多新教徒担心的缘由是，耶稣会士不顾宗教和平协定——毕竟这一协定教皇并未批准——认为新教徒按照教会传统的规章来看，并没有真正的基督徒身份，因此应该用火和剑消灭他们；萨克森的使者认为，这些措辞让人想起了曾经在威尼斯和英格兰发生的那些摧毁修会的事件。不过在选侯会议上的问题于此无关。对于宗教选侯们而言，他们并不同意取消宗教和平协定；他们很容易就否定了这一点。

在世俗选侯们的一再坚持下，仔细地讨论之后，选侯们做出了如下决议：全体选侯认为，对1555年的宗教和平协议——1557年、1559年、1566年又进行了修改并成为法律——由帝国再次重申确认，以反对那些诋毁的文字，并非没有益处。其中诋毁的文字就是对耶稣会士的攻击进行了回应。新教徒们对这个决定表示满意。

而最重要议题的讨论才刚刚开始，在贵族全体会议中，大家对这些问题争得不可开交。

有关土耳其战争，大多数贵族倾向于同意继续抵抗，并且提供给皇帝所需要的任何帮助；占少数的新教徒则认为应该维持和平，并且在匈牙利推行宗教宽容政策。奥地利的代表对新教徒的代表们说，他们会为自己投反对票后悔的。

这样大会继续进行。

少数派的反对并没有得到重视，在草拟大会决议时他们也保持沉默。事实上这些少数派非常有影响力，包括18张贵族和伯爵的选票；代表们尽管进行了公开的反对，但是没有取得成功。

贵族全体会议的大多数与会者对选侯会议决定重申宗教和平协议的答复让人感到惊讶。他们倾向于认为，在宗教和平协议实行以后，许多教士被剥夺了财产和教区，应该在归还他们或者承诺归还的前提下对和平协议再次进行确认。但这不正是新教徒们最害怕的事吗？正是因为归还教产和教区，他们才反对帝国最高法院的仲裁，因为新教徒认为帝国最高法院一直会做出相同的裁决。他们也没有预料到，贵族全体会议的多数会这样认为。

我们看到，实际上大多数贵族也对这样的决议感到惊讶；但关键的是马克西米利安公爵的决定。贵族全体会议的决议几乎和大公对自己使团的训谕相同。

马克西米利安赢得了当时所有摇摆不定的贵族的支持。我们不妨花一些时间来了解他的看法。

他的父亲威廉是一位虔诚的天主教徒,却在家政上疏于管理,政治上也并不强势,最后因为手头拮据陷入窘境而退位把政府交给了儿子——而马克西米利安天生就是省钱高手,擅长开源节流,而且实行对帝国统一有利的政策。父亲总是在家庭中间接影响了大家的信仰,这包括他的儿子马克西米利安以及女婿格雷茨大公斐迪南。当然在因戈尔施塔特上学的这两个人也有自己选择的自由。马克西米利安不到20岁就拜访过罗马,和罗马教廷的关系非常紧密。教皇克雷芒八世不久后给他写信,称赞他目光炯炯有神,他对教廷的尊重给教皇留下深刻印象,而他参观那些为我主所启示的真理而勇敢殉道圣徒的纪念地,表现出真挚的感动。这位心思缜密的教皇是那个时代政治中最重要的人物之一,很早之前他就将圣诞夜祝福过的帽子和宝剑送给了马克西米利安,希望教会能战胜敌人。在他掌管政府时,教皇甚至为马克西米利安举行庆典并亲自祝圣,并要求他效忠慈母教会。教皇的信笺中充满了慈父的爱心和私人的关怀,还有对家庭成员的祝福。从西方教会中最高元首发出的信件让马克西米利安如沐春风,从心底热爱教会。曾有一次,教皇希望解决一个马克西米利安邻近贵族家庭中的危机事件,他希望保持天主教贵族的团结一致。那时马克西米利安已经担任公爵,他非常积极地帮助教会解决了争端。在他无数的书信中,马克西米利安蔑视并憎恨宗教改革,他认为改革者篡改了基本教义，并称他们为可怜的异端。这些的确是他本人的看法，而且这些看法确实给他带来了好处。比如他平定了一座从他家族财产中独立出去的帝国城市的反叛，证明了他手下军队的骁勇善战。对于他来说，现在正是时候团结所有和他有着共同目标的宗教贵族，和他们一起在帝国会议中构成多数派并且成为这个派别的领军人物。刚才我们看到，他影响贵族全体会议通过了决议，让那些和多瑙韦尔特有着相似经历的地区备受威胁。

接下来的问题是，全体选侯如何看到这一决议，是否会接受它，毕竟它将构成帝国法律的一部分。

世俗选侯坚决反对这一决议，前面提到过，他们是希望宗教和平协定在一定的前提下得到确认，而这项决议等于宣布该协定无效；毕竟帝国内的新教徒已经形成了联盟，而宗教和平协定也已经实行数年。

美因茨认为，毕竟是帝国贵族全体会议中多数票通过的决议，不管其内容如何，必须做出正面回应；况且大公还有最后的决定权。但是大公最终的决定，新教徒却并没有抗议。他们越来越意识到，在宗教的争论中，多数原则并不适用；投票结果并不能决定有关4座修道院案件的审理结果，更不会消除人们的疑虑。人们看到，这是危险游戏的开始。新教徒们一致宣布，他们不再参与任何讨论，而是等待结果。

分歧如此严重，以致到了危险的地步；有人将事态火速报达布拉格朝廷，请求皇帝的意见。但是朝廷认为，危险还没有到爆发的地步，需要担心的是世俗贵族们远离皇帝并站在了马蒂亚斯大公一边。此次帝国会议没有任命马蒂亚斯作为皇帝的全权代表，正是出于这种顾虑，甚至连马蒂亚斯写给帝国贵族的信件也被拦截了下来。为了能防止这一可怕的联盟，采取任何手段也在所不惜。

一位奥古斯丁修会的米兰西奥修士是教廷特使派给斐迪南大公的助手，他向大公保证，皇帝愿意承认不添加任何条款的宗教和平协议——毕竟那些添加的条款对皇帝不利——皇帝愿意为此颁布政令；米兰西奥修士还保证，通过他认识的宫廷助手在其中斡旋，搞到此法令不是什么难事；既然此次帝国会议上已经有人要求，斐迪南大公本人也同意答应与会者们的要求。

不过最终米兰西奥修士自己否决了这个计划；他对大公说明了自己对教会应尽的义务，因此希望皇帝的法令首先得到教皇的确认后，再进行公开。很快教皇就写了5封信笺，1封写给大公，3封写给宗教选侯的使者团，第5封写给雷根斯堡大主教。这位大主教按照奥古斯丁修士的说法，就是能影响贵族的那家伙。那时恰好有一篇他的文章在贵族间流传，其中他要求德国境内所有的教士阶层团结起来对抗新教徒。在斐迪南周围的世俗贵族中也有许多人支持这一观点。首先值得一提的是皇帝的秘书汉尼瓦尔德，马克西米利安在多瑙韦尔特的问题上能如此强硬，皇帝宫廷中的支持者便是他。大公和他暂时住在加尔都西修会的修道院中，他对此非常开心；甚至有一次他还开玩笑说，自己喜欢生活在巴伐利亚的"铁腕"之下。尽管他没有宗教狂热，但是他站在天主教阵营一边。有一次他多喝了些葡萄酒，对周围的人说，对待新教徒的贵族不应该向查理五世那样；他们若是不妥协，就应该砍了他们的头。曾经他对皇帝建议，应该审判马蒂亚斯貌视皇权并按照帝国法律判刑。他一度力主皇帝实行此事。

在这些因素的作用下，斐迪南大公没有改变心意；选侯中的宗教选侯也坚持己见。

但是之后出现了一条请求，是新教徒从一开始就讨论的，占多数的宗教贵族再就教产问题进行攻击则不得参加大会议事。在全体选侯面前，新教徒要求此决议应该由帝国贵族全体会议讨论并批准通过为法律。

美因茨的议员们坚决不同意这样的要求。本来在新教徒的提案中暗含着贵族全体会议的批准；而似乎贵族全体决议也接受了这一请求。他们要求，任何人不能又将已经信仰新教的教区再转变为天主教。选侯中的三张世俗选侯票不愿意改变新教徒草案中的要求。于是激烈的争论开始了，最后导致议事者不欢而散。

帝国中最重要决策机关之一的选侯全体会议就这样分裂了。在宗教和平协议达成后的许多年中，正是靠选侯全体会议协调各种纷争，维持了帝国内部的和平和统一。

毕竟宗教和平协议不是固定且结构严谨的帝国法律。公共秩序取决于领导者们之间的共识，一旦这种共识消失，争执必然再起。一个由法律学者组成的权力机构深受某一神学倾向的影响，并不能治理国家或者帝国。若说此前萨克森的中立政策一直起了调停作用，保持了选侯的团结；现在的情形导致萨克森决心倾向新教一方。

在帝国贵族会议中奥地利作为首领一直起着类似的作用，但总会支持多数派的一方。新教的贵族们提出自己的异议，但由于票数不够而被否决。勃兰登堡使者在报告中写道："用一句话来说，就是帝国贵族会议中的分裂情况不会比选侯会议中好到哪里去。"

这种争吵，像我们看到的那样，不是有关措辞或一时的规定，而是两大阵营最大的利益和普遍倾向的矛盾。

新教徒要求至少能够保留帕绍和约之后所有得到的教产，不允许其领土主权的要求受到威胁——这也是宗教和平协定中规定的；天主教徒则要求按照多数原则，帝国决议应该得到贯彻执行。他们认为教会的财产不应该被侵占，而信仰和平协定应该只不过是一时的妥协。

为了能让会议的谈判继续进行——毕竟这也是此时唯一的办法——大公建议大家接受过渡协议，在这个协议中，1555年的宗教和平协定得到确认，但是还有一些让新教徒备感担忧的规定。过渡协议中规定，承认1555年的宗教和平协议及1566年的再次确认，而天主教在教产问题上的要求正是基于同样的基础，那么这一过渡协议引起新教徒的反感也就不足为奇了。过渡协议中还建议，把新教徒的要求地方化，而不在帝国内推而广之；新教徒认为这正是他们坚决想要拒绝的条款。最后，过渡协议还建议在表决时遵循古老的习惯，采取不记名投票；新教徒认为此举还是维护天主教徒作为多数派的利益，也是他们坚决反对的。在过渡协议中也缺少对于帕绍合约的确认以及一些诋毁新教言论的禁止，还有限制皇帝宫廷的干预等内容。

大公的建议使用如此温和的语言，若是在各地新教贵族的宫廷那里似乎不会被拒绝，而且与会者要防止帝国会议破裂，它象征着帝国统一；可惜的是新教的使者们已经受够了被压制的氛围，他们一致表示反对；当他们得知这份过渡协议由汉尼瓦尔德起草时，这种反应也就不足为奇了；新教徒们还听说，皇帝宫廷的另一位助手罗德，看都没有看就否决了它。

大公本人也同意天主教阵营的看法。他在信中写道：新教徒把大家引向了一条双方根本无法合作的道路上；尽管违反宗教和平协议的规定，他称新教徒为异端。在马蒂亚斯大公的影响下匈牙利的局势变得异常复杂，皇帝没有任命他作为此次帝国会议的全权代表非常正确，否则这样的局面正是马蒂亚斯求之不得的。

甚至连皇帝宫廷的态度也让大公感到怀疑；他说，他不会让他们牵到冰面上去；他认为帝国会议应该光明正大地采取行动；帝国会议的决裂比宗教上危险的行为要好得多。

这位皇帝全权代表的想法，影响了帝国贵族全体会议，致使其坚决不更改决议。而在选侯们中间有种意见也越来越明显，那便是城市并非是宗教和平协议的对象，且少数服从多数的原则普遍有效——即使是在信仰的问题上。

让意见分歧最严重的，便是多瑙韦尔特遭到帝国强制执行。甚至连天主教的选侯都不同意这样的做法，那么新教徒从其中看到的是暴政，这一暴政会雇佣外国军队来镇压自己的人民。此外还加上一条，对多瑙韦尔特藐视帝国的判决就张贴在雷根斯堡市政厅的布告栏里，这仿佛是对新教徒的威胁，让他们牢牢记住这一点；他们被称作禽兽，他们的教堂被视作魔鬼的贼窝；这些形容出自大公本人；大公也是听着这样的布道长大的。雷根斯堡本身也非常危险，这座城市失去了所有勇气；他们曾经申请保护，却连保护措施都无法相信。人们终于发现，奥地利皇室家族内部的争斗并没有像人们想象的那样，让天主教徒和新教徒能够和平共处；新教徒总是认为有一个敌对的联盟正在他们看不见的地方威胁他们。又有小道消息传来，巴伐利亚正在全面武装，这让新教徒们异常害怕；或许雷根斯堡也会遭受多瑙韦尔特相同的命运，那参加会议的新教徒将亲历这一切。

这一切的一切导致新教徒毅然决然和帝国分裂，离开了雷根斯堡，离开了帝国会议。萨克森派出的使团对此没有提出异议，认为这是适当的反应，但是似乎他们还在犹豫是否加入离开人群的行列。正是这种模棱两可让人们更加毫不迟疑地做出决定。

新教徒们最终做出了决议：所有发生的一切都证明，他们做什么都于事无补且毫无用处，对于德意志民族是可耻之事，他们再也不能被人牵着鼻子走了，而是要勇敢面对。他们再次将所有的控诉进行了总结，并在大家面前宣读；所有新教徒表决并签字。他们把这份控诉书交给了皇帝的全权代表，也知晓不会从他那里得到答复，立即离开了雷根斯堡。这一天正是1608年4月27日。

斐迪南大公好言相劝，希望大家等待皇帝的决定，然而却毫无意义。参加会议之前，他曾经认为此次会议的结果，必然是在激烈讨论后少数服从多数，并达成决议。皇帝的宫廷虽然亲天主教，但是也不想排斥新教，此时也束手无策。本来对于皇帝而言最重要的就是军饷，现在他只能宣布帝国议会休会。

皇帝要求预支已经批准的军饷，并要求所有与会代表迅速返乡，将皇帝的意愿传达给所有人；同时他也希望已经退出会议的代表们能互相转告。

在皇帝的回复抵达雷根斯堡的那天，斐迪南大公也离开了。

新教联盟和天主教同盟

帝国会议就这样无果而终了。帝国各阶层在会议上所获得的权限越笼统，那么就意味着，他们之间的分裂越来越严重。

皇权建立在帝国内各阶层协同的基础上，但是因为多瑙韦尔特的强制执行，加上任命费迪南大公作为皇帝全权代表参加帝国会议，显示出与前几任皇帝的政策明显不同；但是面临这样的分裂，皇帝也表示非常震惊，因此希望能够重新赢得新教各阶层的支持。新教徒不愿意接受帝国贵族全体会议中少数服从多数的原则，会议中新教徒退席并未违反宪法。

但是不可避免的，在权威出现真空时，两大阵营开始互相指责。

新教徒早在数年前就曾有过讨论，是否形成攻守联盟，用来对付天主教徒——不过最终局势并非如此危急。一度路德宗和加尔文宗之间的争吵，加上萨克森和普法尔茨之间的不睦，导致这一计划并未成型；除此之外组建联盟也并非必须，毕竟帝国还支持新教。

多瑙韦尔特事件后，加上占多数的天主教徒阵营的清晰敌意，而皇帝也并未采取措施，这样的情况下，结成联盟势在必行。在帝国会议召开之时，新教代表已经在讨论此事的可能性了；但是只不过是高地地区几个贵族的意思，并没有变成普遍新教世界的联盟。

1608年3月在斯图加特举行了一次新教代表会议，参加这次会议的，有信仰路德宗的巴登侯爵腓特烈和纽因堡的行宫伯爵沃尔夫冈·威廉，加尔文宗一方则有代表普法尔茨选侯的安哈尔特的克里斯蒂安。他们达成协议，面对天主教不断取得成功的反新教改革，建立攻守同盟。刚刚上任的符腾堡公爵约翰·腓特烈支持这个同盟，出于一个重要的理由：他并没有得到皇帝的认可，因而在帝国议会中没有席位和选票。而作为施瓦本地区的最高级别统治者，多瑙韦尔特事件的确让他颜面尽失，何况符腾堡的宪法中没收教会财产是理所应当的事。在符腾堡公国的会议上，公爵对到会的各阶层表示，帝国会议上的决定将会对他构成直接威胁、未来前景也将变得晦暗，所有到场者自然也明白，这样的命运或许也会降临到自己的头上。尽管他们并非没有考虑后果，但是想到这些危险还是同意了巴登和纽因堡的计划。符腾堡公爵也有些担心，毕竟私自结党可能会让帝国剥夺他的职位；但是面对威胁他只好参加联盟，但是他提出一个条件：只有与他关系亲密的普法尔茨选侯、法兰克与勃兰登堡两位藩侯一同参加的情况下，他才会参加。

没有任何贵族像普法尔茨选侯那样感觉到加入这样的联盟的必要性。出于对侵占而来的修道院财产被重新剥夺的忧虑，加上听说波希米亚和巴伐利亚都在增加军备，普法尔茨选侯决定全境内进入备战状态；为了能更好地达成目的，需要团结周边的力量结成"共同的地区救助"（这的确是选侯使用的词汇）。安哈尔特的克里斯蒂安则提出自己的看法，他认为不应该结成总联盟，因为这会造成许多困难；应该成立的是一个私人联盟，具有特别性质，只是在受威胁且相邻的新教区域才有效。人们假设首先发起攻击的必然是巴伐利亚的维特尔斯巴赫家族；而普法尔茨的维特尔斯巴赫家族则负责反抗。为此特别在斯图加特举行了会议并达成一致：所有参加的贵族都要在沃尔尼茨河附近的安豪森的修道院中集合，最终完成结盟计划。帝国会议上发生的事情促使大家团结一致。

1608年5月12日,这次会面如期举行。安哈尔特的克里斯蒂安,这位联盟的发起者,和巴登侯爵一起到场,两人已经达成一致。符腾堡约翰·腓特烈公爵、安斯巴赫的约阿希姆·恩斯特以及纽因堡的两位行宫伯爵——犹豫不决的父亲最终被儿子说动——也参加了进来。他们还带了一些武装随从和参谋。在克里斯蒂安的建议下,参谋们没有出席第一次谈判,贵族们一大早就开始了会谈。克里斯蒂安首先要求在场的所有人对此次会面绝对保密,然后他说,对于他而言,此次联盟最重要的有三点:将个人的利益放在第二位,维护祖国的宗教和自由;还有一点是促进宗教改革和自由;已经有许多阶层受到了攻击,危险已经迫在眉睫。他制定的联盟草案,并没有立即被大家全部接受。纽因堡一方也提出了自己的意见,其中也包含了许多有益的章节。这两份草案在下午举行的扩大会议中,在众多顾问的帮助下合并成一份。安哈尔特的克里斯蒂安称赞所有人的勤奋和干劲,到场的贵族更是如此;自己思虑已久的计划今天终于实现了。

让这些贵族结盟的并非是他们有什么长远的企图。因为他们之中的每一个人都曾经面对控告,曾有像针对多瑙韦尔特那样的针对他们的政令,也曾面对帝国强制执行的压力。因此他们想要先下手为强。

在安豪森发生的,可以说是1537年施马尔卡尔登的延续。为了调解两大阵营而建立的帝国机构,并没有能发挥足够的作用,有些人想保留它,有些人则想要应对这种不足。人们并不是想要废除帝国执行的秩序。若是有谁受到攻击,会先向周围发出警告;但是一定要形成联盟,有统一的指挥,并做出财政预算,最重要的是站在受威胁者的一边，哪怕没有提供具体的帮助。

值得注意的是，对于教派的理解又再次凸显出来。安豪森的会议中大家抱怨最多的，就是没有人能够搁置争议，而只是在不停地争吵，互相诋毁和指责——这样的布道和文章不知道有多少。曾经普法尔茨和符腾堡就是这样联盟的；若没有宗教上的认同，这种政治上的联盟不可设想。

与那时最大的不同便是帝国强权的状态。施马尔卡尔登之时，新教徒遇到了五百年来最强大的皇帝，现在则是遇到了五百年来最昏庸的皇帝，对兄弟开战并侵占了他的土地。

与此形成对比的是天主教的势力；那时因为天主教对帝国的贡献，受到查理五世的维护，之后又一度被限制，现在则成为一支帝国事务中影响力最大的力量。黑尔德的马蒂亚斯所创立的系统被巴伐利亚公爵马克西米利安一世固定成为机制。

当他组织军队进攻多瑙韦尔特时，他的兄弟科隆的助理主教对他说，应该让这座违反帝国命令城市的新教管理者与天主教达成互不侵犯协议，这样一来双方就知道界限在哪里，也知道能在多大程度上可以信赖对方。在新教徒结成同盟的同时，雷根斯堡帝国会议在新教徒退出后，剩下的天主教徒也在讨论是否结成联盟。在后来数个月的讨论之后才最终决定建立天主教同盟。1609年6月，马克西米利安和施瓦本的教士阶层、奥格斯堡和康斯坦茨主教、肯普滕修道院院长和埃尔万根修道院院长，同时还有帕绍和雷根斯堡的主教，结成了和新教徒贵族们类似的联盟。皇帝和奥地利家族都没有参加。巴伐利亚公爵担任联盟的首领，尽全力扩展该同盟并争取欧洲所有天主教力量的支持。马克西米利安认为自己是天主教的急先锋。因为他毫不犹豫地对多瑙韦尔特的异端动手,他也成为新教徒憎恨的对象;这种情绪后来成了新教徒憎恨所有天主教徒的基础。

教廷尽全力支持马克西米利安。在保罗五世写的一封公开信中,教皇站在了公爵的角度,好让所有的教士和普通人武装起来,保护好被新教徒公开威胁的巴伐利亚公爵。教皇宣布马克西米利安在有关此事所达成的所有协议均可以免于教会的审查。因为教皇是上帝选出来领导教会战斗的。

就这样,两种信仰的核心分别出现了志向相反、具有完全不同的政治属性,但是都出于宗教信念组建的联盟:其中一个根植在西方基督教千年传统之上,另外一个则要捍卫宗教改革时代的精神——两个在地理上相近贵族结成的阵营,不再属于帝国法律体系,赞同暴力,意图就是与对方斗争;拿起武器,战胜对手,在他们看来是合情合理的事。

并不是所有的教徒都参加到这种对峙中来。我认为,当时的帝国有五个派别:新教联盟、天主教同盟、新教不满意者、天主教不满意者和皇帝;或者也可以说:两大宗教联盟——他们都对皇帝不满、组建军队自我保护的帝国各阶层,最后还有皇权。

第二部分

皇权由德国的哈布斯堡家族老系转向新系

皇帝鲁道夫二世

维系帝国统一的帝国会议在两种截然相反意见的斗争中不欢而散后，在我看来，双方都在寻找最高统治者——神圣罗马帝国皇帝。

鲁道夫二世在布拉格的宫殿中开设了一个博物馆，还专设了工坊来进行科学和技术工作的研究，皇帝乐在其中，还亲自参与纺织。

那时的波希米亚和摩拉维亚，由于不受任何国家和民族的控制，形成了独特的文化；这种文化的形成，一方面与王朝和西班牙、意大利、德意志帝国以及荷兰等地的联系有关，另外一方面则与新教的发展有关——带有民族性局限的教会区别于罗马大公教会的普遍形式，而且还结合了法国宗教改革的特色。齐洛廷、罗森贝格、珀尔施泰因、迪特里希施泰因这些贵胄的宫廷都是高等教育的中心，外国的学者和艺术家在这里很受优待，这些王公贵族也带有某些野心，热衷于收藏文学和艺术的瑰宝。在鲁道夫二世治下的布拉格城堡区（Hradschin）是这些文化中心的佼佼者。四座大厅和无数座陈列室中，鲁道夫建立起了一个收集五花八门奇珍异宝的自然和艺术收藏中心。这个博物馆可谓是集大成者：既有世界各族博物馆还有动物博物馆——馆藏要归功于航行世界的西班牙冒险家;一座军械博物馆,可以媲美绿色穹隆的珍宝馆,图书馆,古董收藏和绘画收藏。按照西班牙和意大利使者的记载,各国使臣们都尽力讨皇帝开心,努力收集各种稀罕物件。罗马有专人负责给皇帝寄送待售的收藏品样本,比如卡萨·切萨里尼,正如其中记录的:"大理石古雕塑、一些小铜像,都是一些异教徒的物件";当时西班牙格兰维拉大主教的遗产以及安东尼奥·佩雷斯的收藏正在拍卖,这引起了皇帝驻西班牙大使的浓厚兴趣;那些收藏品中有许多重量级物件,比如格兰维拉收藏中就有一本巴掌大的书,里面都是丢勒的手稿,约有200页。当时这样的物品并不太值钱,若是很昂贵的话可以找富格尔家族贷款;大使说费这么大劲,简直让自己有了很强的罪恶感。皇帝依靠种种渠道收集来的藏品,绝对是那个时代中最讲究最珍贵的物品。用乌木包裹的祭坛上嵌着纯银十字架,台上摆着金灯和金杯,在这个博物馆陈列给大家观看;其他的各种珍贵物品放在数不清的陈列柜中和无数写字台的抽屉里。价值最高的要数绘画收藏,它们挂满了所有的陈列室和通道。收藏品太多,以至于收藏目录都统计不全,但即使在这样的目录中,我们看到有提香、科雷吉欧、拉斐尔和达·芬奇,其中也不乏德国艺术家的作品。鲁道夫拥有那件让丢勒在威尼斯一举成名的杰作,丢勒以此作品证明他在控制色彩上的天赋。皇帝还拥有数本堪称无价之宝的手抄本,比如被后世称为"银宝书"的乌尔菲拉手稿,还有手抄本中的巨人——由布雷诺夫修道院僧侣制作的有36寸之巨幅的手抄本,这本充满传奇的手稿就是被人们常提到的"魔鬼圣经",其内容令人瞠目结舌。还有许多古罗马时代的文献,比如奥古斯都的神话,都是皇帝收藏中的珍品。鲁道夫非常喜爱艺术及其所象征的意义；在他的工作室中还有一尊忒弥斯像。

这种形式的收藏往往由于缺少关联而容易散失，但在这里鲁道夫和他的兴趣爱好就是这些收藏品的中心。

这些收藏品最大一部分来自鲁道夫的采购，艺术收藏给他带来许多快乐。许多著名的作品无法买到，他就命人复制。在他的宫廷中有数位非常著名的画家，他们精通意大利和尼德兰画家的技法，并尝试将两者结合在一起；鲁道夫经常亲自给这些画家出题，并且在他们工作时拜访学习。宫廷中铜版画的艺术水平也非常高。鲁道夫最喜欢的就是以宝石来制作马赛克，为此他不惜血本；他下令制作的由宝石镶嵌成的马赛克作品工艺精湛、璀璨夺目，堪称那个时代的奇迹。

宫殿上的铭文也是一位炼金术士的杰作——他是那个时代最好的炼金术士之一；他专门研发了一种墨水，可以让皇帝自己动手转换金属。

那时人们还相信金属之间可以相互转化；对于贵族宫廷而言，不可或缺的就是为这些实验提供必要的帮助，这样就可以解开自然界的秘密，还有可能会得到大笔意外之财。鲁道夫自己在艺术上也颇有造诣，他身上结合了神秘主义和自然科学；或许鲁道夫就是那个时代的赫耳墨斯·特里斯墨吉斯忒斯吧。

正是在那个时代，化学逐渐在不断的炼金术实验中诞生了。皇帝有专门的实验室研究物质的分离和合成，鲁道夫自己也对此很有兴趣。不过糟糕的是，那个时候人们已经知道怎样制作药性剧烈的毒药。

在科学史上具有重要意义的，要数鲁道夫在宫廷中为欧洲著名的天文学家第谷·布拉赫设置了专门且不受打扰的工作区。"农民贵族"第谷——德国人这样称呼他,这是在说他的出身——因为新政府的成立不得不离开家乡丹麦,在那里的岛屿上他曾经有一个科学工作室,靠这个小实验室他已经吸引了全世界的目光;离开家乡后他找不到能够继续进行科学研究的地方。在他自尊受到伤害、名誉受到诋毁,人们又嘲笑他的出身时,皇帝便邀请他到布拉格来,送给他一幢漂亮的房子,并让他担任首席宫廷占星师,这给了第谷不错的生活条件;除此之外,皇帝还给第谷聘请了一位能干的助手——约翰·开普勒,他也因躲避两大阵营的迫害来到皇帝的宫廷,后来成了第谷的继任者。尽管在宫廷中经历了一些小小的不快——这也是人生的一部分——开普勒一直没有忘记,他是在为世界和人类的未来工作。那时代也正需要这样的人物。第谷还坚持着一些天文学上的传统学说,但是他改进了仪器,尽管它们还不完美,但是精度非常高;靠着这些仪器他做了大量的观测。正是在第谷准确观测的基础上,开普勒凭借着过人的天赋,从谬误中准确地找到了真理,尽管第谷还对哥白尼系统表示怀疑,但是开普勒打消了所有的怀疑。可以说皇帝成立的宫廷学院,完善了人们对世界的认知,天文学只是其中的一小部分。开普勒把自己的观测结果以他的保护者的名字命名,这便是著名的"鲁道夫星历表",他为测量地理学奠定了基础。

正如炼金术和化学之间有着紧密关系,占星术和天文学也密不可分;第谷和开普勒都是热忱的占星学家。这和天体崇拜——把行星作为神祇一般崇拜——有着本质区别,天体崇拜带有明显的迷信特征;占星术的根本出发点,是认为天上的星辰和地上发生的事物有着联系。开普勒虽然发现了众多星体和它们的关系,但是他依然坚信基督的降生。因为占星术中，天体的大小和存在形式不是最重要的，重要的是它们与地球的比例，以及它们发出的光芒的影响。开普勒坚持认为，每个人在诞生之时便被特定的星宿格局将它们的性格注入了灵魂，这造就了每个人性格的迥然不同。内心有着坚定信仰的开普勒会有这样的观点似乎略有些古怪，但他还是将人类的自由意志和上帝作为地球的主宰联系在一起。他试图用不动的恒星和运动的行星来解释人类的命运；他认为，通过观察和经验人们是可以科学研究这一现象的。对哥白尼系统的偏爱让他更加坚定自己的想法；因为地球和在上面居住的人类与宇宙直接相连，那么就可以研究统治一切的规律和秘密。

皇帝也被这些学说影响着。1600年他派自己最信任的顾问巴尔维提乌斯去问询开普勒：前不久出现的火相大三角有什么意义。开普勒回答道：要发生非常重大的事件，和过去那个时代观测到的星象不同，这件事并非新事，是已经开始之事的延续。那时候的大时代按照星象来划分，好像古时候对时间的分割也与我们不同。

皇帝全身心地将自然界的神奇和艺术的优美结合，同时仔细研究世间纷繁普遍的联系，却忽略了帝国内宗教—政治的大争吵，这争吵围绕着他展开，但是他没有认真关注。然而这些关系却对世界和他本人有着巨大的影响力。

在这个时代人们还认为，神圣罗马帝国就是罗马帝国的延续。了解历史的政治家会感到惊讶，那时对一些国家的主权要求是基于此考虑的。帝国若是由西班牙人、意大利人或者法国人掌握会大不相同吧。西班牙人灵活而又善用计谋，他们会利用这两点达成自己的目的；意大利人会在冲动的贵族带领下不断靠战争实现自己的愿望；法国人善于结党，用血雨腥风来追求那至高无上的荣誉。德国人不喜欢攻占别人的土地，也不喜欢给别的民族制定法律，帝国落在德国人手里是件好事，这样一来，像意大利这样势力较小的国家才能存在。

神圣罗马帝国的皇权还代表了西方基督教世界的团结。

鲁道夫二世也是这样认为的；他要成为基督教世界的元首；他的任务就是将所有治下西方东方的民族团结起来，一同对抗异教徒。

这个任务他没有能圆满完成；他太懦弱，没有能对某一方有着举足轻重说一不二的影响力。甚至连皇帝都不愿意把干涉帝国内政的外部元素清除掉。不知多少事与此相关！分裂了整个欧洲的宗教对立，一方是西班牙及天主教阵营，另一方则是海上列强，皇帝应该站出来立好规矩，清除这些势力在德国的影响，让德国境内各派势力平衡。

尽管他与腓力二世是近亲，但是鲁道夫从来没有支持或赞同他的观点。在家族中曾经有人主张，希望鲁道夫娶腓力的女儿伊莎贝拉公主。尽管为这个计划不知道多少人带着期望努力过，但是这其中包含了帝国皇权与西班牙王权不可调和的矛盾。腓力二世被要求按照鲁道夫履行斐迪南一世曾经的承诺，将帝国意大利的领地交给西班牙；因为那里帝国的权力长年无人照料，已经荒废；西班牙将会好好管理意大利；腓力甚至愿意支付一笔钱，而那时帝国也正是急需用钱之时。但是皇帝没有一丁点要合作的意思。婚约计划中重要的一项要求，便是将米兰公国赠送给公主作为礼物。宫廷首辅大臣鲁姆夫的沃尔夫冈对此表示说，婚约若是不能增加皇帝的荣耀或带给皇帝子孙满堂，那么这婚约应当解除。婚约的推迟并不是由于某一方的犹豫不决，而是因为婚约和政治紧密相连。鲁道夫希望在意大利重新恢复帝国的地位；在腓力二世去世之后，他极不情愿、再三迟疑地在收到了大笔款项后才将意大利交给了腓力三世。这件事是违背他意愿的，西班牙人染指帝国在意大利的封地是他最不愿意看到的事。人们知道，法国神圣联盟实际上是腓力一手操控的，鲁道夫害怕同样的事情在帝国境内上演，这将增加西班牙的影响力。那些年的斗争中，他更倾向于同情亨利四世。

腓力二世对他的表兄弟说，那些选侯既然不听你皇帝的，你也不用去理会他们。在选侯奥古斯特去世后，皇权确实从他的影响力当中解放出来。但鲁道夫并不愿意听从腓力的建议，他对萨克森和勃兰登堡非常关心，甚至有人曾如此说道：帝国不是由皇帝而是由两位选侯统治的。

但这种若即若离的联盟让皇帝能够对帝国的要务施加持续的影响。

出乎所有人预料的是两大宗教矛盾的发展：天主教的反宗教改革，修会联合的强大力量给反宗教改革巨大的推力——但天主教影响的扩大唤起了新教的反抗，防守与进攻的尖锐对抗，最终在战争中体现出来。

不可否认的是，当时的局面确是少数利益胁迫多数，但是这个多数也并非铁板一块，而少数利益则有着内在的生命力且带着突进的精神。

除了这些内部关系之外，鲁道夫认为自己最重要的任务是抵抗奥斯曼土耳其帝国。奥斯曼的确已经强大到可以自由决定开战或是和平的地步。但是战还是和则取决于当权的苏丹或维齐尔，在多大程度上接受了好斗的伊斯兰教带给他们的冲动；是战是和还取决于另一层关系，即逊尼派和什叶派之争——逊尼派的奥斯曼苏丹与他的东方邻居、什叶派伊斯法罕的波斯人沙阿相处得如何。

政治是尝试在无法控制的世界强权——无论是意识形态的强权还是现实世界的强权——的斗争之中，保存并扩大自己的利益。鲁道夫没有他父亲那种勤勉踏实的风格；马克西米利安知晓如何使用自己的影响力，在斡旋时充满耐心——正是这种耐心推动了那个时代。与管理整个世界的腓力二世相比，鲁道夫也相形见绌：前者目标明确，身后是西班牙人的奉献精神，而且还有大笔来自印度的财富。鲁道夫非常依赖帝国阶级会议，因为内部的分裂而只能长久地谈判、迟缓地做出决定。他陷入了自我矛盾中：在自己的祖地奥地利他大力恢复天主教，而在德国他又试图保持两大阵营的平衡。在祖地鲁道夫被少数的新教徒反对，在德国则被多数的天主教徒反对。一度他来自西班牙的母亲为鼓励他，向他讲述祖先在困境中仍然不失勇气；因为一个人就是他所珍惜之事，一旦跌倒，爬起来不易。这样劝告的必要性体现在它们没有起到任何作用上。时局的动荡，加上鲁道夫失去了自信，认为自己无法承担肩上的重担——这一切都让他无所作为。在星空中读出人类的命运，难道不是和在世间力量的斗争中留下余地有着内在联系吗？除此之外，鲁道夫非常害怕宗教狂热之徒会刺杀他；他可不想像亨利三世那般下场*，毕竟他们都夹在两党之间，且有着类似的立场。

这其中他的顾问们也需要负一定责任。为了能将皇帝置于他们的

---

* 指的是法国国王瓦卢瓦的亨利三世（1551—1589年）屯兵法国巴黎西南教的圣克卢，欲进攻巴黎前夕，被一名狂热的天主教徒、圣道明会修士雅克·克列孟（1567—1589年）所刺杀。由于群龙无首，亨利三世的军队大部分都撤退了，使得巴黎城内欣喜国王被刺的消息。——译者注

影响之下，这些顾问曾经警告他，尽量不要像法国国王那样，总是公开露面或是接见臣民。就在那时亨利四世被刺杀的消息传到了宫廷，这让皇帝更加深居简出了。

想要见皇帝在当时是件非常困难的事。当接见不可避免之时，皇帝便会穿着一件西班牙式的大罩袍，或靠在桌子上，或是用佩剑支撑。他中等身材，双眸明亮，眉毛粗重，五官端正；早生华发的头略微低垂，带有皇帝特殊的威严。呈现给他的奏折他很快便能总结出要义，并且做出颇有见识的答复；人们常说，皇帝若是勤政的话，比臣子们了然许多。

幸运的是，从他20岁到50岁，一位经验丰富、温和适度的首辅大臣伴他左右：鲁姆夫的沃尔夫冈自年轻时就开始在马克西米利安手下学习，对帝国诸事了然于胸，行事自觉。有关于鲁道夫时代的政府研究还甚少，所以还无法确切知道鲁姆夫的做事方式。鲁姆夫非常强调皇帝的权威，有关城市的问题他坚决反对任何贵族干预。他不允许新教徒担任宫廷顾问；但在这个方面鲁姆夫犯了巨大的错误，他因此成为新教徒憎恨的对象，与新教徒之间造成不可消除的隔阂。尽管他开始任职时与西班牙不睦，后来却成为西班牙派，尤其是在他被西班牙国王任命为骑士团财务总长并因此每年有大笔收入之后。不过这在那时属于惯例，并未有何不妥。鲁道夫知道之后很不愉快；他抱怨说，自己的官员胸前都戴着西班牙的官职勋章，但是要防止这一切，他鲁道夫既没有权力也没有精力。尽管他经年未曾会见西班牙使节，但是在他的宫廷中西班牙人的影响力并不小。

随着时光流逝，因为鲁道夫一直没有结婚，人们慢慢地开始考虑他继任者的问题；建议从他的兄弟中选择一个的人们渐渐形成了一个党派。这件事让皇帝非常不自在。他开始独断专行，高高在上成为孤家寡人；皇帝不允许他的兄弟们参加到政事中来，给他们的俸禄也很微薄；他担心继承人一旦确定，他在家族、祖产和帝国中的地位将会下降。若是有人暗示，似乎皇帝能力不足以料理帝国事务，而他的兄弟更有能力；这样的暗示会深入他的灵魂，让他气愤不已——因为鲁道夫认为自己无论是在智慧还是在才学上都要超过自己的兄弟。尽管鲁道夫不喜欢皇位给他带来的麻烦事，他尽量避开它们；但是这并不意味着他愿意把这些事交到别人的手里，或是和别人分享皇位；这两者之间在心理上并无矛盾。他的大臣中有许多人有这种想法，这会让皇帝戒心加倍——至少这些大臣应该把鲁道夫当作皇帝和主上。宫廷中的首辅大臣也有立其弟马蒂亚斯之意，皇帝得知之后勃然大怒，命令他立刻滚出宫廷。不过按照鲁道夫的本性，1603年，马蒂亚斯在特劳岑的陪伴下出席帝国会议时，皇帝并没有反对；似乎这时他和首辅大臣鲁姆夫重归于好。但是这些重要大臣一度被辞退造成宫廷权力旁落，一群年轻、没有经验却野心勃勃又好受贿赂的人占据了重要的位置，对他们并不了解的帝国事务即做出决策。

  日复一日，皇帝越来越多地受这些人的影响。大多数情况下，由宫廷侍者将奏折交给皇帝，人们见到的只是他的签名；这些侍者甚至负责介绍军民两方面的官职，还有赦免令；若是没有这些人的同意，没有任何人能够接近皇帝，更别提上呈奏折了。马霍夫斯基、菲利普·朗格、卢茨基这几位侍者居然成了帝国中最有权势和影响力的人。有关菲利普·朗格历史上留下了许多详细的记录，都是有关于这个人的贪婪、生活糜烂，让人不堪入目，几乎没有和那个时代最重要事件相关的事。马霍夫斯基也有一些记录，这个人一会儿是新教徒，而且是属于胡斯派中的饼酒同领派*；一会儿又是坚定反对新教的天主教徒。另外一位饱受骂名的侍者名叫法兰克，他是一名新教徒。1603—1607年，菲利普·朗格是皇帝最信任的侍者，人们都说他给皇帝下了什么咒语，蒙蔽了皇帝的心，让皇帝维护天主教利益。有人曾经见到过科隆选侯和朗格在一起数小时密谈，他可是贝尔焦约索在宫廷中的心腹和支柱。卢茨基则倾向于新教徒。布拉格宫廷就掌握在这样几个人手中，跌宕起伏全凭他们煽动。皇帝在很长一段时间里对他们无条件信任；有人说朗格若是提了一把匕首去找皇帝，皇帝肯定会说：不会的，你朗格不会伤害我的。但是这些侍者要是哪个怠慢了皇帝，或者是有不值得信任的嫌疑，对此非常敏感的皇帝立刻就会收回所有的恩典。但只要这些人在位置上一天，他们就有着巨大权力——皇帝只和自己信得过的人说话。鲁道夫是如此的深居简出，随着时间的推移，甚至有些病态的嫌疑。为了能够亲自递给皇帝一封请愿信，有人不得不躲在皇帝的马厩里，等皇帝来查看自己爱马的时候呈给他。鲁道夫一直有着非常考究的马厩，也有品种上好的良驹；皇帝经常去看望它们，这给他带来快乐，但实际上他完全用不到这些马匹。他从来不骑马，也从来不乘马车出门。为了能在散步时不被人打扰，他下令让人修筑了一条被完全遮蔽住的小路，一直通向他的花园，那

---

* 饼酒同领派（德语：Kalixtiner）亦被称作"圣杯派"，是1419—1434年胡斯战争期间兴起于波希米亚地区、由城市中产阶级和一部分中小贵族组成的温和的新教派。在政治上主张捷克独立，没收罗马天主教会在捷克的教产，在教义上主张用捷克语做礼拜和传教自由，并在礼拜仪式上要同领圣体（饼）和圣血（酒）。——译者注

里种满了美丽稀有的植物,这能带给皇帝愉悦和快乐。其他的时间他都在自己无数的收藏品中度过,或者是他的实验室里,只有餐前餐后的短暂时间内他才会处理一些紧急要务、撰写文本或者签字批准。鲁道夫每日用餐时间非常固定,甚至是在同一个房间里按照相同的顺序用餐——而且只有他独自一个人。他每日的生活非常规律也非常固定。一丁点儿的改变或者和外人接触都会让他恼火不止。皇帝并没有服药。而人们也不知道他本人是信天主教还是新教。因为他从不参加任何宗教庆典,也从不公开出席弥撒。按照习惯,他只是每年的复活节找神父办告解并领圣体。有时这也会出现大吵大闹的场面。他在办告解时,坚决要求不能被神父看到。

  皇帝就过着这样古怪的单身汉生活,而皇权就在这样的生活中慢慢丧失。鲁道夫就是如此沉闷、固执、多疑、敏感,哪怕世界上最小的风吹草动也足以让皇帝陷入惊骇之中;痛苦的失望、迷信的影响便不可避免;有时他会暴怒,但其中混合着忧郁,以至于人们开始怀疑皇帝的健康状况。

  这样一来,皇帝的继任者问题就更加紧迫了。马蒂亚斯作为皇帝的亲兄弟自然是排在第一位的;但是宫廷中的天主教徒和波希米亚的贵族都反对他,因为马蒂亚斯虽为天主教徒,但在处理荷兰的事务上证明他对自己的宗教并不忠诚。他们希望最年轻的兄弟阿尔伯特大公能够继承皇位,那时他已经迎娶伊莎贝拉公主——西班牙控制下的尼德兰女领主,阿尔伯特也愿意为恢复天主教而贡献力量。皇帝对此完全不理不睬。最后皇帝受够了,他干脆下金玺诏书规定,只要自己还活着就不许马蒂亚斯干政。他宣布马蒂亚斯能得到的权限,只能和皇帝的表兄弟一样。但一夜过后皇帝又改变了主意，他完全否决了马蒂亚斯的任何权力。皇帝说，他还年轻，还可以结婚生子；他既不要意大利女人，也不要西班牙女人，而是要娶德国女人。他下令让人整理好所有未出嫁女贵族的名单，并派信得过的画家前去给她们画像。对于她们是否信仰新教，似乎皇帝并不在意。那时似乎新教贵族在皇帝面前反而更受欢迎；勃兰登堡和普法尔茨的选侯也比萨克森选侯更受圣宠，因为后者倾向于西班牙。皇帝甚至赞扬路德宗新教徒值得信赖、足够忠诚，他希望他们在宫廷中任职。为宫廷中混乱而懊恼的皇帝，决定要在内部进行改革，为此他甚至想成立秘密的顾问小组和机构，仿佛另一套司法系统。似乎他只想当德国皇帝，而且是不偏不倚，正像新教徒们要求的那样。新教徒甚至承诺，只要皇帝参加帝国议会，所有新教徒都会集体站在他一边。

天主教一方则在制订未来的计划。最终他们决定，阿尔伯特和马克西米利安都不能登上皇位，尽管这两个人是彻彻底底的天主教徒；原因在于他们两个人在皇室祖产中的份额太少——对于抵抗奥斯曼土耳其、获取意大利并争取帝国皇位而言太少了。那时他们就看重了施泰尔马克的年长的支系——格拉茨大公斐迪南，他已经证明了自己信仰的纯正。

那时的计划是打通意大利和蒂罗尔之间的通道，全力促进他登上皇位。按照天主教对继位者的想法，还有一些其他的要点，为了能够促进帝国的扩张，皇帝必须有权在宗教事务上独立做决断，他必须监管印刷品，并且规范铸币单位，而征兵是皇帝的特权。

如此宗教之争也卷入了继位之争。一方面是新教在宫廷的影响力增加，另外一方面则是人们希望皇权可以镇压宗教异端。

因为宫廷管理层的构成和其天然属性，天主教一方占了上风。

斐迪南一世时成立的耶稣会，推崇天主教唯一至圣的地位，它培养了大量的人才，这些人逐渐担任各种重要的职位，他们的时代已经来临。奥地利和其他各地一样，各阶层追求自己的利益和新教的内涵紧密相连。皇帝的顾问认为，帝国正常的运转必须以皇帝和教会的权威作为前提，而且按照他们的想法，只要在过去的法律框架下，这两者可以互相转化。于是一道道诏书发出，收回了曾经放宽的许可，政府开始努力恢复旧制。

1602年9月，帝国传令官在布拉格附近的三座城市宣布，一百年前即1508年瓦拉迪斯劳斯国王宣布的诏令重新生效，只有天主教和亲罗马教会的老的饼酒同领派为合法宗教。但是这一百年间情况发生了很大变化，此时新教徒已经占到全部居民的四分之一。若是这一诏令真的执行，不知道有多少人要被剥夺市民的身份和权利；这些人的生活恐怕无法继续下去了。

1604年，摩拉维亚地区开始实行新的治安条例，取消了所有此前赐予各阶层的自治自由。而且当地法庭无权审判奥洛穆茨教区的首领，尽管这一规定事实上违反了宪法。

1604年的帝国会议上，来自匈牙利的新教徒热切地要求恢复宗教和平协议中规定的秩序——在当地这一秩序已经受到了严重破坏。布拉格宫廷对此的反应是，自圣斯蒂芬起所有匈牙利国王都遵守的法律传统就是推崇罗马天主教，而所有对此不服从者将启动法律程序进行调查。这一条已经写入帝国会议的第22条决议。于是布拉格的宫廷法庭开始对匈牙利的寡头们进行审问。

而此时在前线抵抗奥斯曼土耳其人的军队，虽由意大利人率领，但是军饷都是来自各省，当地出现新教徒不满时，这支军队反过来以武力威胁。关于此事怨声载道，从中可以看到人民的痛苦。

这样的行事方式其实比较符合鲁道夫的性格和思维方式；这也是他宫廷中的大臣们建议他做的。

毫无理由使用暴力的责任，其实并不在鲁道夫。所有的奏折和建议上呈到鲁道夫那里时，他从来不理会其中的内容是什么，全靠宫廷侍从，批阅签发。这样一来，只有想被执行的那些建议得到了执行；至于皇帝是否还下达了其他的命令也无人注意。因为宗教原因而受迫害并不是鲁道夫的本意，所以他得知奥地利发生这样的事件时，也会感到惊讶。但是反对这一切的勇气，他是没有的。对于皇帝而言，只要看到某个阶层的代表不是从密道而是光明正大地从等候室被带到他面前就足够了。但是鲁道夫给人的印象让更多的人远离他。博奇考伊就曾经为了一件事等候了数月之久，最后不得不失望地离开。

那些受迫害者既然从皇帝这里得不到保护，他们自己想办法保护自己也就不足为奇了。

博奇考伊后来成了叛乱者的领导，他曾经帮助帝国打败奥斯曼占得上风，为帝国争取到了和平——尽管皇帝批准这和平时思虑良久。对于皇帝而言这是人生危机，因为骄傲的鲁道夫一直希望战胜异教徒，保证自己作为皇帝的威望，但最终还是失败了。最让他担忧的是在家族中他除了年长之外已经没有其他优势可言，被家族忽视和抛弃，皇帝非常害怕对他的不满大爆发。

不过，这还远远没有到让施泰尔马克的那一支继承皇位的地步，马蒂亚斯始终是第一继承人，他自己也知道这一点；他的堂兄弟施泰尔马克的斐迪南大公也告诫自己的兄弟马克西米利安和阿尔伯特，为了家族的兴衰和避免嫌疑，要和马蒂亚斯通力合作。他们接受马蒂亚斯作为自己的封君，并且支持所有他与西班牙国王和教皇谈判做出的决议；他们也会帮助马蒂亚斯登上王位。

局势变得越来越棘手，涉及面也越来越广；有时根本让人无法理解，这里我们只能进行大致的梳理。

由于担心马蒂亚斯和选侯们联合起来，皇帝没有让弟弟代表自己参加雷根斯堡的帝国会议；鲁道夫最后选中了斐迪南，然而他却不知道，连斐迪南也暗中反对他。但是因为皇帝选中了斐迪南，反而造成了马蒂亚斯与匈牙利、摩拉维亚和波希米亚的新教贵族联合在一起，因为他们受到了皇帝及其宫廷的侮辱，所以唯一的愿望就是独立。为了这一目的他们在匈牙利召开了会议——尽管皇帝坚决禁止，马蒂亚斯还是参加并且主持了这次"帝国会议"；奥地利人和摩拉维亚开会之前就决定，联合在一起用各种办法推动政府更替。一方面是皇帝的谋臣们想方设法恢复旧制，另一方面是一些强大的家族谋划着另一个未来。

那时候还在皇帝手下当值的蒂利伯爵曾接到命令，带领军队驱散这次匈牙利的"帝国会议"，并且逮捕摩拉维亚的领主们。这样的命令若是真的执行了，无论成功与否，都会招致一场政变。

汉尼瓦尔德在雷根斯堡时曾预言了德国会有一场像施马尔卡尔登一样的战争，而且会更残酷，更痛苦，或许是他听说了这件事后的反应吧。巴伐利亚公爵马克西米利安与斐迪南和皇帝宫廷的谋臣们意见一致。但是他们的联盟并非建立在磐石之上；皇帝截获了马蒂亚斯的书信，其中揭示了斐迪南转投马蒂亚斯一方，于是他们所有的计划全都泡汤了。皇帝于是把自己所有的精力都集中在维护皇位，对抗祖产中的各阶层以及与自己不睦的兄弟。

匈牙利、摩拉维亚和奥地利的贵族伊雷什哈齐、齐洛廷和捷尔能贝尔在当地有着完全的优势，尤其是他们这一方还有马蒂亚斯大公，他还许诺给他们一系列只有皇帝才能应允的特权。他们还希望波希米亚也加入他们的联盟；1608年5月马蒂亚斯率领一支军队出发了。

被胁迫的皇帝是怎样的一种心态。人们看到的是一个真正的孤家寡人，形容枯槁，目光低垂，弯腰驼背；鲁道夫就这样出现在波希米亚的各阶层面前，要求他们效忠皇帝。波希米亚的各阶层则提出了自己的要求。皇帝这次不得不看着人们从等候室里闯到起居室里来，为了征询皇帝的意见。最终鲁道夫许诺给波希米亚的条件，和马蒂亚斯许诺给另外几地的几乎一样。就这样，一直想恢复自己独立地位的波希米亚站到了鲁道夫一边。但是同时正在逼近的对手也没有放松，马蒂亚斯被选为奥地利及摩拉维亚地方长官兼匈牙利国王。在众人的欢呼声中匈牙利王冠被带到了军营中。

出乎意料的是西班牙人在这场斗争中扮演的角色。尽管鲁道夫二世以天主教名义进行反击，但西班牙人却并不愿意支持他。他们看到整起事件对于奥地利皇室家族有着巨大的危险，随着反对阵营的不断扩大，西班牙若是支持鲁道夫有可能会失去自己在家族祖产中的领土要求，同时在德国也失去影响力。与奥斯曼土耳其虽然达成了不利于己方的和平协议，但是至少它为家族保全了匈牙利；西班牙人并不在乎匈牙利各阶层提出的要求。何况西班牙本来就同意马蒂亚斯大公的做法，因为他一方面通过让步平息百姓的不满，但是没有放弃核心利益。西班牙人认为马蒂亚斯这样做为自己铺平了通向德国皇帝之位的道路；倘若西班牙人要求鲁道夫确定继承人的话，那么也非马蒂亚斯莫属，只有他才能统一皇权和家族的祖地。

有关于波希米亚的纠纷鲁道夫已经做出了让步，如若波希米亚独立，他的兄弟就难以得到这块土地；而德意志帝国方面则一切都取决于选举——这出于鲁道夫自己的意愿。因为选侯们若是想要拥立新皇，必须首先废黜今上。故只要鲁道夫还戴着皇冠一天，这些选侯就不能举行选举；唯一的例外是皇帝下令进行选举并亲自指定继承人。

西班牙和教皇特使都希望鲁道夫走这条路，终于有一天他们做出了大胆的尝试。他们要求皇帝接见，并对他指出此事的必要性，建议他早做决断。鲁道夫以轻得几乎听不到的声音回答他们道：他也同意这一计划，但是他的兄弟马蒂亚斯大公现在的所作所为使他不能如此行事。皇帝有些苍白的脸涨得通红，在提到他兄弟的名字时显得非常愤怒。

皇帝希望除了阻止他的兄弟当上皇帝之外，还要把他夺去的土地重新夺回来。

这里就浮现出了一个机会：那三个跟随马蒂亚斯的国家对他完全效忠的条件，就是许诺给它们完全的宗教自由。但是对于生活在天主教徒谋士圈子里的马蒂亚斯要完全做到这一点很难，何况他和西班牙及罗马教廷的关系也很好。

马蒂亚斯在这件事情上没有选择。他对匈牙利人承诺：保证在城市、所有的乡村都实现宗教自由，这是将来他加冕协议的一部分——教皇对此提出严正抗议。而且在该协议中马蒂亚斯还承诺最大限度地扩展政治上的自由。这些承诺在他得到皇位后必须实现。皇帝则坚决不同意将皇位让给自己的兄弟，他从来不认为这是一种可能。

支持马蒂亚斯的另外两地看到他加冕为匈牙利国王有些不满——毕竟此事本来是从这两地而起，他们也希望得到和匈牙利一样的承诺。不过马蒂亚斯并没有同意；摩拉维亚出于对波希米亚参与内部事务的担心，他们只要求承认贵族的信仰自由；城市和市场没有这样的权利。对于奥地利而言，历史上从未出现过现在这样强调宗教自由和地方自治的时刻。尽管奥地利各阶层没有能像匈牙利那样得到那么多特权，但是比摩拉维亚多些。城市及市场没有得到全部的宗教自由，但是它们当时的信仰得以保留。这位匈牙利新国王宫廷中的重要大臣克勒塞尔主教对此表示愤慨，他辞去了自己的职务，而且表示把这些人革除出天主教会，若是这伙人不向皇帝和教皇表示歉意他绝不回来。

1609年年初，波希米亚地方各级会议召开，讨论皇帝许诺给各阶层的新权利也是核心议题。会议最终决定，向皇帝要求实现普遍的宗教自由，包括所有的城市在内——这样的要求绝不会是贵族提出来的。这样一来在波希米亚宗教自由也与各阶层争取独立自治联系在一起；这些阶层自己召开会议，并组建武装部队。在宫廷中有一派完全反对任何让步，洛布科维茨、斯拉瓦塔和马提尼茨，对于他们而言皇帝与兄弟之间的争吵似乎无所谓。还有一些以天主教徒为主的大臣比如汉尼瓦尔德等向皇帝建议,既然他已经无兵可用,那么只有投降或者主动退位。马蒂亚斯像摩拉维亚和奥地利那样,争取到波希米亚各阶层的支持并非难事。皇帝对于这样的论点无言以对。

于是,鲁道夫签署了那份世界闻名的皇帝书信:不只是贵族、骑士,还包括城市及所有人,凡信仰波希米亚新教者,当保有宗教自由。在所有的城市和国王的财产上,都允许新教徒按照需要建立教堂。新教徒毫不怀疑,这里国王的财产指的是原来的教产,按照传统属于国王。但是最终争端还是导致了毁灭性的战争。新教的合法地位通过帝国官方文件得到了无可争辩的认可。这里没有直接使用"教产"一词是否出于对天主教一方有所保留?但是皇帝认为,所有的要求已经得到满足,而波希米亚新教徒也得到了它想要的一切。

这些讨论之外最核心的还是两兄弟间的争斗。摩拉维亚有所让步,根本原因还是马蒂亚斯的态度略微温和,而天主教的皇帝阵营加强了自己对摩拉维亚的影响;奥地利也有相近的趋势。鲁道夫在波希米亚做出的让步,其初衷是防止马蒂亚斯得到波希米亚的王位。

但是所有布拉格宫廷做出的类似努力在各处都失败了。皇室内部大公之间的争斗,使得意见并不相同的新教徒达成统一的立场,社会各阶层团结一致。似乎在新教中已经形成了一种邦联的雏形。

有位年轻的大公并没有参与到这个联盟中来,他向全欧洲的天主教徒发出求救——这位贵族就是皇室施泰尔马克一支、担任帕绍和斯特拉斯堡主教的利奥波德。在于利希和克莱夫公国内发生的继任者争斗中,他获得了鲁道夫二世的授权为帝国执行没收权利,并且取得了成功;利奥波德还在家族祖产中得到许多支持,他认为自己能够在波希米亚造成突变，重建皇帝在这里的权威。他把最信任的使者派到了马德里的宫廷，希望赢得西班牙的支持。似乎利奥波德并不知晓马蒂亚斯和西班牙宫廷的关系十分紧密。但最终这些计划过于冒险，没有成功。甚至连皇帝都不同意利奥波德的做法；他说，年轻的大公容易冲动，对事务的了解不够透彻。鲁道夫那时的倾向于敌对一方有着重要影响。

在这些天中，安哈尔特的克里斯蒂安这位德国新教联盟的核心人物，带领几位议员前往布拉格，向皇帝提出他们的要求。他们请求皇帝恢复多瑙韦尔特的地位，在他们看来，宣布多瑙韦尔特藐视帝国并不合法；多瑙韦尔特不仅要求恢复自己作为帝国城市的自由和过去新教在该城的地位，还要求帝国赔偿损失。皇帝的顾问和宫廷中的大臣们表示极力反对，他们不能允许把宗教和平置于所有的帝国法律和地方秩序之上。这件事怎么能让这些帝国的大臣们说三道四呢？他们对帝国的事务缺乏经验，不是本地人，受外国势力指示，排斥新教；这些人怎么能信任他们，让他们在与皇帝、贵族甚至性命攸关的大事上做决定呢？

那时还未参加新教联盟的勃兰登堡选侯派来的代表认为，这样的措辞过于激烈，不适合直接呈给皇帝。但鲁道夫却平静地接受了这份意见书——正如人们预料的那样，尽管皇帝并未曾想过会有这样激烈的言辞，但是他还是同意考虑他们的意见。他自己也知道这些人的意见并非没有道理；他罕有地嘲笑管理机构的情况："帝国之中人人都知道我是怎么在自己的宫廷里蜗居的。"宫廷大臣们犹豫不决，不想参加谈判；他们举办了一个又一个宴会，为的就是拖延时间，而他们开始做出的决定不够充分。安哈尔特的克里斯蒂安还有一个期望，他希望能够为皇帝争取到奥地利新教徒的支持，这也是他特有的影响力。因为马蒂亚斯得到西班牙和教皇的支持，新教联盟成立的目的就是反对这两者的影响；况且法国也一直对帝国有反对之意，为了能对付这些敌对势力，帝国只需要依靠新教贵族的力量，批准新教联盟的要求。我们知道，皇帝有时会倾向于新教一方；这个使团知道如何唤醒皇帝的这种倾向，促使他做出对他们有利的决定。鲁道夫承诺，在4个月内恢复多瑙韦尔特的原有地位，并改进自己政府的组成，改进宫廷中的议事方式，使得所有需要受到接见的使者都得到公正的待遇。

这些有关新教福祉的让步满足了新教徒的要求，鲁道夫还补充道，在于利希公国的财产争端问题上他不认为公爵的行为是自私的，而且皇帝会为此建立由新教徒和天主教徒组成的贵族委员会，最终做出决定。双方似乎很有可能达成协议。

这位安哈尔特的贵族带着皇帝的声明，所有这一切都将兑现；而兑现后新教徒也会效忠皇帝。因为此举反对西班牙，亨利四世也有可能会支持。

然而却发生了可怕的意外。这位懂得在自己国家中保护自己同胞信仰的法国国王，在系统抵抗西班牙影响力开始的时候，却死在了狂热分子的匕首之下。欧洲的命运总是和这些统治者的存在和介入息息相关。德国新教徒的希望就建立在亨利四世的政策上，尽管他们彼此并未结盟，但是于利希的争夺让新教徒和亨利四世有着相同的利益。决不能让新教徒受到压迫，这是亨利的基本想法。对于新教徒而言，亨利四世的死是无法弥补的损失。

皇帝的政策于是再次转向。1610年5月，众多德国贵族聚集到布拉格皇帝的宫廷；他们是受到皇帝特召来到这里的，目的是理清事实，互相协商，并在一些帝国遇到的事务上支持皇帝。参加会议的有美因茨、科隆和萨克森选侯、黑森-达姆施塔特的藩侯路德维希以及不伦瑞克公爵尤里乌斯·亨利。最后一位是不请自来的——与萨克森和达姆施塔特一样，他需要皇帝的支持。巴伐利亚的马克西米利安没有参加，因为其作为天主教神圣同盟的首领，他与皇帝还有意见上的分歧。但是巴伐利亚公爵的兄弟是科隆选侯，于是会议的所有决议公爵全部知晓；会议拟宣布新教联盟为非法组织，属于藐视帝国行为，作为天主教同盟首领的巴伐利亚公爵应当承担执行帝国决议的任务。公爵并没有拒绝这个任务；他立即派一名高级官员前往布拉格，公爵也必须征得同盟指挥部的同意，并制订详细的计划。鉴于皇帝宫廷的大臣如此一致，公爵认为这一行动必然会成为现实。新教联盟是为维护贵族现有利益而存在，但与此不同的是，皇帝最终在大家的鼓动下，承认了萨克森对克莱夫的主权，并且满足了克里斯蒂安选侯的所有要求。尽管皇帝对此犹豫不决；他抱怨说，参加的贵族都是为了自己的利益，而不是为了帝国的福祉或是皇帝的心意；在分封诏书中他加上了一个条款：有关的法律争议尚未解决。

　　出席这次会议的所有贵族，还尽了最大努力劝说鲁道夫和自己的兄弟马蒂亚斯和解。不伦瑞克公爵亨利·尤里乌斯就曾无数次往返维也纳和布拉格，他尽了自己作为帝国贵族应尽的义务。无数地提建议、方案，并不断地修改，让双方逐步接近。终于，1610年9月马蒂亚斯承认皇帝在奥地利作为自己的封君和首长、奥地利皇室的首领以及基督教世界的元首。而且马蒂亚斯愿意向皇帝郑重赔罪，而马克西米利安和斐迪南两位大公前往布拉格将请罪书交给皇帝。皇帝接见他们时，还是穿着他那件西班牙式的袍子，阴沉地站在华盖下，还像往常那样靠在桌子上；他并没有让他们下跪，因为他们都是皇室家族成员，不必行此礼节；皇帝非常满意，大公们先前达成的协议被当众撕毁。鲁道夫再次变成这两位大公的兄弟和叔父，他终于能敞开心扉与他们座谈，讨论帝国大事。分别时皇帝还亲自送两位大公到宫门外，在那里他还与大公的随从们一一握手道别。

皇族内部和平的时代开始了，这也正是众贵族长久盼望的；帝国最高元首的地位也得到恢复。贵族们想要建立的帝国政权，一方面是他们的依靠，帮助他们实现主张；另一方面帮他们制衡新教联盟的自治独立运动。为了能稳固这个局面，最需要的是指定好帝国的继承人，选侯们也趁热打铁，及时地向皇帝征询了这个问题。

最自然不过的，当数指定马蒂亚斯，毕竟在波希米亚他已经拥有继承权，而且他也是指定的帝国继承人。但是皇帝难以抹去心中对兄弟的反感。最终他提出的人选是施泰尔马克一支的利奥波德大公、帕绍及斯特拉斯堡主教；在过去发生的各种混乱中，利奥波德没有参与反对皇帝，尽管他与皇帝算不上知己，却十分忠诚。利奥波德任职主教，但是也有能力带兵上阵，若是能做皇帝，则能领导天主教世界进行勇敢的抵抗。对于宗教贵族而言，利奥波德若是当选皇帝，比马蒂亚斯让他们安心许多，因为他没有像马蒂亚斯那样与新教各阶层有说不清的关系，何况这些人曾经反叛皇权。在场的贵族同意利奥波德作为继位人选，并且承诺投票给他。除了这两者外，在宫廷档案中还记载了第三位人选。因为于利希-克莱夫的关系，萨克森的支持得到了保证。

但皇帝并不满足于此。疏于统治或许和他内心中的问题有关，导致帝国濒于分崩离析；但是他依然不会放弃自己个人的意愿。皇帝想要让利奥波德加冕成为波希米亚国王，这将为他当选皇帝提供有力的保证。

这一提议将要给他带来多少痛苦！

于利希被暂时保管就已经威胁到了利奥波德的地位。英国和法国支持新教联盟，这需要他的军队离开驻守的要塞；此外，同样有主权要求的勃兰登堡和普法尔茨-诺伊堡两位王公现在成为真正的拥有者。他在阿尔萨斯的军事行动被当地人阻止。帕绍附近的军团被马蒂亚斯以皇帝的名义收为帝国所有；尽管已经达成和平协议，这些军团依然没有解散。

雇佣军需要支付军饷，否则他们将会叛变，对此他要负责；交出军队这也是他的提议。皇帝也面临着资金紧张，选立大公是否得到他兄弟的同意还未可知——毕竟这威胁到了马蒂亚斯的地位。所有因素都隐藏着危险。忽然传来消息，军队分别向奥地利和波希米亚方向移动，那里的人因为信仰天主教大多数偏向于利奥波德。但是这一不合法的军事威胁确是皇帝和主教的军队，他们正在朝着布拉格方向前进；当地的新教徒武装起来，而皇帝在没有批准的情况下调动军队。大公唤起了反抗的热情，加上变幻莫测的时局，使得新教徒们担心丧失自己得来的财产，形成一种巨大的冲动。各阶层在老城中心开会，决定武装自己来抵御那些进犯的军队，抵抗皇帝和大公。

大公偏向天主教，似乎受人尊敬的西班牙大使苏尼加，应该支持他才对。但是这位大使却支持马蒂亚斯，直到这时西班牙的真正意图才显示出来。马克西米利安皇帝的女儿是腓力三世的母亲，基于这一事实，奥地利皇室的西班牙一支要求，在帝国绝嗣的情况下，他们对波希米亚国王通过母系的关系也有继承权。这样西班牙王国又一次和帝国合并。基于这一理由，苏尼加坚决反对利奥波德成为皇帝。这位使者成功地维持了皇帝和西班牙之间的关系，在这件事上他肯定有影响力，但是他不可能成功。苏尼加最担心的是，各阶层因为担心自己的选举权受到威胁，而宁愿让另一个家族担任国王。他批评大公的道歉没有诚意，因为好像大公所做之事全是被逼无奈。苏尼加聪明地利用自己的影响力，让波希米亚各阶层拒绝皇帝的提名，并且让皇帝召见现任的匈牙利国王马蒂亚斯。

1611年3月，马蒂亚斯来到布拉格，而同时波希米亚召开地方代表会议，在这次会议上将选举马蒂亚斯作为波希米亚国王。西班牙大使促成了这次大会的召开；他所处的职位方便他对皇帝以及天主教大臣们施加影响：一方面大使说服大臣们不要孤立这次会议，这为会议的进行提供了保障；另一方面他在最后一刻说服了皇帝，承认马蒂亚斯加冕的事实，并要求臣下服从。

在马蒂亚斯加冕之时，皇帝躲到了自己的花园里——他不想听到人们欢呼的声音。

皇帝唯一的安慰就是，萨克森和美茵茨的使团接到命令，不出席马蒂亚斯的加冕典礼。皇帝此时开始考虑搬回德国，只有那里还承认皇帝的权威。帝国元帅萨克森选侯对皇帝保证说，他愿意陪同皇帝，若是他决定搬到某座帝国城市的话。

1611年10月在纽伦堡召开了选侯会议,皇帝希望选侯们能够支持他撤回自己的退位诏书,因为他是被逼无奈。选侯们表示同意,毕竟皇帝的权威和选侯的地位紧紧关联。这次会议上,选侯们还制定了一系列维护帝国内部秩序的决议。但是在波希米亚问题上,选侯不想为皇帝提供帮助。利奥波德作为继任者一事,在所有发生的变故之后,选侯们也决定不再支持此提议。不过选侯们对正在积极努力争取继任权的马蒂亚斯也置之不理;他们和皇帝达成协议,第二年的5月召开会议并最终决定罗马人的国王的人选。鲁道夫对这一点感到非常难过。在皇帝受难之时,没有任何人为了帮助他派出一兵一卒;而现在大家这些举动的潜台词是:一年之内皇帝肯定会驾崩。

皇帝建议把选举推迟到召开帝国会议之后。

鲁道夫的考虑自然有道理,他知道1608年如果举行帝国会议,肯定依然无法确定人选。而且他可能会获得曾经退出帝国会议的少数派的支持。

长久以来他一直犹豫不决的事似乎现在有了结果,在逼迫中唯一的解救,就是依靠新教联盟,回复他们一年半前提出的要求。皇帝非常信任勃兰登堡-安斯巴赫的侯爵约阿希姆·恩斯特,任命他为此次选侯会议的全权代表;他建议皇帝应该持强硬立场,这样就不用担心选举的问题。甚至当时已经有了计划,让新教联盟夺回家族祖产的土地;那时的干将奥兰治亲王拿骚的毛里茨可以完成这项任务。这样一来皇帝的权威也会对新教联盟有利,皇帝也可以娶普法尔茨选侯的遗孀、毛里茨的妹妹路易莎·朱丽安娜,这更巩固了皇帝与联盟的关系。皇帝的一个大臣开始注意到他开始有叛教的想法。他憎恨自己的家族，憎恨西班牙国王，还有支持马蒂亚斯的大公们。像当年的亨利三世一样，鲁道夫计划着离开布拉格，这座城市的宏大要感谢这位皇帝，但是他现在想离开它了。皇帝甚至已经按照自己身体的状况下令制造了马车，他将乘坐这辆马车前往德国；而自己即将外出旅行的消息皇帝没有对任何一个人说过；人们首先听到的，应该是皇帝离开时，皮鞭抽打马匹前进的声音。

就是在这样的状态中，一场突如其来的疾病击倒了皇帝，仅仅数日之后他便溘然长逝了。临终时他召唤了告解神父，并做了临终告解，但其内容无人知晓。人们唯一知道的是，他下达的最后一道命令，是让自己和新教联盟的协调员君特罗德提醒他们：不要忘记执行商量好的任务。

鲁道夫在致力研究宇宙的学问，试图了解天上人间现象的联系时，交到他手中掌握帝国命运的缰绳却悄无声息地滑落。博闻强识和勤勉努力，这两者很少集中在同一个人身上。道德和政治—宗教的世界，本应该由鲁道夫来制定规则，并把一切控制在帝国法律的范围内；但在自主力量的引导下，两大阵营迅速崛起并武装起来，兵戎相见。出身和本性带给他的，最终摧毁了他。鲁道夫还希冀着，若是能得到帝国的全部力量，那么他还能打败对手，还能称霸帝国——这一切在不可避免的死亡中破灭。

马蒂亚斯当选皇帝以及1612年的选举协议

数年来一直讨论的鲁道夫继任者问题,现在直接摆在了所有人的面前;这也是整个哈布斯堡王朝面临的问题。

在德国的贵族和各阶层中间出现一种新的观点,希望不再由哈布斯堡家族担任帝国皇帝。出现这种倾向的原因是,哈布斯堡家族本该维护德国人的利益,却更偏向意大利人或西班牙人,这样的家族似乎不再适合做皇帝。看看帝国军队的将领不都是西班牙人或意大利人吗?德国人最高只能担任上校。人们还发现,本来为抵抗奥斯曼土耳其而征收的特别税,最后却用在了恢复荷兰重新皈依天主教上;斯皮诺拉将军曾用帝国的税收在法兰克福展会上采购商品;几年前威斯特法伦和下萨克森遭到过门多萨的劫掠;人们还知道,西班牙还在德国长期设有雇佣军,他们主要为教会首领、耶稣会以及教皇大使服务。除此以外,奥地利似乎不再遵守帝国法律,各处都出现了争端,不仅仅是在宗教层面上,还有许多领土上的纷争,但是王室似乎从来没有进行严肃的调解工作:于利希-克莱夫的主权问题,普法尔茨和美因茨,维尔茨堡和安斯巴赫主教,不伦瑞克城市和不伦瑞克公爵——到处都吵得不可开交。

反对这一观点的人认为,即使这个家族继承皇位也还没有子嗣,何况奥地利皇室为帝国做出过许多贡献。这些贡献让哈布斯堡家族享有声望,加上他们还守卫着抵抗奥斯曼的防线;而且这个家族出现过许多声名显赫的帝王。现在这种让人不能忍受的状况,其原因在于鲁道夫自身的弱点,并不是该王朝的过错。而且除了奥地利皇室之外的人选也是问题。鲁道夫也曾考虑过勃兰登堡,这里指的不是勃兰登堡选侯,而是安斯巴赫的藩侯一支。但是为了能实现这种组合不知道要经历多少政坛地震。更何况当时的世俗选侯们年纪较轻,没有什么经验,无法承担重任。剩下的贵族中,只有巴伐利亚的马克西米利安以及荷尔斯泰因公爵丹麦国王克里斯蒂安四世比较有威望,两位贵族一南一北,地位也较稳固;只是他们两个人分属不同的宗教阵营——没有办法团结在一起。

若是家族不变,那么问题又来了,在这个家族中能否找到像斐迪南和马克西米利安那样的贵族,平衡各方关系,照顾各方利益?似乎唯一的选择就是马蒂亚斯大公——匈牙利及波希米亚国王。

对他比较有利的,正如克勒塞尔指出的,马蒂亚斯是天主教徒,因此符合帝国会议中大多数成员的利益,他即位也将得到教宗承认;同时在家族祖产之地,他推行的政策能让两大阵营感到满意。曾经在帝国会议上,他代表皇帝出席,显示出过人的外交技能;在帝国事务上他经验丰富;在处理与选侯和贵族的关系时,他也尽力满足其要求;他也有决心维护帝国选侯制度、帝国宪法、宗教及世俗的和平——毕竟家族祖地在他的统治下这些都实现了。

还有一点对马蒂亚斯有利。由于波希米亚特殊的地理位置,领土延伸至德国中部,距离帝国会议召开地点不远;而且临近波希米亚的贵族都是波希米亚国王的封臣。或许我们可以这样说,不做波希米亚国王,就不能做德国皇帝。

每个人其实都感受到了这一点。

马蒂亚斯加冕为波希米亚国王时,人们就认为他将来是皇帝的人选；那时最强大的几位新教贵族还专门询问他如何处理宗教问题。勃兰登堡选侯派手下的上校勋贝格专门到兹诺莫伊找到马蒂亚斯，就是为了征询这个问题。那时他回答说尽力实现宗教和平，这自然也就成了他必须兑现的承诺，而他当选皇帝后，这一观点应该不会改变。

人们同时希望，在鲁道夫二世治下时的那种政府机构强力干涉的局面，到马蒂亚斯这里能够避免。宗教选侯和世俗选侯达成一致，认为新君一定要在当选前制定好竞选纲领，以挽救各种弊端。1612年5月的选举会议上，大家表达了这一意愿——自1519年起的近一百年间，再也没有比这时更多的自由了。

竞选纲领一直是古老的习惯——对整个宫廷和皇帝都有益的习惯。安哈尔特的克里斯蒂安非常坚决地在所有使团面前提出了要求。首先要改革帝国顾问的席位分配比例，需要"公正、有威望、有能力的两教人士"。帝国顾问的职位收入低于选侯和贵族的顾问，而且也不规律；这样必然导致帝国顾问不敬业；而成为帝国顾问的人也往往不够可靠，若是没有重金的贿赂办不成事情。办理各种事务的全权代理人源源不断地到达宫廷，每个人都送上贵重的礼物；这样一来帝国的顾问中饱私囊，晋升为上层人物。整个帝国政府就这样变得腐败。即使连佣金都被中间人拿去放贷，所以经常出现拖欠的状况。想要获得佣金只能采取申诉上访的方式。

对于政府的改进工作，联合教会*也做出了贡献。若是承诺没有兑现，一切还照旧，他们就再次提出原先的要求；他们还声明，宫廷决策

---

* 联合教会是指由路德宗和加尔文宗合并的教会。——译者注

不仅仅是自上而下的单向过程，而是互相建议和配合的结果。

1610年年初，文件起草完毕，交给所有到布拉格的贵族审阅。尽管其言辞激烈，且明显偏向新教联盟，但是主要内容没有遭到贵族反对。选侯们则认为普法尔茨和勃兰登堡两位选侯参与到文件起草工作中似乎不妥，帝国宪法的制定属于选侯的职责，而两位选侯过多照顾少数派利益会造成权力混乱——但是这份草案还是被采纳。

选侯也提醒皇帝，改革帝国政府也是他们的职能；似乎现在又到了行使这一古老权力的时候。

就在布拉格，所有与会者向皇帝呈文，详述帝国政府的问题，尤其是帝国顾问们的"弊病"。他们要求帝国总理大臣以及皇帝的特派员应该对其有监察权。

在纽伦堡再次召开的会议上，这些建议再次通过与会代表的讨论得到扩展，但是皇帝的去世让局势发生了变化；人们可以更自由地提出建议。

在议事期间还提到另一个问题：皇帝头衔中"神圣罗马大公教会的保卫者"是否该去掉，毕竟这一头衔和一项义务联系在一起；不过这并不是最重要的议题。与会者最主要的要求是帝国政府改革以及帝国顾问改革。勃兰登堡和普法尔茨提出的草案引起了巨大关注。勃兰登堡要求帝国顾问职位也应该向新教徒开放；担任顾问者也应该有更好的修养，受过良好的教育——顾问们编写的意见书错误层出不穷，还要选用不收受贿赂者——长久以来贿赂已经越发明目张胆；另外顾问应该有合理的收入；每两年应该由一位世俗选侯和美茵茨选侯一起进行审计。在决策时必须符合帝国法律，绝不能干扰法庭裁决，对有价值的反对意见不能置之不理。刚上任的勃兰登堡选侯约翰·西吉斯蒙德也要求对法院系统彻底改革，能够对人身及财产案件进行更公正的审理。

普法尔茨的行政长官茨魏布吕肯的约翰则提出了更彻底的改革建议——他是在腓特烈四世去世后，暂时替未成年的腓特烈五世行使职权；他建议不仅仅要改革帝国顾问来清除弊端，还要求修改法律，加强帝国顾问与帝国最高法庭之间的关系，可以更好地处理各阶层的上诉和要求，不应受到限制。顾问成员必须满足非常高的要求。必须由两教符合条件的人士组成，其成员不仅由选侯指定，还要交给各阶层代表审议；其成员在任职时必须要经由所有代表问询。帝国顾问应该有独立的裁判权，大约相当于帝国法庭，但是必须保证其同等的权力。按照这个建议，宫廷的司法系统的形式确实将会完全不同。

还有人在另外一项提议中提到了另外一种形式。

不仅仅是法院，政府也应该由选侯指定的不同阶层代表组成。选侯们应该向皇帝提出人选建议，皇帝审查后将这些人作为私密顾问，有关的政务可以向他们咨询。在竞选纲领中应该包括一条，皇帝必须承诺实现这种制度。

16世纪初就出现这样的想法非常值得称赞：政府和法庭应该按照各阶层的比例组成；这也的确符合那个时代的特征，两种宗教应该平等地参与到社会制度中。

而帝国的统一正是建立在这一基础上。

第三等级地位的崛起，那时正发生在世界的所有地方；若是人们那时达成一致，马蒂亚斯和后来的斐迪南则会接受并执行这种想法。

一方面马蒂亚斯又回到了皇权至上的想法，另一方面宗教之间的矛盾让他遇到了巨大阻力。选侯中的宗教贵族不愿意推翻鲁道夫皇帝曾经做出的判定。于是，萨克森又像从前一样在两大阵营之间充当了调解者的角色。

他们的建议和勃兰登堡、普法尔茨大不相同：萨克森认为，人们不该忘记，基督教世界需要一位元首；不能剥夺他的司法权，否则等于剥夺了所有机构司法权的源头。对于萨克森而言，要求下一任皇帝能够迅速处理所有的请求、准时发放佣金、及时与选侯商讨，并且制订出改革帝国顾问和私密顾问的具体计划，这样就足够了。至于世俗贵族监察的权力，萨克森认为没有必要。只有一点萨克森表示坚决赞成，那就是要求帝国顾问中必须有新教徒也有天主教徒，而且将由两方轮值帝国首席顾问的职位。

萨克森的建议与勃兰登堡和普法尔茨最大的不同便在于，后两者要求对顾问行使监管权，萨克森则把这个权力留给皇帝，最重要的是帝国顾问和私密顾问的成员组成。不过两个顾问团的平等也是萨克森的提议之一。

那么宗教选侯对于这件事的看法如何呢？

在另外的讨论会议上，美因茨提出了自己的看法。其基本观点与萨克森类似，但是有一点不同：美因茨认为不能允许世俗选侯举行秘密会议，所有选侯应该一起进行讨论，否则影响帝国的团结。

最后争论的焦点集中在两项上，其中一项和封地有关。美因茨认为，皇帝规定的封地期限应该只对选侯和世俗贵族有效；而世俗选侯则认为，皇帝规定的期限应该对所有教区也有效。若是决定，那么一直困扰鲁道夫的问题就可以得到解决，而且对新教徒有利。当然宗教贵族们对此表示反对。

宗教贵族们还反对与帝国顾问平行的私密顾问机构。这一点对于新教徒至关重要，他们声称，只有这样才能消除普遍存在的不信任；帝国所有选侯都支持宗教和平，为此不可或缺的就是建立平行法庭机构；世俗一方要求尽量消除教廷的影响，宗教贵族一方也应该这样做。但是双方最终没有达成一致。宗教选侯们尽管承认，这样的机构或许有用，对于他们而言，没有比全面实现平等更重要的事了；但是这事还涉及其他阶层，因此这样重要的事不该由他们来做决定。有人反驳说，他们只要发表声明，说自己并不同意这项建议，但是必须履行职责，这样就不会有人指责他们了。但是宗教选侯没有同意。他们不希望这一决定伤害到天主教在帝国的地位；毕竟未来的皇帝有可能只在世俗贵族的动议下采取行动，那意味着教会的自主地位也会受到威胁。他们不希望一失足成千古恨，被反对派逼着达成协议。

主要的讨论在美因茨和萨克森之间进行。讨论十分激烈，以至于宗教选侯一度失去了继续下去的勇气。但是他们坚持，绝不做损害天主教会的事。新教徒之间又因为教义上的分歧再次分裂。情况非常危急，险些导致新教联盟解散；而且这也阻止了新教徒在意见上达成一致。普法尔茨的行政官要感谢加尔文宗才让他当上现在的职位；约翰·西吉斯蒙德也倾向加尔文宗；萨克森的约翰·格奥尔格则是坚定的路德宗教徒。他不同意前面两位的意见，并认为只要取消阿尔布雷希特大公竞选皇帝的资格就足够了。在西班牙大使的影响下，他和宗教贵族一起支持马蒂亚斯。克勒塞尔对此有详细记述；最终马蒂亚斯对新教徒做出的所有让步，都没有影响他作为天主教徒的基本立场——这大概和萨克森的态度有关。

这几位选侯还放弃了不少个人利益，最终他们占得上风。

在仔细思量之后，萨克森的使者向勃兰登堡的全权代表宣布，他们不同意对美因茨提出草案的修改；或许应该在另外找时间来讨论现在难以达成和解的分歧；萨克森选侯认为，现在最重要的，是保障皇帝选举顺利进行。

勃兰登堡和普法尔茨的使者们对此表示反对。已经讨论了这么久，这些要点必须写进竞选纲领，不能忽略。最后世俗选侯们开始激烈争吵，这让宗教选侯们有了勇气，坚定自己的要求——未来的皇帝不会在意世俗选侯的想法，而只要和宗教贵族互相理解就够了。当然争执并没有结束。

大家再次询问萨克森选侯的意见；他宣布，尽管大家都说了很多，他依然坚持自己的决定，因为确实没有办法再取得什么进展了。最后的决议只是在美因茨的提议基础上略有添加，要求皇帝保证"同样地"——这一词更多的是指新教徒——迅速并公正解决他们的诉求。因为大多数已经同意，两位选侯也别无选择，只好同意。普法尔茨的使者们宣布，既然已经没有别的办法，那么一切就交给上帝吧；年轻的普法尔茨选侯大概不会原谅他们的做法。勃兰登堡选侯的使者们也表达了相同的看法，并且保留将来的某时某地提出要求的权利。

马蒂亚斯就这样当选为德国皇帝。他发誓要兑现的竞选纲领，和前面的皇帝相比有些局促；但是在要素上并没有发生根本变化，未来还要取决于新政府的意愿，它是否能有力量保持和平——确切地说是恢复和平，并且号召两大阵营各阶层通力合作。

帝国政府倾向于调解功能及帝国宰相克勒塞尔

马蒂亚斯经常伏案工作；他非常喜欢倾听别人的意见，平易近人，令人信任。他不像鲁道夫那样迷恋科学、喜欢深居简出；马蒂亚斯喜欢与人交际。利用其兄长短暂退位的机会，他摆脱了鲁道夫的干涉，还是结了婚——尽管他年纪已经不小。他和年轻的妻子蒂罗尔的安娜只要在布拉格，茶余饭后最大的享受就是参观鲁道夫留下来的各种奇珍异宝——当然这可不是鲁道夫收集这些珍宝的目的。马蒂亚斯本人只是对音乐略感兴趣；此外他喜欢的就是奢华的宫廷生活。他人生最快意的就是，虽然是马克西米利安的第三个儿子，但最后还是位登大宝，获得了世间最高的荣誉。在节日里，选侯和贵族们手执软礼帽（贝雷帽）列队在教堂等待着马蒂亚斯的到来，这让他的自信得到了最大的满足。

马蒂亚斯最喜爱阅兵仪式：数千名骑兵，数百辆马车，前面有号角开道；中间还会有涂成红色的猴子——这和宫廷中的小丑一样不可或缺。马蒂亚斯非常慷慨大方，他认为自己有用不完的钱——那时皇室大约有10万古尔登。很快皇帝的宫廷就不得不开始借高利贷过活，即使这样还是不够开销；不断地债务危机也影响到了政府。马蒂亚斯无法摆脱顾问们的影响，尽管是他任命了他们；比起反对他的权威来，他更怕他们提出异议。这些顾问每年都得到西班牙的津贴，这点他无法反对，因为就连他本人每年也要靠西班牙周济。他的管理所或缺的，我们可以从宰相克勒塞尔给他提的建议看出来。曾有一次，宰相给皇帝写信说，不要相信那些顾问，而是要亲自了解调查；广泛听取，但是不要拖延，而是分析，了解事情的真相，然后判断，但是要谨慎，毕竟这要让属下行动，这便是统治。

勇敢地向皇帝进谏的这个人就是枢机主教克勒塞尔，意大利人亲切地称他为"Monsignore Glisellio"（意为格里瑟尔里欧枢机主教）；皇帝能有他做宰相实属幸运。梅尔吉奥尔·克勒塞尔出生在维也纳一个有名望的手工业家族中，他是耶稣会首批培养的最杰出人才之一，最后确实成就非凡。他在因戈尔施塔特完成学业之后，带着证书回到了维也纳，克勒塞尔立志要把自己的天赋、学问和热情都奉献给天主教会。他连续数年担任帕绍副主教，主教称赞他"在上帝的葡萄园中"立下无可比拟的功劳；克勒塞尔不仅赢得了高级神职人员的赞赏，他的布道也非常受普通人欢迎。克勒塞尔开始时为了保护教会不惜与地方贵族和政府为敌；他称坎特伯雷的托马斯为他的榜样；无论地位高低，无论他是否来自管理层，凡违反规定者克勒塞尔就坚决将他们绝罚；在教会事务上他铁面无私，有些不近人情。克勒塞尔是在一个偶然机会中通过人引荐结识了马蒂亚斯大公。两个人第一次谈话时，马蒂亚斯就深深地为这位教士折服了。

不久后他就成了马蒂亚斯最耀眼的参谋，大公所有其他参谋都自愧不如。大公生性浮夸，这令所有的公务员感到恐惧，但是在克勒塞尔的辅佐下变得温和与实际起来。面对教皇全权特使的干涉，克勒塞尔加强了政府的系统运作性。克勒塞尔认为，地方诸侯不仅要注重其臣下灵魂的拯救，还要行使管理职能保证司法公正；他不应该让别人插手到自己的职责范围中，教士们必须与诸侯互相配合，提供建议帮助；若是罗马教廷仔细研究德国的各种条约，就会发现，其中充满了各种不清晰的权责规定，经常被教皇利用。克勒塞尔得出结论：世俗政府应该按照各地的法律、保障自由、理性统治，这样臣下才能对上级充满信心；他不停地教导贵族们千万不要忘记。克勒塞尔认为理想的贵族和行使职责的贵族有所区别，这一点在皇权上也是一样的。神圣罗马帝国的皇帝，应该聆听每个人的意见，维护正义公平，亲自审查事务，适当地听取建议；阅读、签署，为了扩展基督教日夜不断地奋斗——这是皇帝的义务。鲁道夫皇帝没有能做到这一点，在于他一直忽视别人的劝告，这样的政府毁掉了奥地利皇室和宗教，最后鲁道夫身染重病更是没有办法改变。但是马蒂亚斯有进取心，希望独立自主不受摆布，这让克勒塞尔在公共利益和福祉理论上有所建树。鲁道夫曾经尝试把克勒塞尔从马蒂亚斯身边移走，但是这反而让后两者的关系更紧密了。人们甚至可以推测，马蒂亚斯大公采取了与鲁道夫对立的态度或许和克勒塞尔有关。他的目标是让大公主政，最终他也成功了。他的最大功劳，是为马蒂亚斯争取到了西班牙人的支持——尽管西班牙人也有自己的动机。大公当选皇帝后，克勒塞尔面临最大的挑战便是如何处理宗教纷争。这位耶稣会培养的杰出人才，此时已经担任维也纳主教；他认为这一纷争不是世界上最重要的问题。

他不允许对天主教有利的决议重新被否决；他也绝不允许天主教的主导地位受到动摇；但是克勒塞尔认为处在优势地位的天主教会应该采取温和的方式处理问题。让他深深震惊的是，纳瓦拉国王（法国国王亨利四世）在宗教差异导致权力四分五裂后，依然能够摧毁天主教联盟，并且成为史上最强大的法国国王之一。克勒塞尔认为这是对祖国的热爱所致，因此他不遗余力地从历史中总结经验，找到爱国之情的积极意义。难道这在奥地利和德国不也是有可能的吗？克勒塞尔担任皇帝的宰相，这也让他在处理德国事务时不能只考虑天主教会的利益。一度他的目标是解散新教联盟和天主教同盟，让众人团结起来共同抵抗奥斯曼土耳其；这样皇帝的威信也将恢复。宰相也曾警告皇帝，不要完全听从大公格拉茨的斐迪南的建议，因为他和他的土地都臣服于教廷之下。他也告诫皇帝不要和巴伐利亚联系过于紧密，其扩张的需求也威胁到奥地利。克勒塞尔向天主教徒们保证，马蒂亚斯无论生死都保有天主教信仰；同时他还主张，帝国境内现在发生的争执和宗教没有关系，新教联盟和天主教同盟成立并非出于宗教原因；皇帝的意图也是全力维护和平，不能把公共利益武断地强加在某个家族之上。宰相无数次真诚地对新教徒解释说，皇帝一直以斐迪南为榜样，希望帝国宪法让新教和天主教都受益，皇帝所做的一切都是为了帝国着想，所有的心愿是恢复人们对帝国的信任。同时克勒塞尔还试图说服新教徒，皇帝本人是天主教徒并不是坏事，因为这样他能得到教皇的确认，这样他才能管理帝国境内的天主教贵族，让他们和新教徒维持良好的关系。

这大概就是克勒塞尔的观点。之所以说"大概"，是因为他处理的数千件争执中，也有个别矛盾的案例；而且他对某人的所有言行也未能全部记录下来——毕竟有些需要保密。但是他的公开檄文显示，上面所述是他的基本观点。克勒塞尔非常敏锐地看到了事物的发展；若是有人耐心研究的话，会发现宰相是一位见解深刻、热爱真理的人。

　　这位鞠躬尽瘁的宰相，才是为马蒂亚斯塑造了权威之肱股；某种意义上，马蒂亚斯的统治是克勒塞尔双手创造的。而马蒂亚斯也非常尊敬克勒塞尔。作为皇帝秘密顾问的领班人，人们能注意到很多决议中的部分是他亲手制定的。而作为神职人员他有着特殊的独立性，他有着可观的收入，担任枢机主教之后更受人尊敬。作为教会中的最高级神职人员、枢机主教和维也纳主教，他确实称得上世界上最有权势的人之一。身材瘦高，有些微黄的脸棱角分明，从外表上一看便知是位神职人员；精力充沛，动作敏捷，年事已高时依然如此；克勒塞尔尽管身处高位却不受世俗感染，在私人生活上无可指摘，也没有什么特别显著的特征。作为神职人员，他喜欢盛大的弥撒仪式；曾经一次重病他因十字架得救，让他非常喜欢祈祷，并乐于参加朝圣。克勒塞尔在宗教上的虔诚并没有影响他在处理政事上的判断力；他自己说，繁忙的俗事让他避免无聊和忧郁。

　　在普及知识上他不能与沃尔西和黎塞留相提并论，克勒塞尔一直有很重的学究气；但是这三位枢机对国家的奉献精神是一致的，超越了他们神职人员的身份；克勒塞尔在德国、奥地利的纷繁事务中找到了一条出路，在我看来，是一条应该坚持的道路。

　　有关教区的问题再次浮出水面。

　　有人说，马蒂亚斯为了获得勃兰登堡选侯约翰·西吉斯蒙德的支持，曾经许诺承认其兄弟克里斯蒂安·威廉在马格德堡大教区的地位。然而这并非事实。有一封克里斯蒂安·威廉写给选侯的书信，其中他确实请求后者在皇帝选举时利用自己的影响力。但在约翰·西吉斯蒙德的回信中，他明确拒绝了这一要求，并解释说教皇派一方势力强大，新教刚刚当选者没有办法反抗。在竞选举行时，这一问题的确被提出来讨论。行政长官对全体选侯提出了解决这一问题的必要性，并且解释了权限的来源——这里引用了其他国家中教会的权力，还引用了圣奥古斯丁的著作。这一举动并非没有意义。无论是宗教选侯还是世俗选侯在写给皇帝的信中表示，搁置席位争议，并且暂时保留现在的状态；解决这一问题不应影响帝国会议进程以及宗教和平的基础，而且要考虑帝国境内各阶层的利益；不过选侯们还商定，搁置争议只是暂时的，在这段时间里会仔细倾听各方意见。

新君登基对于教区事务并非没有影响。无论是鲁道夫还是马克西米利安都曾经对他们作出过承诺，提供皇帝的保护，这也给了他们与其他帝国阶层不同的特别权力；但是这些承诺是私人性质的，对皇位的继任者没有约束力。新教的众多教区管理者及其高级神职人员对可能的危险感到惊恐，在保护已经失去效力的情况下他们若是遭到天主教徒进攻则大事不妙——他们甚至没有办法利用帝国法律强制属下对他们效忠，因为他们并未得到皇帝承认，所以严格意义上说并不是他的臣下。

他们希望从这种状态中解放出来，于是要求皇帝允许他们在世俗事务中行使宗教职能，和帝国其他阶层一样获得皇帝的保护。

克勒塞尔意识到了问题的重要性。他写了一份重要的提案，交给所有宗教贵族以及巴伐利亚公爵。宰相希望他们不要在否决新教教区管理者在帝国会议中的席位和选票。

因为他们都是皇帝的合法臣民，有合法贵族身份，也愿意参与帝国事务的决策；帝国税赋他们一分也没有少缴纳。1606年时鲁道夫还提出了承认新教教区中高级神职人员的地位。克勒塞尔也坚持这一政策，他希望新教教区的管理者得到承认。这些管理者往往出身名门望族，他们当选的背后本身就有家族的支持，把他们排除在外会有什么结果？必然导致帝国会议失败和司法不畅。下一次帝国会议恐怕就是帝国司法的终结——如果这样的局面继续的话。贵族不再对皇帝有义务，那么他们必然和国外的贵族联盟，或者和皇室祖地中对现状不满的第三等级联合。奥斯曼土耳其最擅长的手段就是支持弱者与强者争斗，最后趁其虚弱一起吞并；他们一定支持第三等级反抗皇帝，最终的结果就是，西方的帝国下场和那些东方帝国一样。皇帝怎么同时与新教徒、奥斯曼土耳其和境内的封臣们作战？新教徒要求的，是保障他们的安全；天主教作为帝国境内一个阶层在这个过程中一样能生存下来。

真可谓是精辟的见解，既站在新教徒一方，又不是皇帝宫廷的基本落脚点。皇帝也为此做出了努力，希望劝服宗教贵族们承认新教教区管理者的职位。皇帝甚至希望将教区作为封地并确定下来，这显示了他的决心——但一切努力都白费了。

伴随着这一主要问题，又出现了其他的难题，比如多瑙韦尔特的地位。勃兰登堡选侯迫切要求恢复这座城市的地位。宣布这座城市藐视帝国的决定，就事实来看似乎过于偏激，攻占这座城市似乎对新教徒宣告宗教和平时代的结束。这也是堵塞帝国事务的真正原因；恢复其地位则是一个良好的开端，也会增加皇帝的支持；若是没有做到，皇帝在下一次帝国会议上可能面临巨大难题。

巴伐利亚公爵从一开始就要求，若是恢复该城的地位，帝国必须给予他相应的赔偿——他为帝国执行决议付出了巨大的人力物力财力。皇帝则要求公爵提供具体的支出凭据，交由一个委员会进行评估；对于皇帝最重要的是，摆脱现在的困境，让一切恢复和平。公爵则提出要求，收据可以开，但是他要先知道谁来支付这笔巨款，因为新教徒肯定不会掏一分钱；不过至少公爵同意为此设立特别的委员会。

若是有人认为，德意志民族因为宗教上没有结果的争论已经丧失了政治讨论的精神和对普遍事务的感觉，那么他就误解了这个时代。宗教争论确实主导了那个时代的走向，但是这些争论更多源自和每个人息息相关的法律层面，而非宗教层面上教条的争论。但是在这个过程中，无数种立场向我们展示了用智慧、理性和天赋表达出来，出发点不同但基本立足点相同的诉求。

在这些诉求中，也有为了公共福祉而提出、意图在某点达成特殊进展的要求，其中有代表性的要数帝国财长匝加利亚·盖茨科夫勒*的建议；因为他所从事的职务带给他有关帝国内部贵族及其需求的直观观察。在鲁道夫时他一度隐退，而他与马蒂亚斯更合得来。

在马蒂亚斯代表皇帝出席帝国会议时，两人曾经为了做准备而进行过详细的讨论；当时他们就非常珍惜彼此的意见。

盖茨科夫勒也认为，多瑙韦尔特确实应该恢复先前的地位；这座城市本身就能清偿一部分费用，其余的帝国城市应该也愿意帮助；他

---

* 匝加利亚·盖茨科夫勒（Zacharia Geizkofler，1560—1617年），从1597年一直到去世担任帝国财务长官。他是鲁道夫一世的谋士也是马蒂亚斯的财政政策的评估者。——译者注

还听到小道消息说,公爵要求的金额大约相当于新教和天主教第三等级缴纳的抵抗奥斯曼土耳其的特别税。

有关新教教区的席位问题他非常谨慎。他认为皇帝应该通过特别许可来满足比如马格德堡教区提出的要求,但是必须附加条件,席位只在皇帝活着时保留。他认为承认这样的教区作为帝国封臣非常重要,否则他们将不再需要对皇帝尽义务。

比如在于利希拥有封地的贵族却没有名分,而那些有名分的贵族其实并没有封地,这在盖茨克夫勒看来是非常不合理的。为了避免更大的误会,皇帝应该不召选这两方参加帝国会议,但是还要保证他们现有的权利。

在四所修道院的问题上,他认为应该将其财产暂时交与帝国认定的灵活之人管理,这至少是一个开始,随便什么人、有无权限提出的复议权终于能够继续处理。

在有关教产的问题上,他更倾向于天主教对宗教和平协议的解释,但也不完全否定新教徒的解释;若是天主教徒对自宗教改革以来被没收的财产提出要求,这似乎会引起巨大的分歧,因为想要新教徒交出这些教产,缺乏合理的手段。若是在帝国会议中提及此事,可能会导致最激烈的争执,因此他建议皇帝,以其祖父的政策为榜样,以现有的产权为基础,承认新教徒没收的财产,但是必须找到理由制定法律防止没收教产的事情继续发生。若是当年查理五世能制定这样的政策,那今天就不会出现这么多问题了。

若是这些争吵能得到调解,这些条件都能满足的话,这位帝国财长认为将有可能解决他面临的难题——各阶层不顾含金量随便铸币以及帝国财政收入自1521年起降到了之前的一半。对于第一个问题，他希望能在包括勃艮第在内的十个地区达成铸币协议；对于帝国收入，主要和教区取消有关；比如梅斯地区的大部分收入都失去了，因为教区撤销后当地的骑士和贵族不算是皇帝的封臣。盖茨科夫勒还提出另外一个建议。鉴于匈牙利在抵抗奥斯曼中做出的巨大贡献，应该允许德国人帮助其驻守要塞；还应在边区成立新的骑士团，正如托斯卡纳大公爵成功的例子那样。

似乎恢复帝国的统一以及其在世界上的威望还是可行的——前提是必须在宗教—政治的问题上达成和解。

1613年的雷根斯堡帝国会议

为了解决政治—宗教问题，1616年年初帝国再次召开会议。帝国宪法规定，皇帝在没有帝国各阶层多数通过的情况下，不具有任何权力也无法制定或修改法律；在当时的情况下，帝国贵族全体会议人数最多，他们的要求是否得到满足，以及他们的不满是否得到解决——因此能否获得大多数贵族支持成了会议成败的关键。

在一封写给美因茨选侯的讨论信中，谈及了对此支持和反对的观点。

支持一方的观点，便是宁可放弃失去的，也不能使用武力——这会威胁到现在还拥有的一切；天主教失去的所有教区，通过协议或许还能恢复一半；正如先皇们的想法，宁可为着和平放弃一些，也不可在战争中赌上一切。反对一方的观点则认为，放弃了那些失去的教区等于背叛，把上帝之物变成了世俗之物；皇帝作为天主教会的守护者应该履行自己的职责，德国的宗教贵族拥有众多世俗权力，他们拥有精神上的权威是既成事实。以非法的手段从他们手中夺去的，又因为害怕战争而不愿意争取回来，那么这就证明他们不过是得过且过罢了；所有天主教徒，包括皇帝、大公和贵族在内，都应该感到羞愧，害怕战争而退却，却没有为上帝而战斗。宗教和平协议中也有类似因素，甚至可以称得上无神论了，最终却允许这种思想横行；但是那时的危险比起现在面对的——忘记上帝的大臣们——要大得多。

把教会财产视作上帝之物的看法影响久远；按照这种看法所有自宗教改革以来的让步都应宣布无效，更多的让步更是绝无可能；但也正是这个看法，导致了新教的产生，在日耳曼各族的欧洲进行改革，两种互不兼容的系统和体系，在德国展开了较量。

在这里我们看到，宗教贵族更多坚持中世纪时的原则，而他们的基础也建立在这些原则上，对公共事务有着巨大影响力。他们结成的联盟有着自己的优势，那就是他们有着共同的生活原则。

但天主教联盟远远不是天主教主教区的集合体，比如萨尔茨堡因为与巴伐利亚不睦就没有加入；高地地区的艾希施泰特、低地地区的玥斯特、列日和希尔德斯海姆也没有参加；就连富尔达和贝希特斯加登也没有参加；布尔高女修道院院长拒绝了强加给她的配额——因为帝国中没有任何一个贵族或非贵族的女修道院缴纳这种配额，她无法确认皇帝对于这种联盟的态度。

但是联盟中最有影响力的主教众多，尤其是法兰克和施瓦本地区的高级教士，加上三位宗教选侯，确实令天主教联盟在帝国内有着举足轻重的地位。他们形成了帝国贵族全体会议中的大多数，一直寻求将宗教原则融入帝国统治中。

天主教联盟的首领则是德国所有贵族中最有实力的巴伐利亚公爵马克西米利安。

在这场对峙中，若是人们将所有斗争都归结于个人原因是不正确的。马克西米利安公爵坚决不妥协的态度，一方面和他的利益有关，但另一方面——这也是他从小接受的教育——也是为了履行宗教上的义务。

他在参加联盟的成员身上经常看到拖延和不情愿。但是在联盟的根本问题上，所有人都坚持一个原则，一个认同相同的最高权柄的原则。这个原则的出发点是宗教以及团体的认同感。

此时美因茨选侯将新教教区的席位和选票问题提给巴伐利亚公爵来讨论；公爵对此表示最强烈的反对，主要的原因是对帝国内天主教权力构成威胁。

公爵指出，在七位选侯中目前票数势均力敌；但是城市的代表大多数是新教徒。若是承认新教教区的席位和选票，按照公爵的计算，在全体贵族会议中新教将增加16票；这样新教将占贵族会议的多数，也就顺理成章地成为帝国会议中的多数；这样他们必然最终在帝国境内实现宗教平等。在他们的掌控下天主教会不可能生存，因为若是有哪个天主教徒站出来反对新教徒的提议，他将被宣布为藐视帝国并被追讨。这样天主教将逐渐在德国完全消失。

马克西米利安在这里可谓是一语中的：他总结的正是最关键的利益，在全体贵族议会中的多数票权——他的话比任何一个贵族都要精辟。这将成为团结天主教同盟的旗帜。

帝国权力的实现来源于帝国会议的组成，而不是宗教。马克西米利安公爵绝不愿意失去帝国会议中占多数的优势，他会不惜一切代价保卫这一优势。

马克西米利安公爵还对改革帝国法庭和帝国顾问提出了自己的意见。若是新教徒加入帝国顾问当中，天主教徒根本没有胜诉的机会，新教徒会完全掌握皇帝——这应该是坚决不允许发生的。

公爵把自己的意思传达给了所有天主教联盟的成员，为了准备帝国会议，他们于1613年3月初在美茵河畔的法兰克福召开讨论会议。所有参加帝国会议的天主教成员一致同意完全保持他们1608年的决议。雷根斯堡的抗议信成为他们在公共事务上的基本出发点。新教选票和席位的提议被否决，而且要求皇帝对传统的多数贵族进行保护。在皇帝的旨意下，由美因茨选侯出面，就新教徒提出的两个要求——新教教区的帝国席位和帝国法庭的监察权——向所有天主教代表们进行征询。最后征询的结果是，应该坚持宗教和平协议，新教教区在帝国会议中的席位违反这一协议；皇帝应该明白这一动议背后与宗教和平协议相违背的原则；有关帝国法院的监察权限，与会代表认为应该坚持1598年的帝国决议，不能将修道院事务排除在外。那若是新教徒还和上一次帝国会议一样，无法被说服，还是集体退出导致谈判破裂该怎么办？他们决定动用所有可能的人力物力，所有人集资，并呼吁欧洲天主教支援。罗马教廷和西班牙王室应该会提供帮助；萨伏依、洛林和天主教瑞士，还有在玛丽·美第奇影响下倾向天主教的法国国王都有可能提供帮助。不过与会代表认为，应该首先在帝国会议讨论后，再把决议通告皇帝。

因为担忧皇帝宫廷的看法与此不同，以及皇帝有可能的调解努力，促成了这一决议。在其中人们似乎看到了帝国团结的象征。

就在他们在法兰克福达成这一决议的同时，新教徒合一教会以及附属也在陶伯河畔的罗腾堡召开会议；新教徒中的两种级别区别在于，前者有缴纳费用的义务。此时新教徒还不知道天主教徒在法兰克福做出的决议；但是他们从一位在教廷的德国主教那里听到了风声，若是新教徒谋求帝国会议中的多数席位或者破坏会议进行，天主教将会发动战争。似乎天主教徒认为自己有足够的力量强迫皇帝接受他们的意见，并战胜新教徒；新教徒的力量每天都在增长，尽管皇帝的宫廷承诺改革，但还按照老旧的方式处理问题。若是最终会议决裂，而皇帝下令宣布新教徒的抗议无效时，新教徒决不会接受——无论在任何情况下。这样新教联盟也达成了一致，联盟中的众多城市也同意这一决议。

尽管新教徒们注意到，他们还可以到皇帝那里申诉；但是他们知道，朝廷的力量和意愿不够强大，能够对他们提供帮助。普法尔茨的代表们提议，是否继续支持皇帝为抵抗奥斯曼而上缴补助金。大多数代表对此表示反对，上缴补助金等于火上浇油，宁可把匈牙利输给土耳其，也不能丧失自己在德国的宗教和自由。勃兰登堡选侯和安斯巴赫藩侯则认为，对皇帝不利也会给帝国带来令人不安的后果。对此众人的反应是，时局并不像朝廷形容的那样紧迫。

有关帝国席位的问题此时在新教联盟出现了另一个意见。与其拒绝多数贵族的决议，不如干脆不参加讨论。他们决定直接写一封书信给皇帝，在其中间断总结写出他们的控诉，在皇帝表态之前，他们会出席帝国会议，但是坚决不参加任何讨论或者撰写决议。

新教徒的申诉及与之相关联的要求正好是天主教徒要拒绝的——似乎这也是唯一的可能。尽管双方在一点上一致：他们都要求恢复帝国法院行使正常的监察权，但是双方的具体设想则大相径庭。新教要求帝国法庭中要有新教高级教士；正是因为在帝国法院中没有像马格德堡主教这样的新教教职人员，帝国法庭才失去了它的意义；毕竟新教高级教士和所有其他人一样纳税，因此也对该法庭做了贡献。一个阶层照章纳税，却没有权力，而且帝国最高法庭还禁止他们参与，也不允许他们拥有席位，这怎么能是正常的法律程序呢？这是新教徒的耻辱！正如我们所知的，天主教各方不愿意在这个问题上做出让步；他们既不允许新教教士在教职人员中拥有席位，也不允许他们参与到法院监察中。

这样两大阵营陷入了不可调和的对立之中；双方都希望让皇帝站在自己一边。和天主教一方一样，新教背后也有外国势力的支持。新教联盟的首领——普法尔茨行宫伯爵腓特烈五世最近刚和英格兰国王的女儿结婚，同时她还是在德国北部影响极大的丹麦国王的外甥女*。在勃兰登堡的主持下，新教联盟和荷兰达成为期15年的攻守同盟，若一方受到攻击，另一方会派出可观的军队前来支援。

皇帝的权力夹在两大阵营之间，没有能发挥作用；这两大阵营的要求完全相反，并且组织起来，随时准备发动战争。新教联盟的贵族

---

* 1613年，普法尔茨选侯腓特烈五世（1596—1632年）和英国国王詹姆士一世和丹麦的安娜之女伊丽莎白·斯图亚特（1596—1662年）结婚，促成这次联姻的原因是西班牙与荷兰签订的12年休战条约将于1621年到期，天主教西班牙帝国准备再次征服信奉新教的荷兰共和国，时任弗兰德军司令的斯皮诺拉尝试行军通过友好领土直抵荷兰共和国，途中唯一敌对新教领土就是普法尔茨选侯国，使得普法尔茨选侯国具有重大的战略意义，欧洲列强均想插足帝国事务，以获取利益。——译者注

达成一致，不亲自参加帝国会议，也不用个人影响劝阻皇帝；就连天主教贵族的首领马克西米利安公爵也决定不出席，因为他不满皇帝和新教徒之间的关系。皇帝也对公爵心存不满，因为上次路过巴伐利亚时，公爵的招待不够令皇帝满意。

这次召开帝国会议的理由同样还是与奥斯曼土耳其的战争——边界不断发生着骚扰。但是对此次帝国会议的普遍看法是，皇帝的宫廷因为缺乏资金所以才下令召开帝国会议。新教徒还专门就边境情况征询了皇室祖地的贵族。摩拉维亚的地方长官齐洛廷对此的答复是，皇帝的确在武装军队，但是并不是针对土耳其人，而是针对新教徒。

现在新教徒完全没有顾虑，哪怕申诉被否决，依然坚持要求绝不退让。不过新教内部依然不统一。萨克森和达姆斯塔特拒绝加入新教联盟，因为他们依然希望依靠皇帝的诏令解决争端，不允许任何攻击皇帝的情况发生。从那以后于利希的继承顺序之争正式爆发*，萨克森和勃兰登堡各支持一方。

与这种分歧相对照的是，天主教阵营因为教皇特使马德卢齐的出席，而空前团结在一起。这种关系，从在皇帝倡议下开始第一轮讨论时，就体现了出来。

选侯中的宗教成员与萨克森团结在一起，要求尽快对最重要的司

---

* 于利希继承战争是由于于利希-克莱夫-贝格公爵约翰·威廉死后无嗣造成遗产争夺而引发的继承战争，有两个敌对的申请者争夺联合公国的继承权。一个是勃兰登堡选侯的夫人安娜，她是约翰·威廉公爵的姐姐玛丽·埃莱奥诺雷的长女；另一位是普法尔茨-诺伊堡伯爵沃尔夫冈·威廉，他是约翰·威廉公爵的二姐安娜与普法尔茨-诺伊堡伯爵菲利普·路德维希的长子。安娜认为联合公国应由长系继承，而沃尔夫冈·威廉则以最年长的男性继承人自居，纠纷双方都是新教徒。1610年，出于阻止方战争的目的，皇帝鲁道夫二世的军队占据联合公国，直至宫廷会议解决双方的继承纠纷。然而，一些新教徒忧惧信仰天主教的皇帝会将联合公国据为己有，引入法国国王亨利四世和荷兰共和国之势力，希望他们派兵入侵联合公国，但计划随着亨利四世被刺身亡而告终。为了在继承竞争中获得更大优势，沃尔夫冈·约翰改宗天主教；勃兰登堡选侯约翰·西吉斯蒙德改宗新教加尔文宗。争议最后在1614年的《克桑滕和约》中得到解决：联合公国被拆解，沃尔夫冈·威廉得到于利希和贝格；约翰·西吉斯蒙德获得克莱夫、马克和拉文斯堡。——译者注

法问题进行解释。

普法尔茨和勃兰登堡对此并不反对；但是他们要求延期对此的审议，因为他们的任务是，将新教徒的申诉交给皇帝，而不参加任何讨论过程，更别提通过什么决议了；他们认为，这能减少很多讨论时遇到的麻烦。

这样一来他们就回到了1608年离开帝国会议时的那一点：他们不再认为多数票有效，而是请求皇帝的裁决。剩下的全体会议成员认为他们的建议没有道理，于是绕过了它，因为这个决议已经是多余的。这一决定传达到全体贵族会议，后者也批准了。普法尔茨-劳滕和符腾堡提出的抗议最终也无效。因为局势的忽然变化，出乎人意料，令许多城市又倒向了多数一方的行列。

这就是1608年8月7日早晨会议的经过。

天主教所占的多数派现在比过去更强大，人们毫不怀疑，他们这一次必定依然坚持以前的所有目标和决议。

新教徒必须面对的问题是，即使不考虑这个比以往更加团结的大多数，按照他们在罗腾堡达成的协议——对方所有的提议一律否决，不参加任何讨论，也不提交他们的控诉——这个协议是否还有意义。当天下午，联合教会的代表们进行了单独讨论，他们感到事务已经朝着不利于他们的方向发展了。而科隆使者的话，更让他们忧心忡忡：科隆认为应当将所有在帕绍和约之后被侵占的教产，全部清偿归还。

抗议信已经写好，在宣读之后由众人签名，然后交给皇帝。还有一些愿意按照原定计划行事的人。正在签名过程中，勃兰登堡选侯代表要求发言。他们说，勃兰登堡不像其他人，深度卷入现在的事件当中；因为从帕绍和约开始勃兰登堡没有再被没收过教产；但是在于利希事件中勃兰登堡需要皇帝的裁决，有可能损失重大；选侯愿意参与到众人的抗议中，但是前提是所有人必须表态，坚决坚持罗腾堡的协议，不解决新教徒的诉求，坚决抵制所有其他讨论。把选侯卷入其中，最后剩下他一个，这是绝不能发生的。

公开征询于是开始。除了雷根斯堡的代表还需要征求市民意见以外，所有在场的其他人，包括选侯、诸侯、伯爵和城市代表，都同意坚持罗腾堡协议。

第二天在听取了布道之后——那天是星期日——签名全部完成，抗议信被封好，准备上交给皇帝。

这事发生在8月9日早晨。

皇帝对这封信并未感到愤怒，他认为其中的文字比他想象的温和多了；但是皇帝认为，他个人对新教徒表示同情就足够了，帝国会议的其他讨论可以和这件事同时举行，皇帝不想因此拖延帝国会议的进程。但是新教徒坚决不同意，因为若是他们的要求得不到满足，那么必然是"人为刀俎，我为鱼肉"，受到多数派的压制。

于是皇帝只好要求所有选侯和贵族对此事进行评议；大多数要求皇帝用自己的威严，要求新教徒"不要孤立自己，这将是皇权、帝国和各阶层的损失"。

在其后的书信交换中展开了激烈的文字大战，内容是关于宗教事务以及对帝国缴纳的税收。新教徒提问，若是自己占多数而天主教徒占少数，他们是否会服从多数决议？这也正是天主教徒一直担心，并尽一切努力避免的局面，这样他们才能保有优势。

若是不想要一切毫无希望地分崩离析，新教徒要求皇帝应该站出来，支持新教徒的大多数要求，并试图在双方寻求和解。

这是帝国历史上非常重要的时刻，我们有必要在此进行深刻解析。

克勒塞尔在8月30日的一次听证中，对接收新教徒抗议信的代表们表示了自己的观点。他有些怒不可遏地说："土耳其人进犯匈牙利，奥地利和波希米亚的将士们因为身染瘟疫一个个地倒下，让皇帝为一封抗议信耽误帝国要务，到底是何居心？难道要逼死皇帝吗？"

虽然他非常不满，但是克勒塞尔还是表示，他会和其他皇帝顾问对此进行讨论；但是新教徒必须保证这是他们最后一封抗议信。即使是这封信也不应该让皇帝下达新的政令，应该考虑其他的可能性。因为有人建议这些讨论等到下一次帝国会议，而眼前最重要的是抵抗奥斯曼土耳其的入侵；为了劝说新教徒，应该由刚刚抵达会议的皇帝兄弟马克西米利安大公出面进行调解。

9月20日，新教徒接受了调解建议；他们在罗腾堡达成的协议是，不参加任何讨论，但是听证会他们可以参加。这一日晚间，新教徒派代表与大公会谈（那时马克西米利安和克勒塞尔的矛盾还没有激化），双方在大公最私密的房间见面。大公表示，维护和平是最重要的，这样不给敌人以可乘之机；希望新教徒能够接受其他的可能，让皇帝能够保留名誉地离开雷根斯堡。大公承认自己对新教徒的要求不是非常了解，他请求他们把要点再说明一下。新教代表提出了四点：宫廷议政程序、帝国法庭的缺陷、多数票在宗教事务上的决定权、未能履行在多瑙韦尔特上的协议——这当然是那时最主要的四件事。但是要做出决定，到底在多大程度上解决这些要求，能让新教徒回到帝国会议中的讨论上来，这一点需要在第二天上午举行的特别会议中进行商讨。

很多代表持有的观点是，不做出一点让步；包括勃兰登堡选侯在内的大多数认为，可以出席帝国会议，但是在有关帝国为抵抗奥斯曼土耳其人征收的特别税决议中，加入新教徒提出的条件——这些条件要在帝国的所有阶层中宣读：选侯、贵族和其他等级。

23日新教徒正式声明，只有在帝国保障信任和和平的基础上，新教徒才会缴纳抵抗土耳其税；但是新教徒并不会放弃这些申诉，也不会让步。两件事必须得到解决：帝国宫廷决策程序必须改变，多瑙韦尔特必须恢复自由身份；其他两件事应该由两大阵营共同组建一个代表团，来商讨出平衡方案；该代表团成员应该公开制定，并对其行为做出规范。最后一点萨克森和达姆施塔特并不同意，但是其余人坚持要求。

这些要求没有阻止帝国的大多数贵族继续会议的讨论；但是新教徒依然觉得自己没有真正参与到其中，马克西米利安大公为此专门和新教徒于9月27日进行了会谈。

克勒塞尔也参加了会谈，并且以类似布道的方式发言，强调皇帝必须同时拥有权杖和宝剑。他将对此事进行深入调查；由两教代表组成的调查组要对此进行独立审查并做出判断。

新教徒认为这些要求与他们期望达到的相差甚远；他们提醒克勒塞尔说，尽管他保证和平，但不是要保持至关重要的宗教和平。

9月28日再次举行讨论会，为了能针对最新进展制定决议。

大公建议他们，可以将其他要求写成抗议书；新教徒回答说，抗议书没有任何意义，反正国库的税收不会停止。在帝国宫廷顾问的改革未完成之前，他们要求停止征税；恢复多瑙韦尔特的地位需要明确指定日期，成立调查组也要确定期限。之后他们又改变了这点，要求立即指定调查组成员，并且不允许调查组中天主教占多数，必须保证其物质上的补偿，这样他们才能满意。

只有满足了这些条件，新教徒才愿意继续参加帝国会议的讨论；他们甚至已经商量好了，上缴抵抗土耳其税的数额。勃兰登堡使团向选侯会议宣布了自己缴纳的数额。但是所有都加起来还是不够。于是又展开了讨论，并举行了一些会议。大公又进行了一些修改；但是距离达成协议还差得太远，这最终迫使大公放弃了自己的工作，决定把一切交给皇帝判断。

阻碍达成协议的，主要有两点：帝国宫廷顾问必须暂时停止一切程序，调查委员会成员的指定以及其物质上的补偿。新教徒认为自己已经做出了巨大让步！

大家可以理解大多数帝国顾问对此表示反对；但是皇帝也不同意就让人费解了，因为停止帝国顾问的活动不代表取消这个机构，建立调查委员会也不意味着它一定会成功，总归是有益无害的。

何况同意了这两点抵抗土耳其税就有了着落，终于得以全面执行。一边是全面破裂的危险，另一边是帝国恢复正常和平——谁会在这时迟疑呢？

那是在温和天主教圈子中流传的一种说法，马蒂亚斯受到了威胁，年轻的法国国王将当选罗马人的国王。这一说法不可信。真实的情况是，因为当时时局的变化，德国的天主教徒开始把目光集中到了天主教占上风的法国，这和亨利四世是德国新教徒盟友的做法一样。德国天主教联盟的使者从法国首领大臣维勒鲁瓦那里得到保证，法国王权建立在天主教基础上，外国的天主教徒有难他们必然出手相助，坚决不会支持新教徒。这样的联系让皇帝知晓，尽管不是公开的威胁，自然也是一种危险。长久以来奥地利皇室并没有加入天主教联盟，而巴伐利亚公爵马克西米利安作为该联盟的首领，自然削弱了皇室在天主教贵族中的威望；但是在一系列谈判后，皇室不仅加入了该联盟，甚至还成为其中最主要的影响力。本来天主教联盟只有一个军事领导小组，由巴伐利亚公爵领导；现在又增加了两个，一是莱茵地区军事领导小组，由尼德兰的阿尔伯特大公领导，另一个是奥地利军事领导小组，由蒂罗尔的马克西米利安大公领导。另外所有小组在进行军事行动前必须向朝廷请示。天主教联盟的这项规定，是为了表示对皇帝的尊重，表明自己并非皇权的敌人。巴伐利亚公爵感到失落，因为现在皇帝成了天主教联盟的真正首领。帝国会议可以看作是两大阵营的冲突；为了不失去坚定的支持，皇帝最终站在了天主教一方；皇帝都加入了，他们还能期望什么呢？只需要坚持皇权和多数原则就好。

皇帝现在还有了最有权势的新教贵族——萨克森的支持，他不再需要对联合新教会做出更多让步。

皇帝再一次召集所有新教贵族，并严正声明：在那些最根本的要求上他没有办法再让步。

新教徒感到自己被蔑视了；他们为了皇帝接见等待了许久；接见过程中——他们抱怨道——皇帝连帽子都没有摘下。

1608年努力避免的，现在发生了：以皇帝和多数贵族的名义，帝国通过决议。

新教徒的所有抗议全部无效；他们听到的只有威胁。人们似乎忘记了痛苦的历史；新教徒们说，1546年在雷根斯堡不也是类似的经过：随后德国战争全面爆发。

妥协和继承

担忧内战将要爆发在天主教徒中间也引起了相当的关注。

盖茨科夫勒在一篇鉴定书中表达了他的惊讶，居然有人宁愿流血冲突也不愿做出让步：他警告不要听从那些极端的意见。法国不知道发生了多少战争，若是人们从一开始坚持和平谈判，最后的结果也比现在强。新教徒的要求，不过就是平等、公正的权利，能让他们安居乐业，还有保有他们的自由。皇帝应该和几位爱好和平且有威望的贵族联合一起，提出解决方案；就如同他的祖父不顾教皇以及国外势力的干扰，也不管帝国内部纷繁复杂的关系，唯一的目标就是保持和平，让双方重建信任。

恐惧在新教教区的拥有者和教区副手们之间蔓延。因为他们都还没有从皇帝那里得到正规的封号；皇帝曾经承诺对他们保护，现在也失效了。他们一度希望如此，但是最终因为与天主教徒不和而失去了这个权利；天主教人多势众，他们最近又从尼德兰调来了军队，意图何在？新教徒被逼无奈，他们只能采取所有手段来拯救自己；内战将会爆发，最终的结果只能是山河破败、生灵涂炭，让外国势力成为统治者。

尤其是马格德堡教区的管理者感到自己的地位非常怪异，他没有从皇帝那里获得统治的权力；他认为自己的权力来自城市居民对教区的反抗；不来梅也遇到了类似的情况。克里斯蒂安·威廉认为没有能向皇帝发誓效忠是不能忍受的一件事。若是皇帝承诺提供任何形式的保护，他不仅对皇帝忠心耿耿、言听计从，还保证在他统治的区域内都实现这一点。1614年年初，他专门为此派使团前往布拉格。使者们的陈情，宫廷立即转奏皇帝，皇帝对他们提出的要求坦率回答说，他没有任免教职人员的权限，只有教皇才有权批准。帝国宪法是否应该允许此事，已经得到了证实。克里斯蒂安·威廉应对的办法是，宣布自己有权获得席位和选票，但是在这一点未实现之前，所有通过的帝国协议他还继续执行；人们赋予他的权力，他只用来对内按照帝国利益进行统治，以及保持忠诚，绝不会用来对天主教徒造成不利；只要皇帝能够承诺不反对他，那么他就发誓效忠。但是这些尝试全部失败了。皇帝认为，他只要空泛地对新教徒口头承诺，尽力满足他们的要求。

事情也确实这样发展了；因为缺乏皇帝授权，加上对新教教区的忽视，造成了极度紧张的局势，使和平解决的希望十分渺茫。

帝国会议上天主教同盟再次得到了扩展，与这种局势并不矛盾。新教联盟创立的首要目的是维持宗教和世俗和平，对此克勒塞尔枢机也表示赞赏。他对新教徒承诺说，尽一切能力维护和平。

在这里"他"指的是联席会议。

因为皇帝年事已高，因此从他登基的那一天起，对其继任者人选的讨论从未终止过。或许克勒塞尔因为怕自己失去影响力，所以并未在此事上着急；但是还有一层非私人动机，对局势有着普遍意义。

枢机主教认为，下一次选举必须以天主教徒和新教徒和平协商为基础。这样能符合新教徒的想法；而对于天主教而言，这次继承也同样重要，那么他们必然做出让步。克勒塞尔认为这本来是件私事，但是为了公共利益必须有所牺牲；在调解的基础上才能有所促进。若是在没有协商的情况下便选定继承人，可能还未继位就已经有普法尔茨和勃兰登堡两位选侯反对；或者会出现抗议，甚至出现平行竞选，新教选出另外一位皇帝；奥地利王室和天主教教会也会支离破碎。所以枢机致力于找到一种和解的方式。他认为，哪怕是在信仰问题上，也应该听从敌人的意见；但是在有关财产的问题上，拒绝所有裁判，对于德国人从未听说过；没有人应该因此而威胁别人，甚至连教皇也不可以。只有在财产上达成协议，不同阶层之间才能达成信任——每个人都渴望着信任，无论是帝国境内还是境外。

新教徒又有了新的提案，此提案和他们在帝国会议上的建议有着很大联系；他们愿意在一位大公的主持下，以帕绍协议为样板，进行调解的尝试；必须禁止更新或者新的程序。参加这次会议的代表，一方面是新教徒，另一方面则是纯粹的天主教徒——萨克森和达姆施塔特被排除在外；他们还希望克勒塞尔枢机主教能够出席。这样的会议中多数票的决议，新教徒表示愿意接受。

普法尔茨选侯和美因茨选侯此时进行了会面并且在意见上有趋同的倾向，这给大家带来希望，按照如上所述的谈判或许能取得成功。但这里再次体现出，这类事件伤害了天主教徒的感情。因为这种会议绕过了皇帝的司法权，也绕过了教廷的决策权；宗教自由的要求，其实质就是在帝国境内消灭天主教，导致奥地利皇室的衰败。皇帝不会允许失去灵魂的神圣性；因为保护上帝的教会是皇帝义不容辞的责任，每一位皇帝登基之时都发过誓言，要维护世间的公正。也没有任何一个天主教徒能在此事上妥协，因为妥协必然会受到上帝的惩罚。他们的想法是，若真的在这样的关系上进行尝试，必须保证皇帝的执法权，并且要求新教徒若是在某项要求上不能如愿，则应该尊重皇帝法庭或者是朝廷的裁决。至于战争的危险则不必害怕，因为胜败掌握在上帝手中，假使不得不牺牲，那么忍耐渡过难关，总要好于"把灵魂交给敌人永不得救赎"。

没有人知道战争带来的残酷和毁灭，但是也没有人愿意谈及这些，法国的悲惨境况便是鲜活的例子。这是一场爱国主义和唯一正统之间的斗争；天主教徒认为，教产是宗教的一部分。

对于此建议的另一个异议来自巴伐利亚公爵马克西米利安。他指出哪怕皇帝的司法权受到一点点伤害，那么整幢帝国大楼也会因为这块墙脚的基石被移除而坍塌；帝国顾问中的多数席位也没有任何意义，而所有至今达成的协议也将全部无效。他要求天主教徒首先召开会议，讨论并确定与新教达成和解的条件。

在这样的想法主导下，无法达成谅解也就毫无疑问了。皇帝权威的独立性写成了提案，在讨论并对言辞进行修改之后，去除了其中有明显倾向的部分，最终交给新教徒和温和派天主教徒——此时德国国内已经有人称他们为政治家，这时的局面暗示着，若是召开会议则会有激烈的交锋；朝廷最终决定不予支持；但是朝廷并不想放弃解决此事的努力。于是朝廷决定召集全体选侯开会，最终大家同意，民族内部的和解应该先于选举实现。

克勒塞尔的设想是，在皇帝和选侯赞同的基础上建立一个联席代表会议，如此，教皇反对所有让步的特权将失去效力，不再成为主要问题。这个设想结合了枢机对最高政权权限以及对帝国和平和完整的考虑。若是他能成功地把这些想法与下次皇帝结合在一起，这将是对帝国巨大的贡献，枢机主教也会名垂青史。

不可否认，实行这一计划的前提是，克勒塞尔在当今皇帝和未来皇帝身边有说一不二的权威。但恰恰是这一点让这一计划注定失败。对他观点和建议的不满，让他孤身处在奥地利皇室之中，尤其是在大公之间，遇到了强烈的敌意。

鲁道夫二世还在位时，蒂罗尔的马克西米利安大公就曾觊觎皇位，尤其是在马蒂亚斯竞选一度受阻时，他认为自己是皇帝的不二人选。他为人办事妥当，深受大家青睐。在与土耳其人的交战中他还屡立战功，凯莱斯泰什战役让他声名远扬；他治理蒂罗尔开支适度、体察民情、爱民如子。他的宫廷设在梅尔根特海姆——他同时出任条顿骑士团大团长——和因斯布鲁克，那里秩序井然、风纪尤佳。因斯布鲁克那里他只建立了小型的居所，用各种石料装饰，每年都要在此修养几天；这里按照方济嘉布遣会*隐修院的方式管理，其装饰风格类似于皇帝在圣尤斯特的住所。马克西米利安过着纯洁保守的单身汉生活，明显受修士的影响颇深，在所有的兄弟中最为虔诚，尽管他不是新教徒的迫害者，却是绝对纯正的天主教徒。他认为，奥地利皇室的

---

*　方济嘉布遣会（Ordo Fratrum Mniorum Cappuccinorum），是1520年成立的方济各会分支修会，卡布奇诺咖啡的名字即来源于该修会服饰的颜色。——译者注

义务与宗教融合在一起，前者必须维护后者的利益。他非常反对克勒塞尔枢机的建议，马克西米利安认为这些中间道路对天主教和奥地利皇室都构成了危险。他最终也放弃了继承皇位的想法，因为他已经渐渐感觉到自己上了年纪。他坚持认为，为了保存宗教和奥地利皇室，必须有一位强力的君主——他要有后代而且愿意捍卫天主教信仰；于是马克西米利安开始总结自己在过去的危机中遇到的各种阻碍。最终他决定为自己的堂弟，施泰尔马克一支的斐迪南，全力争取皇位。在雷根斯堡与新教徒谈判之时，他已经意识到和解的希望渺茫；他毫不理会联席会议——无论时机和范围——强烈要求扶植斐迪南获得继承权。一场重病之后，他不顾身体的虚弱还是亲自找到兄弟阿尔布雷希特，劝说他全力支持斐迪南。

在去往布鲁塞尔及回程的路上，马克西米利安还和宗教选侯们商谈此事；他很轻易就获得了他们的支持，因为选侯们早就对克勒塞尔枢机的做法不满。最后大家同意在选侯会议上，宗教和解将不再是最主要的议题，而是把继承权提为最重要的议题。

与这一问题相关的提案众多。独立于天主教同盟之外，在不解散同盟的前提下，斐迪南必须拥有一支独立的军队，而其费用主要由西班牙承担，这支军队的目的是反对认为对斐迪南不利的影响。大公前往荷兰，也是请求阿尔伯特大公对此提供帮助。马克西米利安大公毫不怀疑，萨克森会支持皇帝；而勃兰登堡和普法尔茨也会如此。但是若他们不服从且和解无效怎么办？马克西米利安认为，皇帝选举不该受到这种事件的干扰，曾经斐迪南一世当选时萨克森也没有支持。正是为了这一目的，他才要求建立军队。

马克西米利安在此事上非常坚决。他的建议在选侯和新教徒中引起强烈反对，但他全然不顾，坚持自己的意见。他催促实现斐迪南在波希米亚的继承权，这是当选皇帝的前提条件。克勒塞尔提醒他说，斐迪南因为耶稣会的原因，在当地非常不受欢迎。马克西米利安对此反驳说，这次选举应该维护的是所有天主教领主的利益，从新教徒那里本来就得不到支持。

这里最大的问题是，马克西米利安实行这一计划需要西班牙人的支持，但西班牙人真的会支持吗？腓力三世认为马克西米利安一支男嗣断绝之后，本该由他来继承匈牙利和波希米亚王位，因为他的母亲来自这一支。

但是西班牙人并不想争夺王位，其目的是争取赔偿。若是他们放弃对皇位的争夺，西班牙要求将奥地利的领土割让给他们。克勒塞尔对此强烈反对，因为这一要求毫无法律依据，若是同意的话则真正是巨大的危险，他将导致帝国境内的混乱和新的战争。西班牙为了巩固自己的王权，对于能联通荷兰以及意大利领土之间的祖地志在必得。这一计划让西班牙也卷入了奥地利和德国的继承人之争。此时一切取决于斐迪南是否接受西班牙人的要求，承认其特别的权力。西班牙使节奥尼亚蒂伯爵——这位当时最杰出的外交家之一——从意大利赶到德国，与奥地利皇室进行磋商。他的第一站是格拉茨的宫廷。他成功地说服斐迪南大公同意他的要求；当然斐迪南也似乎没有选择，没有西班牙人的支持他一无所成，也没有未来。1617年7月31日，他秘密地和他的顾问埃根贝格以及宫廷总理大臣戈茨起草了一份意向书，决定将阿尔萨斯割让给西班牙人。在布拉格，奥尼亚蒂伯爵2月8日觐见皇帝，但是谈判没有取得任何成果。但是这并没有阻止斐迪南的全权代表和他签订协议；这时大约是3月。协议中规定，在马蒂亚斯推诿后，阿尔萨斯、哈格瑙和奥尔滕堡将割让给西班牙；斐迪南尚未登基就已经开始割让土地了。协议中甚至规定，皇帝和教皇的反对皆无效；即使真的有一方反对也没有任何意义了。

这是对德国极其不利的条约。未来的数十年内西班牙在此地都有巨大影响，法国人则坚决抵抗。这变成了欧洲历史上最大的斗争之一，这场斗争彻底改变了欧洲之内的力量对比。

另外一个蓄势爆发的斗争是波希米亚及祖地继承权之争；这里我们简要介绍一下有关的情况。

开始时似乎一切如愿。所有阻挡在继承祖地道路上的障碍似乎都已经清除。克勒塞尔枢机在波希米亚的抗议停止后，他开始亲自展开会谈；或许他想证明抗议是阻碍谈判的原因。他不希望任何一位大公参加会谈，当然外省也排除在外。很快他意识到，当地的官员和土地拥有者成了最大赢家，事情已经没有疑问。波希米亚周围地区没有人参与，这次会议可以说是信奉天主教的波希米亚男爵一手引导。但是匈牙利反对这次会议的结果。新教徒得到了比人们预想要多的权利，但是会议还是达到了目的。

但是同时又出现了许多误解。大公们认为克勒塞尔的评估报告可以看出他不怀好心，于是认为这次会议的所有决议肯定是克勒塞尔联合他的狐朋狗友为谋求私利；大公们对这位皇帝首席顾问失去了信任，也不愿意再合作了。同时奥尼亚蒂伯爵又发表了讲话，引起了民族情绪的大幅反弹。他宣称选举不过是可有可无的事，斐迪南成为匈牙利和波希米亚国王，不是靠选举，而是他的封君腓力三世的馈赠——本来无论是匈牙利还是波希米亚都是他的土地。波希米亚人对这种言论表示出极大的愤慨，他们认为自己有自由选举的权力。宗教的武断深深地伤害了他们的民族感情，在当地政府中占多数的天主教已经提前决定了人选。当地政府决定为此建造教堂，这让新教徒们毫不怀疑：新教徒一定会受到迫害。波希米亚人认定这并不是皇帝和法律的意愿，加上当时形势所逼，于是发生了暴力骚乱，他们把城市管理者从窗子扔了出去*，实际上把自己推到了被告的席位上——这违反了帝国宗教和平协议；这一事件不断升级，越来越多的地区卷入其中，最后席卷了半个世界。第一个直接的结果就是皇帝宫廷一直采取的调解政策宣告失败。克勒塞尔本想息事宁人，但是他在波希米亚并没有这么大的影响力，所以他的计划根本无从施展。同时与枢机敌对的势力秘密达成协议，利用此事来整垮这位帝国宰相。一次克勒塞尔在拜访马克西米利安大公时，大公一声令下将他逮捕，并装在已经准备好的囚车里立即转移。这件事让皇帝十分惊恐，他这样信任的肱股重臣，竟以保护皇帝的名义被人掳走；这不由得让人想起拜占庭的宫廷政变。两年前法国的首席大臣康希诺·孔奇尼**也被谋杀，目的也是组建新政府。大公们虽然没有杀害克勒塞尔，但是枢机被监禁，他

---

* 即"布拉格第二次扔出窗外事件"，由于神圣罗马帝国皇帝马蒂亚斯派遣耶稣会士进入波希米亚，意在波希米亚重新恢复天主教，而且新的波希米亚国王斐迪南是一名虔诚的天主教徒，下令禁止新教徒停止宗教活动并且折除新教教堂，引起民变。1618年5月23日，布拉格的新教徒发动起义，冲进布拉格城堡将两名帝国大臣和一名书记官从窗口抛出，幸而三人跌落肥堆而未受伤。1619年新教徒成立临时政府，由30名成员组成并推举普法尔茨选侯腓特烈五世为波希米亚国王，引发白山之战。其后一系列的处置最后酿成影响欧洲深远的三十年战争。——译者注

** 康希诺·孔奇尼（Concino Concini，1575—1617年），是意大利冒险家和政治家、法王路易十三的大臣，他在皇太后美第奇的玛丽摄政期间成为首席大臣，被封为昂克尔侯爵和法国元帅，他一度主宰法国政府权倾一世。然而，1617年路易十三下令暗杀孔奇尼，肃清他的党羽，并牵连其妻儿被杀。——译者注

的所有权力被大公们侵占。曾经支持他的西班牙人也抛弃了他，因为他们已经和斐迪南达成了协议。曾经他们希望赋予第三等级权力；现在他们只想要土地的继承权，还有就是镇压第三等级。

那时有人认为，斐迪南只是希望能够借此铺平通往皇座的道路。可以确定的是，宗教选侯们也抛弃了克勒塞尔，主要原因是他在自己的提议中，从来没有忽略新教主教区在帝国细微的问题。

科隆主教在一封写给自己兄弟巴伐利亚公爵马克西米利安的信中说，清除克勒塞尔是上帝赐予的机会。选侯们基本上发自内心支持大公们的政策。

在这件令时局大变的事情发生后不久，维也纳宫廷又发生了另一件大事。

逮捕克勒塞尔的始作俑者马克西米利安大公，仅仅在该事件几个月后便去世；他认为自己至少在死前巩固了王朝的利益；他的去世对于帝国造成的最大损失，莫过于他在帝国各阶层中间的影响力——利用这一影响力，或许仍有可能避免他们与斐迪南的全面破裂。

年轻的皇后也去世了，她目睹了太多自己家族中争斗的不幸，她同时受到了宗教和权力上的双重惩罚，她看到人们已经厌倦了皇帝，所有人都离他而去；皇帝的接见无人参加。1619年2月初，皇帝马蒂亚斯死于旧病复发。

马蒂亚斯的政府并非像人们想的那样毫无意义，在鲁道夫放任自流后，马蒂亚斯再次尝试着抓住缰绳，控制住局势。

尽管马蒂亚斯和克勒塞尔都是坚定的天主教徒，但是他们都并不只是考虑天主教阵营的利益，他们尝试着让政府回到鲁姆夫和特劳岑曾经的道路上，尝试着找到调解的办法，既保证新教的存在，也保存帝国宪法的完整性。但是恢复皇权的威信和力量，他们却没有这个勇气。天主教占帝国议会中多数席位的状况，他们尽管有意改变，却缺乏勇气和力量。他们行动的倾向也不够明显，让他们没有获得成功。新教尽管充满活力和力量，但没有能集中其力量的能力；内部两派的争斗使得新教阵营四分五裂，也没有统一的依靠。与此对照的是天主教徒的团结，以及他们在帝国议会和帝国政府中构成了绝对多数派；这一阵营是如此强大，以至于他们确实可能全面恢复天主教。他们与奥地利皇室之间的联系一度让人怀疑，但是马蒂亚斯和克勒塞尔又重新建立起信心；但就在他们雄心勃勃准备实现计划时，命运夺去了所有的希望。

1619年的皇帝选举

前景对于新教徒而言多么暗淡：反宗教改革的先锋、耶稣会的朋友斐迪南大公，11年前在担任皇帝的代表时，新教徒就领教了他在信仰方面毫不妥协的性格，而现在他即将登基为帝国皇帝。新教徒所害怕的，正是天主教徒拥护他的原因。

唯一的出路便是，再提出另外一名重量级的候选人。在新教联盟中，人们提议萨伏依公爵是上佳的人选，首先候选人必须是天主教徒，并且要赢得多数人的支持，而公爵确实有可能实现这两点。推选萨伏依公爵的主要倡议者是支持新教联盟的外国势力，而不是德国人；据我了解，他与英格兰国王詹姆斯一世有亲戚关系，但即使是普法尔茨选侯也没有承诺投票给他。卡尔·埃马努艾尔公爵确实有不小的影响力,但是曾经安哈尔特藩侯拜访他后认为,他的个性不适合做帝国元首。

当时出现了一种倾向,支持选举巴伐利亚公爵作为皇帝。那时许多德国家族的想法是不希望奥地利继续出任帝国皇帝,毕竟维特尔斯巴赫家族曾经出过神圣罗马帝国的皇帝。

在帝国会议开始时,公爵及其兄弟科隆选侯都拒绝了这样的提议。若是他们能够被说服的话,科隆选侯有可能会说服其他两位宗教选侯,把票投给自己的兄弟。巴伐利亚公爵的虔诚对于天主教徒选他是最好的理由。若是人们担心,新教徒会因此拒绝他,但这并非事实。对于新教徒而言,能够让奥地利和巴伐利亚分道扬镳是件好事;除此以外,他们也希望借助排除斐迪南当选的可能性,该家族祖地的暴乱潮就不会影响到德国了。若是巴伐利亚公爵能够在新教徒的帮助下取得皇位——这也是普法尔茨和勃兰登堡的倡议——那么他应该极有可能为新教徒争取权益。新教徒希望,他至少能让当前进行的斗争中对新教徒的迫害停止,他们也就不必再害怕帝国用武力解决法律争端。对于天主教徒而言,若是马克西米利安当选,新教徒可能的攻击将可以避免;他们也有了更多的安全。这样一来,意图毁灭德国的外部势力将无从下手干涉,也就不需要担忧了。从这个层面上来说,帝国需要一位英雄,重新恢复统一,并恢复人们的自由;马克西米利安或许能做这样的英雄:人们想起他的祖先巴伐利亚的路德维希。普法尔茨选侯腓特烈五世也战胜了自己对同族表兄的嫉妒,亲自到慕尼黑劝说公爵。

对于马克西米利安来说，这可能是他人生中最重要的时刻；毕竟这顶德意志的王冠，不仅是多少人雄心壮志梦想的对象，同时又带来了多少挑战，现在这顶王冠正在向马克西米利安招手，但是他却保持沉默。因为此时他自知有心无力；但是他并没有明确地表示拒绝。

公爵的顾问对这件事非常认真地研究后，表示强烈反对。因为这一请求不是从正规的渠道发出的，比如教皇或者天主教选侯；若是接受的话，则意味着巴伐利亚与同样维护天主教的奥地利，甚至是西班牙永远决裂。宗教层面上对此的决定权大于王朝家族层面。若是接受，难道马克西米利安公爵不会陷入自我矛盾之中吗？那些新教徒希望自己能得到保障，但是不久前马克西米利安还曾经为帝国执行过针对新教徒的军事行动。正直的公爵则把他带到了另一条路上，一条充满了光荣和权力之路。在马蒂亚斯去世后的一段时间中，他对自己的朋友斐迪南国王表示，会继续支持国王，在不断增加的危险中依然做斐迪南的盟友；违反承诺将不只是付出金钱的代价，还会失去土地和臣民。

我并没有调查，公爵选择放弃竞选是为了他的家族、他的领地，还是更多为了德意志？或许没有选择。他的宗教信仰和热情让他站在了新教徒的对立面。

让马克西米利安参加选举没有成功，反对斐迪南当选似乎绝无可能，那么能防止血腥战争的办法只剩一个。担忧并不仅仅因为斐迪南，还有已经爆发的波希米亚战争；西班牙已经派出人数众多的瓦隆军队，逐步逼近。未来的皇帝必须要做的就是，在登基之前与波希米亚和解。

1619年，英格兰国王詹姆斯一世委派唐卡斯特子爵詹姆斯·黑伊前往德国进行斡旋工作。詹姆斯是新教联盟的盟友，同时新教联盟还和波希米亚有着千丝万缕的联系；他的女婿，普法尔茨选侯腓特烈五世是新教阵营的首领，詹姆斯一世对他有相当大的影响力；另一方面詹姆斯一世曾经和西班牙达成协议，要为维持和平而尽自己的努力；哪怕是心愿也好。何况詹姆斯所处的政治位置，确实可以充当调解角色。

子爵在赶往布鲁塞尔觐见阿尔伯特大公索要支持信函的路上，在抵达海德堡时，时局的变化让他坚信，自己的任务十分紧急。因为此时斐迪南作为波希米亚国王和帝国的选侯，已经接受邀请参加选举，并正在赶往选举会议的路上。子爵迎着斐迪南的方向前进，终于在7月6日抵达萨尔茨堡，在那里见到了斐迪南。

子爵所受到的良好接待让他自己都感到有些惊讶。因为英格兰国王在欧洲事务上有一定影响力，并且子爵还有荷兰以及西班牙的推荐信。子爵向斐迪南建议，由詹姆斯一世出面对波希米亚的战争进行调解；他一定尽全力，为了国王的名誉和国家的安全进行调解工作。一些大臣站出来反对，认为已经有德国贵族出面进行调解工作，此时再接受英国方面的提议，似乎对其他人有侮辱之嫌。子爵回答道，他认为不会这样；因为他不是要接手这些贵族的工作，何况很多人与他也很熟悉，并且由他出面调解是西班牙国王推荐的。时间紧迫，他要求首先暂时停火，他一定亲自到波希米亚进行调解工作；他一定尽力把波希米亚的要求降至最低，并在斐迪南到法兰克福选举之前呈交给他。但无论是斐迪南还是他的顾问们对这个突然出现的使者有些迟疑，他们没有办法接受他；尤其是那些在此事有发言权的人都不在身边。詹姆斯·黑伊认为西班牙使节奥尼亚蒂能够理解他，于是又火速赶路，希望能找到他并得到他的支持。他们在7月末于哈瑙会晤。英国人再次重复了他的理由和建议，但是西班牙人对此毫不理会；他认为人们应该首先选举皇帝，而且皇帝应该有能力维护秩序。当詹姆斯·黑伊拿出腓力三世的推荐信时，奥尼亚蒂反驳说，自这封信写成已有时日，时局已变，奥地利面临的危险已经消失；斐迪南国王现在手中有着强大的军力。詹姆斯·黑伊曾提醒斐迪南，开战时的优势并不等于胜利；子爵强调了斐迪南的继承权，即使与西班牙的矛盾也不能影响这一点。

正在他们谈判之时，法兰克福的选举已经开始。

战争的乌云正在慢慢酝酿；宗教选侯们亲自率领着庞大的使团来到法兰克福，而世俗选侯们只派了几位代表参加。在城市附近，人们为斐迪南准备了骑兵队；美因茨和沃尔兹堡积极武装起来；法兰克福则有一些来自纽伦堡和斯特拉斯堡的军团，他们在普法尔茨军官的指挥下驻守在附近。双方谁也不想首先发起攻击；他们只是想防患于未然。

在迎接斐迪南国王时，美因茨选侯的骑兵与法兰克福城的民兵在城门处发生了冲突，有位信使从这里路过想要见斐迪南，却被意外刺死；这件事被当作不祥之兆。

斐迪南到达之后，宗教间的斗争随即展开。人们首先发现法兰克福的街上出现了许多方济嘉布遣会的修士；一座新教教堂中牧师的讲道被一位天主教徒所打断。如果说斐迪南这个人高调的性格令新教徒有些反感，那么对于天主教徒而言这位国王正对他们胃口。

三位选侯对斐迪南顺从恭敬有加，这与之前他们对马蒂亚斯的反应正好相反。没有人会怀疑，他们支持斐迪南当选。

世俗选侯也支持他，不过他们提出了一个条件，这个条件正是唐卡斯特和奥尼亚蒂之间正在讨论的——在选举前需要解决波希米亚的争端。

在进行全权代表权的审议时，这一差异显现了出来。萨克森选侯使者提出了席位组成作为选举前提；但是三位宗教选侯对此提出异议，皇帝竞选不能和某个必须实现的条件联系在一起，这是1356年的金玺诏书*规定的；他们暂时允许选侯的代表参与讨论，对于选举他们还必须拿出选侯的全权委托书。

1619年讨论的最主要议题并不是人选，而是波希米亚局势及其影响。

波希米亚第三等级的使者赶到了法兰克福，他们要求参加到议事当中。世俗代表们支持他们参加；人们应该至少听听他们到底要说些什么。宗教代表们则表示反对，因为他们对法兰克福城市提交的信件中已经表明，他们来到会议的目的是为了抗议斐迪南成为波希米亚国王；而在金玺诏书已经明确规定，意图扰乱选举秩序者不得参加选举讨论。

世俗选侯们指定全权代表而撰写的委托书已经符合古老帝国法律的规范；但是他们不愿意放弃先前的要求，候选人波希米亚国王必须

---

* "1356年金玺诏书"即公元1356年由神圣罗马帝国皇帝查理四世在纽伦堡颁发的著名宪章，确立了日后神圣罗马帝国皇帝由选举产生，帝国境内有七位选侯享此重要权力，他们分别是美因茨大主教、科隆大主教、特里尔大主教等三位教会选侯；波希米亚国王、莱茵普法尔茨行官伯爵、萨克森公爵和勃兰登堡藩侯这四位世俗选侯。当选侯们准备选举新的罗马人的国王的时候，首先在圣巴托罗缪教堂举行弥撒，如果选侯们未能在30天内做出决定，那么他们只能靠面包和水维生。投票顺序第一位为美因茨选侯，其后分别是特里尔选侯和科隆选侯；波希米亚选侯、普法尔茨选侯、萨克森选侯和勃兰登堡选侯。诏书公布于帝国议会之后，此制度并无多大改动，一直延续到19世纪初。——译者注

首先解决他与波希米亚第三等级之间出现的问题，才能继续选举。他们也引用了金玺诏书中的条款，即选举皇帝是为了保障和缔造和平。而以现在的情况来看，可能性似乎不大；这战争之火极有可能烧到整个帝国境内。除了全面崩溃还能有什么结果？奥地利哈布斯堡家族现在所处的位置，使得出自该家族的皇帝只能阻止和平；除非先由选侯出面进行调解，成功后才能按照金玺诏书的规定进行选举。不过调解可能持续数月；但是又有什么大不了呢？帝国也曾经多次持久地出现过大空位时期。

我认为站在历史的角度上看，世俗选侯们的要求不无道理；金玺诏书的出现，就是排除罗马教廷对皇帝选举的影响力，让选举能够按照帝国本身的意志进行。而那时宗教的影响力不是与14世纪大不相同了吗？16世纪中叶以来，按照帝国当时的情况，双方共同承担了帝国政权维护和平的义务。因此若是选举一位不仅一心偏向某一个宗教阵营，而且还卷入了战争的皇帝，是与此相矛盾的，何况这位皇帝还想恢复天主教在整个帝国的地位。若是斐迪南在当选之前没有条件约束他的话，用不了多久，他的意志将变成通知的一部分。

世俗贵族在法兰克福提出的要求，实际上和曾经一贯的要求是一致的：在确定继承人之前举行联席会议讨论。

当唐卡斯特子爵再次向奥尼亚蒂恳求，允许他火速赶往波希米亚，能够调解争端，只要斐迪南国王统一在选举后遵守停火协议，并恢复到曾经的各阶层状态即可。但是这一承诺必须写成有约束力的书面材料。西班牙使者、斐迪南以及他的顾问们，还有宗教选侯们，都要求摒弃一切先决条件立即进行选举。

这样一切就取决于世俗选侯们是否坚决坚持自己的要求了。

毫无疑问,这应该是他们的义务;他们看到了德国将大难临头,他们有义务尽力防止其发生;但是世俗选侯之间并不团结,因此无法担当此重任;除此以外直接造成皇帝选举破裂,作为优秀的德国人他们不愿意看到这一点。

在这次决定历史命运的会议上,本来可能会出现世俗选侯与宗教选侯意见的破裂,因为双方的观点大相径庭;一位萨克森选侯的全权代表,出乎所有其他世俗选侯代表的意料,发言表示在一切继续进行之前,他愿意向领主就此事问询。而勃兰登堡代表表示反对,因为他们要返回问询自己选侯的路途过于遥远;但是最终大家接受了这个建议。

人们一直认为,萨克森是支持斐迪南的;但是这种看法并没有依据。几年前,有迹象表明斐迪南可能当选时,选侯克里斯蒂安二世曾表示过反对。但是那以后波希米亚局势发生了转变,他们宣布自己没有国王,而波希米亚国内占上风的加尔文主义为斐迪南争取到了萨克森的支持。一位普法尔茨使者为此到访德累斯顿的选侯宫廷,他注意到这里所有人都讨厌波希米亚。约翰·格奥尔格选侯收回了自己的全权代表权,这对其他新教选侯十分不利;他说本来他的全权代表应该不要让自己的提议被驳回;现在他放弃对选举条件的要求,并提议若是可能,尽快进行选举。普法尔茨的使者对选侯说,他绝不会把票投给一位迫害新教徒且听从耶稣会建议的皇帝。约翰·格奥尔格回答说,这些他都知道,但是他一个人能阻止什么?一个人势单力薄,成就应该依靠上帝。面对一位加尔文派使者的警告,选侯似乎表现出有些自负和敏感的愤怒。他并没有直接表示给斐迪南;他委托自己的使者，支持特里尔、科隆和美因茨三位选侯的决定，以便形成多数票——好像这三位选侯还能投票给别人似的。萨克森选侯看到了危险，但是因为个人的观点，他决定视而不见。他认为，现在也没有别的选择。他认为对待当前问题的答案是，选举不需要考虑波希米亚的局势而继续进行。8月10日这一决定到达了法兰克福，大局遂定。

随后几天与会者又讨论了一些皇帝当选后应该拨乱反正的失误。斐迪南表示他非常乐意执行大家讨论的决议；于是，与会者便讨论出了一些建议，当然比较笼统。普法尔茨和勃兰登堡提出的有关出身条件的建议受到了冷遇。选举会议立即着手制定施政纲领。七年前曾经提出的改革计划，此次完全没有踪影。当然这里并没有完全不顾第三等级的要求。比如在纲领中有一条，和过去的计划相同：皇帝必须拥有秘密顾问团和宫廷顾问团。

8月16日，波希米亚国王被邀请参加选侯全体会议。斐迪南带了自己最信任的几位顾问：梅克高、特劳特曼斯多尔夫和戈茨。他坐在了普法尔茨和萨克森的全权代表中间；帝国总理大臣美因茨选侯将施政纲领递交到斐迪南手里时，此时依然还是选侯身份的他表示抗议，没有能参与到讨论过程中，需要仔细研究一下施政纲领。他和自己的顾问随后退到另外一个房间，对纲领进行了细致的讨论；似乎接受这一纲领并非易事，因为斐迪南用了一个多小时才回到会议现场。他再次重申自己未能参与纲领讨论，但是他同意其余选侯的建议。此时若是与会者有人站出来反对，那么选举必须延期；但是这一次，唯一表示抗议的只有斐迪南。

两天之后，8月18日，选举投票正式开始。特里尔选侯首先提醒与会者，只有三位贵族有资格参选，即阿尔布雷希特大公、巴伐利亚选侯和斐迪南国王。阿尔布雷希特大公年事已高，而马克西米利安则拒绝参与竞选。因此特里尔宣布，将选票投给斐迪南国王。

科隆选侯对提名他的家族表示感谢。他重申他的兄弟巴伐利亚公爵不堪当皇帝之荣耀，并将选票投给了斐迪南。

下面该轮到普法尔茨选侯的全权代表发言了，所有人都屏气凝神，仔细聆听。他宣读了一份较长的选举宣誓，其中数次提到了马克西米利安公爵是皇帝的最佳人选；但是在宣誓的末尾，他补充说，若是多数票支持斐迪南或者阿尔布雷希特，那么普法尔茨选侯没有理由反对，愿意服从大家的意见。在场的每个人都感到惊讶。美因茨选侯以及国王对这一选举宣誓提出了一些问题，已确定其中不清楚的部分，但是确实所有人没有听错；这一选举宣誓正式生效，不可再改变。下面轮到了萨克森选侯的全权代表，他宣布将选票投给斐迪南，没有任何其他需要解释的地方。勃兰登堡的全权代表亚当·甘斯、一位普特利茨家族出身的贵族，认为有义务对自己的投票宣誓进行解释。他再次重申推迟选举是他认为此刻最好的选择，直到动荡过去，所有帝国境内的国外士兵都撤走后再次选举。但是因为选举现在进行，他的领主勃兰登堡选侯同意大多数选侯的意见，但前提是在所有的政府机构尤其是司法系统中，必须对两大宗教阵营平等对待。在这一前提下，勃兰登堡选侯也愿意效忠帝国。

最后提交选票的是美因茨选侯，他毫无异议地将选票投给斐迪南；这时一直保持沉默的斐迪南宣布，他同意大家的提名，并且一定尽力让所有臣民满意。此时正是上午10点到11点之间。其与的与会者被邀请到大厅，在所有人的监督下，又进行了第二轮选举意见调查。只有对普法尔茨选侯的选票还存在一些疑问，但是选侯的全权代表表示，坚持已经做出的决定不更改，并再次表示毫不迟疑地服从大多数选侯的决定。

现在对于美因茨选侯而言所有条件都已经具备，可以宣布斐迪南国王当选并昭告天下。

新教徒对此的看法，可以从一位勃兰登堡使者的记录中看到：上一主日读经中的内容，正是基督为耶路撒冷哭泣*；联想到这一段经文，他写道：天堂中不会为这次选举而喜悦的；人们会为这次选举带给德国经历的凄惨而哭泣。但人们哭诉和担忧着，却任由事态发展，多么毫无意义的举动！新教选侯们甚至没有勇气表达自己的想法。他们认为大局已定，无力回天。

他们的行为造成的局面，凸显了巨大缺陷。当奥地利哈布斯堡家族和宗教选侯们在一起进行讨论的时候，包括萨克森在内的世俗选侯们没有参与到其中。他们发现，帝国的权力还是掌握在了另外一方的手中。而这种情况导致的结局，在从波希米亚传来的最新消息中可见一斑。正在选侯及代表们召开会议之时，一阵急促的敲门声打断了会议，会议的记录员来到门外，正是来自波希米亚的信使；他带来了发自布拉格的书信，而且宣布了令人震惊的消息：在皇帝当选的前一天，波希米亚人已选举普法尔茨选侯担任波希米亚国王。几个小时前有关这一事件已有流言蜚语——此事现在正式得到确认。这一事件完全出乎人们的预料，所有人都感受到了风暴即将来临。新当选的皇

---

* 耶稣基督为耶路撒冷哭泣的典故来自《新约·路加福音》19:41-44。——译者注

帝似乎不为所动，在一次招待特里尔选侯的宴会上，斐迪南显得非常开心，宴会上的佳肴也非常丰盛，他周围的人无法隐藏自己的惊讶。在法兰克福得到了一个头衔，却失去了两个王国。很多人担心，斐迪南也保不住匈牙利王国。其他人则反驳说，事情还没有决定，普法尔茨选侯或许不会接受王位；因为他自己也知道这事关重大，他应该知道，若是接受王位会有怎样的结果；劝他接受王位者等于是劝他饮下毒药。勃兰登堡选侯的使者则认为要征服一个王国并不容易。所有选侯均签署了一份协议，促使斐迪南与波希米亚各阶层和解，但是所有人都知道，这不过是障眼法罢了。

敌对双方的力量和决心让他们难以和解。

波希米亚以第三等级和新教势力为主导的运动，是真正的独立运动，他们要求完全自由选举国王；但其发生时也伴随着不幸的预兆。波希米亚人的行动不会得到德国任何一位贵族的支持；他们权力的基础来自继承，与波希米亚运动的原则完全相悖。继承制是那时欧洲的基石，而破坏或者不承认继承制，即使最温和的方式，也依然是严重的事件；这不仅仅摧毁了本来就不够坚固的新教联盟，让天主教同盟为了维护当时欧洲的普遍价值观而拿起了武器。

对于天主教阵营而言，一个巨大的优势是，皇帝站在他们这一边；斐迪南没有前面那些皇帝偏重调解的倾向，他也没有想要撼动宗教权威的意图；或许这本来就不重要，毕竟王朝在世间追求的和教会并不相同；但是不容怀疑的是，皇帝的灵魂属于教会。

他们之前的行为曾经导致了奥地利和巴伐利亚的差异，现在这种差异已经完全消除。在斐迪南赶往法兰克福，途经慕尼黑之时，古老的宗教政治友谊再一次获得了新生。在回程的路上，再次路过慕尼黑之际，双方还达成了协议，在其中斐迪南没有任何附加条件地把天主教同盟的军事领导权交给了巴伐利亚公爵马克西米利安。曾经在克勒塞尔枢机主教和因斯布鲁克的马克西米利安大公主持下，试图让天主教同盟增加一个与巴伐利亚平行的奥地利指挥部，这一点斐迪南也放弃了。因为皇帝通过选举经过已经意识到，若是没有巴伐利亚公爵的真心支持，他根本不可能当选。出于对这样以及未来支持的感谢，加上天主教徒之间的基本情谊，让所有领土和家族间的不和谐音符都消失了。皇帝承诺，他不会干扰公爵在指挥部中的职权，也不允许其他人干涉；而且皇帝还承诺，愿意将奥地利祖产抵押给公爵，作为帝国赔偿损失之用；巴伐利亚公爵则有着新的前程，腓特烈五世接受了波希米亚王位，而放弃了选侯职位，这样一来维特尔斯巴赫家族普法尔茨一支的选侯职位将转给巴伐利亚一支的公爵身上——像当年查理五世时萨克森的情况相同。

这一协议和1546年的协议有许多类似之处，不过1619年时皇权已经削弱许多，而天主教的独立自主则强盛得多。

鲁道夫面对天主教占多数的情况，曾经想找到支点在帝国中达成平衡——尽管他的顾问认为天主教占多数是帝国稳固的必需条件；斐迪南则和天主教的首领联合在一起，这位首领希望消灭新教联盟，而现在这一意图即将变成现实，他得到了皇帝的授权成为最强大军事联盟的首领。维特尔斯巴赫家族两支之间的关系从未像现在这样紧张过。普法尔茨选侯曾希望自己的堂兄能够登基成为皇帝；而马克西米利安公爵与皇帝结盟，为自己和后代赢得了选侯的荣誉。

那些意图恢复天主教的先驱此时的想法是什么呢？他们要征服波希米亚，消灭叛军的首领，叛变的贵族将失去土地，其封臣和农奴得到解放，将耶稣会重新引入；之后的一步是要剥夺两位加尔文宗的选侯——普法尔茨和勃兰登堡的选侯头衔，但暂时——只是暂时放过路德宗的教徒。"让那些稗子生长，等到上帝决定收割之时。"*

---

*　稗子和麦子的比喻出自《新约·马太福音》13:24～30。——译者注

人名、地名索引

A

Adam Gans 亚当·甘斯

Albrecht 阿尔布雷希特

Albinus 阿尔比努斯

Albona 阿尔博纳

Adlzreiter 阿德尔茨莱特

Amsdorf 阿姆斯道夫

Antonio Perez 安东尼奥·佩雷斯

Anna 安娜

Anhausen 安豪森

Annaberg 安娜贝格

August von Sachsen 奥古斯特，萨克森的

B

Badoer 巴多尔

Bachofen 巴荷芬

Balthasar 巴塔萨

Barna 巴纳

Barvitius 巴尔维提乌斯

Belt 贝尔特

Belgiojoso 贝尔焦约索

Berchtesgaden 贝希特斯加登

Bothmar 波特玛尔

Braunschweig 不伦瑞克

Brabant 布拉邦特

Brenz 布伦兹

Brendel von Mainz 布伦德尔，美因茨的

Blois 布卢瓦

Buntheim 本特海姆

Burgau 布尔高

Büren 贝伦

C

Calenberg 卡伦贝格

Calvin 加尔文

Canischa 考尼饶

Caraffa 卡拉法

Casa Cesarini 卡萨·切萨里尼

Caspar Wild 卡斯帕尔·维尔德

Charlotte de Montpensier 蒙庞西耶的夏洛特

Christian von Anhalt 克里斯蒂安，安哈尔特的

Christian Wilhelm 克里斯蒂安·威廉

Christoph von württemberg 克里斯托弗，符腾堡的

Christian Wilhelm von Brandenburg 克里斯蒂安·威廉，勃兰登堡的

Christian Wilhelm 克里斯蒂安·威廉

D

Dietrichstein 迪特里希施泰因

Drau 德拉瓦河

Duderstadt 杜德尔斯塔特

E

Eberhard 艾贝哈德

Eichsfeld 艾希斯费尔德

Eichstaedt 艾希施泰特

Emden 埃姆登

Elz von Trier 埃尔茨，特里尔的

Ellwangen 埃尔万根

Eggenberg 埃根贝格

F

Ferdinand I 费迪南一世

Ferdinand von Steiermark 斐迪南，施泰尔马克的

Flacius 弗拉齐乌斯

Franken 法兰克尼亚

Frauenalb 弗劳恩阿尔布

Freiberg 弗莱贝格

Friedberg 弗里德贝格

Friedrich von Baden 腓特烈，巴登的

Friedrich III von der Pfalz 腓特烈三世，普法尔茨的

Friedrich Wilhelm von Sachsen-Weimar 腓特烈·威廉，萨克森-魏玛

Fulda 富尔达

G

Gastein 加斯泰因

Gardelegen 加尔德莱根

Georg Beck 格奥尔格·贝克

Georg Major 格奥尔格·迈约

Georg Cracow 格奥尔格·克拉考

Georg Fugger 格奥尔格·富格尔

Gebhard Truchsess 吉伯哈德·特鲁赫塞斯

Geizkofler 盖茨科夫勒

Graz 格拉茨

Gregor XIII 格里高利十三世

Gildehalle 吉尔德哈勒

Gittelde 吉特尔德

Granvella 格兰维拉

Grimenstein 格里门施泰因

Grüningen 格吕宁根

Guicciardini 圭恰迪尼

Gustav Gorung 古斯塔夫

Güderode 君特罗德

Götz 戈茨

Gyula 久洛

H

Halverius 哈尔维里乌斯

Hanau 哈瑙

Hagenau 哈格瑙

Hans zu Kuestrin 汉斯，科斯特林的

Hans Sachs 汉斯·萨赫斯

Hans von Schulenburg 汉斯，舒伦堡的

Hans von Werdern 汉斯，韦尔登的

Hanniwald 汉尼瓦尔德

Halberstadt 哈伯斯塔特

Hardenberg 哈登贝格

Heilbronn 海尔布隆

Heshusen 赫舒森

Hildesheim 希尔德斯海姆

Hirschhorn 希尔施霍恩

Hosius 荷西乌斯

Hoya 霍亚

Hochberg 霍赫贝格

Holstein 荷尔斯泰因

I

Illeshazy 伊雷什哈齐

Ingolstadt 因戈尔施塔特

Innsbruck 因斯布鲁克

J

Jagemann 雅根曼

Jena 耶拿

Joachim II von Brandenburg 约阿希姆二世，勃兰登堡的

Joachim von Ortenburg 约阿希姆，奥尔滕堡

Joachim Ernst von Ansbach 约阿希姆·恩斯特，安斯巴赫的

Johann Friedrich 约翰·腓特烈

Johann Georg von Sachsen 约翰·格奥尔格，萨克森的

Johann Sigismund 约翰·西吉斯蒙德

Johann Funk 约翰·冯克

Johann Georg 约翰·格奥尔格

Julius Hechter 尤里乌斯·黑希特

Julius von Braunschweig 尤里乌斯，不伦瑞克的

K

Kaschau 科希策

Karl Emanuel 卡尔·埃马努艾尔

Kempten 肯普滕

Keresztoes 凯赖斯泰什

Klesel 克勒塞尔

Komorn 科马尔诺

Konnivenz 康尼文茨

L

Landsberg 兰茨贝格

Lebertal 勒伯塔尔

Leopold von Stralendorf 利奥波德，施特拉伦多夫的

Leonhard 雷奥哈德

Lobkowiz 洛布科维茨

Lothringen 洛林

Louise Juliane 路易莎·朱丽安娜

Ludwig von der Pfalz 路德维希，普法尔茨的

Ludwig Madruzzi 路易·马德卢齐

M

Magdeburg 马格德堡

Machowsky 马霍夫斯基

Madruzzi 马德卢齐

Matthias 马蒂亚斯

Matthias von Held 马蒂亚斯，黑尔德的

Matthesius 马特西乌斯

Marienberg 马林贝格

Maria Medici 玛丽·美第奇

Martiniz 马提尼茨

Mansfeld 曼斯费尔德

Maximilian II 马克西米利安二世

Mähren 摩拉维亚

Melchior 梅尔基奥尔

Mergentheim 梅尔根特海姆

Meggau 梅克高

Merckbach 梅尔克巴赫

Melanchthon 梅兰希通

Mendoza 门多萨

Metz 梅斯

Milensio 米兰西奥

Merten Heidler 梅尔腾·海德勒

Meißen 迈森

Micheli 米彻利

Minden 明登

Morone 莫罗内

Moritz von Sachsen 莫里茨,萨克森的

Moriz von Oranien 毛里茨,奥兰治的

Mühlberg 米尔赫贝格

Münster 明斯特

N

Naumburg 瑙姆堡

Niedersachsen 下萨克森

Neuburg 诺伊堡

O

Obersachsen 上萨克森

Oettingen 厄廷根

Otto 奥托

Ottheinrich 奥托亨利

Ortenburg 奥尔滕堡

P

Paderborn 帕德伯恩

Passau 帕绍

Perstein 珀尔施泰因

Pfalz 普法尔茨

Pfauser zu Neuburg 普方瑟尔·楚·诺因堡

Philipp II 腓力二世

Philipp Lang 菲利普·朗格

Philipp von Hessen 菲利普,黑森的

Philipp von Nassau und Sprenkenburg 菲利普,拿骚和施普莱肯堡的

Philipp Butshide 菲利普·布特希德

Pommern 波美拉尼亚

Pnacraz von Freiberg 普那克拉茨,弗莱贝格的

Putlitz 普特利茨

R

Raumburg 瑙姆堡

Rauscher 劳歇尔

Rauris 劳里斯

Regensburg 雷根斯堡

Rollenhagen 罗伦哈根

Rosenberg 罗森贝格

Rhode 罗德

Rudolf II 鲁道夫二世

Rutzky 卢茨基

Röhrbüchel 吕尔布歇

S

Salm 萨尔姆

Savoyen 萨伏依

Schneeberg 施内贝格

Schleiniz 施莱尼茨

Schwaz 施瓦茨

Schwäbisch Gmünd 施瓦本格明德

Schwendi 施文迪

Schweinfurt 施韦因富特

Schweickard 施韦卡尔德

Scheiniz 沙尼茨

Schönberg 勋贝格

Soriano 索利安诺

Spinola 斯皮诺拉

Sinan Pascha 锡南·帕夏

Starkenburg 施塔肯堡

Steiermark 施泰尔马克

Stendal 施腾达尔

Stephen Bocskay 斯蒂芬·博奇考伊

Stephan Bathory 斯特凡·巴托里

St. Magnus 圣马格努斯

Strigel 施特里格尔

Slawata 斯拉瓦塔

Suhl 苏尔

Sund 苏恩特

S.Wilhelm 圣威廉

Sziget 西盖特

T

Thurwalen 图尔瓦伦

Tilly 蒂利

Trautson 特劳岑

Trautmannsdorf 特劳特曼斯多尔夫

Tschernembl 捷尔能贝尔

U

Überlingen 于贝尔林根

Ulm 乌尔姆

V

Verden 费尔登

Villeroy 维勒鲁瓦

W

Walkenried 瓦尔肯里德

Weissenburg 魏森

Wetterau 维特劳

Wezlar 韦茨拉尔

Westfalen 威斯特法伦

Wilhelm von Oranien 威廉，奥兰治的

Wilhelm von Hessen 威廉，黑森的

Worms 沃尔姆斯

Wolf Dietrich 沃尔夫·迪特里希

Wolfgang 沃尔夫冈

Wolfgang von Rumpf 沃尔夫冈，鲁姆夫的

Wolfgang von Dalberg 沃尔夫冈，达尔贝格的

Wolfgang Wilhelm von Neuburg 沃尔夫冈·威廉，纽因堡的

Wittenberg 维滕贝格

Wittelsbach 维特尔斯巴赫

Wlacich 乌拉吉奇

Wladislaus 瓦拉迪斯劳斯

Z

Zafius 扎菲乌斯

Zacharia Geizkofler 匝加利亚·盖茨科夫勒

Zitthard von Aachen 泽特哈德，亚琛的

Zierotin 齐洛廷

Zinna 齐纳

Znaim 兹诺莫伊

Zweibrücken 茨魏布吕肯

译后记

战争是种灾难,而且和地震、海啸不同,它是人为的灾难。自从人类诞生之日起,没有哪种非人为因素能够杀害数量如此众多的人类。作为幸存者和生者,所有人都在思考的问题是,这一灾难能否避免?

"三十年战争"顾名思义,由1618年爆发直到1648年结束,一直持续了三十年。据1996年牛津出版的《欧洲史》估计,包括平民在内的死亡人数达到了800万,这在17世纪不啻为一场翻天覆地的大浩劫,而其带来的深重痛苦却是苍白的统计数字无法传递和表达的——兰克在本书的开头也引用了老人们的回忆，那时这场三十年战争已经过去一百多年，而屹立的城堡废墟依旧像德意志民族往昔的伤疤，在提醒着后来人以悲悯的目光来审视这段不堪回首的"帝国往事"。

神圣罗马帝国作为一个诞生于中世纪时期，超越民族存在的古老政体，在文艺复兴的大潮中受到惊涛骇浪般的冲击；由神权—教权紧密相联的二元制帝国在新时代的大背景下——第三等级兴起、城市经济和文化欣欣向荣、社会中下层的思想活跃冒进，这些社会新兴力量都让古老的帝国显得如此不合时宜。在800年12月25日一场罗马的圣诞午夜弥撒上，借着罗马教皇利奥三世之手，将罗马人的皇帝的冠冕加诸日耳曼人查理头上而诞生的帝国，在迈入公元1500年的门槛之后，这个"神圣的"帝国已像一位迟暮老者，弯腰驼背、目光痴呆、头脑昏庸，就好像那位沉浸在自己世界中的皇帝鲁道夫二世，在滚滚历史洪流面前瞠目结舌又不知所措。

Quo Vadis？"你往哪里去？"

这个永恒的哲学命题摆在了神圣罗马帝国的面前。

本书中，兰克不惜笔墨渲染了一次次旧教与新教的交锋，一次次剑拔弩张双方阵营都各执一词的帝国会议，就是为了把我们带到这个帝国迷茫前行的时刻——

作为过来人，我们自然知道帝国的前行方向是地狱般的血泊——一场在德意志历史上从未有过的漫长恶战。那么，这真的是帝国的唯一归宿吗？

神圣罗马帝国是否能避免三十年战争的爆发？

这就是利奥波德·冯·兰克，这位德国19世纪最重要也是最伟大的历史学家要在本书《德国史稿：1555—1618》中探讨的核心问题。

　　作为一位蕴藏丰富爱国情怀的历史学家，兰克在年轻时便开始着手研究这一题目，并且带有特别的感情。因此，尽管本书成书较早，但就其内容来看是《德国史稿》中最为引人注目的一篇；书中那种感人至深的爱国情怀，让读者不由自主地联想出一幅油画般的画面：兰克在昏暗的烛光下，写下那些发自肺腑令人扼腕叹息的语句，热泪盈眶。

　　表面上看，三十年战争是一场宗教战争。但是人类事件的复杂性就在于，任何理性的分析都会找到有限数目的已知因素，但同时还有不可估量的未知因素存在；在已知因素间建立因果联系，使得人们获得了某种程式，并自以为是地认为这一程式可以预知未来，避免灾难。

　　兰克生于1795年，此时神圣罗马帝国依旧存世，然而只是一个幽灵，已经失去了曾经丰美的肉体，而三十年战争就是那柄刺入老者胸膛的利剑。他被命运击倒，倒地不起，鲜血流淌满地，在他的尸身之上借着《威斯特伐利亚和约》等一系列条约，近代欧洲的"民族国家"由此诞生、成长。兰克在1886年去世，作为一位著名的历史学家，他还拥有普鲁士帝国枢密院成员的荣誉，他看到了自己所热爱的德意志得以统一并如日中天；但他是否有想过，又过了短短几十年，德国成为两次世界大战的战败国，所经历的破坏和浩劫与三十年战争相比有过之而无不及；而他所效忠的普鲁士帝国的国祚与神圣罗马帝国相比，宛若转瞬即逝，若是他能看到这一切，又会对自己的著作有何感想？

作为译者的乐趣，就是能够和一位历史人物讨论更为久远的历史，而且可以站在一个靠后的时间点上，以做出特别的观察。

　　如何能维持得来不易的和平？或许，当每个人都能无条件热爱且珍惜自己和他人生命的时候，美好的时代才能来临。但是稗子总在生长，直到上帝决定收割的那一刻。那稗子将被捆成捆，留着烧，唯有麦子，要留在仓里。

王顺君

2015年10月4日星期日，写于德国普法尔茨

图书在版编目(CIP)数据

德国史稿：1555—1618 /(德)兰克著；王顺君译. ——长春：吉林出版集团有限责任公司，2015.11
（史家名著书系 / 崔文辉主编）
ISBN 978-7-5534-9219-3

Ⅰ.①德… Ⅱ.①兰…②王… Ⅲ.①德国 - 中世纪史 - 1555～1618 Ⅳ.①K516.33

中国版本图书馆CIP数据核字(2015)第262450号

德国史稿：1555—1618

著　　者	[德]利奥波德·冯·兰克
译　　者	王顺君
出 品 人	刘丛星
创　　意	吉林出版集团·北京汉阅传播
总 策 划	崔文辉
策划编辑	齐　琳
责任编辑	齐　琳
装帧设计	未　氓
开　　本	720mm×980mm　1/16
印　　张	16.25
版　　次	2016年1月第1版
印　　次	2016年1月第1次印刷

出　　版	吉林出版集团有限责任公司
发　　行	北京吉版图书有限责任公司
地　　址	北京市西城区椿树园15-18号底商A222
	邮编：100052
电　　话	总编办：010-63109269
	发行部：010-63104979
官方微信	Han-read
邮　　箱	jlpg-bj@vip.sina.com
印　　刷	北京中科印刷有限公司

ISBN 978-7-5534-9219-3　　　　定价：78.00元

版权所有　侵权必究